高等职业教育道路运输类专业新形态教材

桥梁工程技术

主　编　哈　娜　霍君华　付深远
副主编　李冬松　马　健　赵同峰
参　编　张　哲　周　烨　王立争
　　　　高　松
主　审　于国峰

北京理工大学出版社
BEIJING INSTITUTE OF TECHNOLOGY PRESS

内 容 提 要

本书共分桥梁基础知识、钢筋混凝土和预应力混凝土梁桥设计、桥梁墩台、桥梁施工四个项目，系统地阐述了桥梁工程基础知识，介绍了梁桥和桥梁墩台的构造与设计内容，还介绍了桥梁施工方法等内容。

本书的主要目的是让学生掌握桥梁基本知识和发展动态、规划设计方法和程序、各类桥型的构造要求、桥梁施工方法及要点、基础工程中浅基础和深基础的适用情况及施工方法等，使学生具备从事中、小桥梁的设计与施工的能力。桥梁工程技术课程以工程识图与绘图、道路建筑材料、高等数学、工程力学、结构设计原理等课程为基础，同时是进一步学习桥梁养护加固技术课程的基础。

本书可供桥梁工程技术工作者和高职道桥专业师生及有关科技人员参考。

图书在版编目（CIP）数据

桥梁工程技术 / 哈娜，霍君华，付深远主编. --北京：北京理工大学出版社，2024.3（2025.9重印）

ISBN 978-7-5763-2755-7

Ⅰ.①桥⋯　Ⅱ.①哈⋯ ②霍⋯ ③付⋯　Ⅲ.①桥梁工程－高等学校－教材　Ⅳ.①U44

中国国家版本馆CIP数据核字（2023）第155404号

责任编辑：阎少华	文案编辑：阎少华
责任校对：刘亚男	责任印制：王美丽

出版发行 / 北京理工大学出版社有限责任公司	
社　　址 / 北京市丰台区四合庄路6号	
邮　　编 / 100070	
电　　话 / (010) 68914026（教材售后服务热线）	
	(010) 63726648（课件资源服务热线）
网　　址 / http：//www.bitpress.com.cn	
版印次 / 2025年9月第1版第3次印刷	
印　　刷 / 河北鑫彩博图印刷有限公司	
开　　本 / 787 mm×1092 mm　1/16	
印　　张 / 15	
字　　数 / 392千字	
定　　价 / 49.80元	

前　言

习近平总书记在党的二十大报告中强调："高质量发展是全面建设社会主义现代化国家的首要任务"。新征程上，要坚持以推动高质量发展为主题，优化基础设施布局、结构、功能和系统集成，构建现代化基础设施体系。桥梁工程建设是基础设施建设的重要内容，是强化现代化建设人才支撑，全力推动桥梁建设高水平发展，实施科教兴国战略是推动高质量发展的重中之重。本书正是在此背景下编写的，为加快桥梁工程建造发展集群和数字化转型，壮大智能制造、新能源、新材料等战略性新兴产业提供助力。

本书主要目的是让学生掌握桥梁基本知识和发展动态、规划设计方法和程序、各类桥型的构造要求、桥梁施工方法及要点、基础工程中浅基础和深基础的适用情况及施工方法等，使学生具备从事中、小桥梁的设计与施工的能力。桥梁工程技术课程以工程识图与绘图、道路建筑材料、高等数学、工程力学、结构设计原理等课程的学习为基础，同时是进一步学习桥梁养护加固技术课程的基础。

本书根据最新修订的公路桥涵技术相关规范和相关规程为标准，以常用的施工方式为主线，为学生今后的工作奠定良好的理论基础。本书以职业技能培养为重点，突出应用性和实践能力的训练，充分调动学生学习的积极性和主动性，加强学生技能训练的培养。

为了适应道桥人才培养的需要，我们组织多年在桥梁工程技术生产和教学第一线、具有扎实专业基础理论知识和丰富实践经验的专业教师编写本书。

本书共分桥梁基础知识、钢筋混凝土和预应力混凝土梁桥设计、桥梁墩台、桥梁施工四个项目，系统地阐述了桥梁工程基础知识，介绍了梁桥和桥梁墩台的构造和设计内容、桥梁施工方法等内容，可供高等院校道桥专业师生和桥梁工程技术工作者及有关科技人员参考。本书由编写组成员共同完成，项目一由哈娜、付深远完成，项目二由霍君华、马健完成，项目三由李冬松完成，项目四由赵同峰完成。其中稿件的校对由张哲和周烨负责，文章的结构和逻辑问题由王立争和高松负责，感谢他们对本书做出的重要贡献。全书由哈娜统稿，由辽宁省交通高等专科学校于国峰主审。

本书在编写过程中参考了大量文献资料，引用了国内外同行的研究成果，并在百度文库当中参考了许多PPT文件及相关内容资料，在此向相关作者表示最衷心的感谢！

由于编者水平有限，加之时间仓促，书中难免存在错误和疏漏之处，敬请读者批评指正。

编　者

目　录

项目一

桥梁基础知识

项目一

知识目标

1. 熟知桥梁的定义及桥梁的基本组成；掌握桥梁的基本尺寸及术语；掌握桥梁的不同分类情况。
2. 熟知桥梁总体规划设计内容。
3. 掌握桥梁作用。
4. 掌握桥面系构造的内容。

技能目标

1. 能够根据实际建设的桥梁区分桥梁各个组成部分，理解各组成部分的功能和主要用途。
2. 能够熟知桥梁水位、长度及高度方面的术语。
3. 能够确定桥长、各种跨径、桥梁建筑高度等尺寸，区分标准跨径、净跨径及计算跨径等基本术语。
4. 能够掌握桥梁按基本受力情况的分类，按长度的分类，按用途及其他情况的分类。
5. 能够结合不同要求判断桥梁的类型。
6. 能够熟知桥梁设计基本原则，掌握桥梁平面、纵断面、横断面的设计步骤，明确桥梁方案比选的内容。
7. 能够熟知桥梁作用的定义，并进行荷载组合计算。
8. 能够熟知桥面系的基本构造，并进行桥面布置、铺装、防水和排水、伸缩缝等构造、作用等。

素质目标

1. 通过不同类型桥梁的引入，感悟桥梁建设与文化的交融，坚定文化自信，巩固专业思想，增强民族自豪感。
2. 结合高校课程思政的建设目标和要求，授课过程中强调岗位职业道德和伦理道德的树立，要求学生熟悉并严格遵循桥梁设计、建设和使用中的道德责任，具有理论联系实际、实事求是的工作作风和科学严谨的工作态度。

3. 通过桥梁建设方面的知识扩展学习，培养学生追求卓越的精神和刻苦务实；立足学科与行业领域，从而成为具有国际视野，家国情怀，使命担当的社会主义接班人。

任务一　概述

任务描述

描述某地区桥梁基本组成各部分名称及其分类情况。

知识链接

概述（一）

一、桥梁定义

介绍桥梁定义之前，先认识不同类型的桥梁。

重庆嘉陵江大桥位于渝中区上清寺和江北区之间，又名牛角沱嘉陵江大桥，是重庆主城首座城市大桥，1958 年 12 月开工，1966 年 1 月竣工。大桥总长为 625.71 m，宽度为21.5 m。桥型结构：主桥为铆合钢桁架双悬臂桥，引桥为钢筋混凝土 T 形梁。2/3 的桥身为钢材，1/3 的桥身为钢筋混凝土。牛角沱嘉陵江大桥的建成前后历经 8 年时间，重庆人克服了苏联专家撤走、三年自然灾害等各方面的艰难困苦，才建成了这座大桥(图 1-1-1)。

这是桥梁的第一种功能——跨越江河湖泊。

瑞士萨尔基那山谷桥(Salginatobel Bridge)，由瑞士工程师罗伯特·马亚尔(R. Maillart)于 1930 年设计，是一座跨谷的镰刀形上承式拱桥。阿尔卑斯山萨尔基那峡谷的大桥虽然只有 90 m，但以其独特的山势背景征服了无数人。20 世纪末，国际桥梁和工程协会组织了"20 世纪世界最美的桥梁"评选，从全世界 100 多个国家的上千座桥梁中遴选出 15 座，萨尔基那山谷桥勇夺桂冠(图 1-1-2)。

这是桥梁的第二个功能——跨越山谷深沟。

图 1-1-1　重庆嘉陵江大桥

图 1-1-2　瑞士萨尔基那山谷桥

广东佛山平胜大桥位于广东省佛山市南海区，是佛山市快速环线上的一座特大型城市桥梁，全长为 2 247.84 m，主跨跨径为 350 m，桥宽为 56 m，按双向十车道设计，总投资 11.61 亿元。该桥是世界首座大跨径独塔钢混结合梁自锚式悬索桥，其建设书写了我国桥梁史上多项第一：世界第一座大跨径独塔悬索桥、世界第一座混合梁悬索桥、世界第一大跨度自锚式悬索桥、世界第一座四索面悬索桥、国内首座采用顶推法施工的钢加劲梁桥。该桥于 2004 年 3 月开工修建，2006 年 8 月建成通车(图 1-1-3)。

图 1-1-3　广东佛山平胜大桥

这是桥梁的第三类功能——跨越铁路或公路。

由此可知桥梁的定义。桥梁是道路路线遇到江河湖泊、山谷深沟及其他线路(铁路或公路)等障碍时，为了保持道路的连续性，充分发挥其正常的运输能力，而专门建造的人工构造物。

二、桥梁的基本组成

(一)五大部件

五大部件是指桥梁承受汽车或其他运输车辆荷载的桥跨上部结构与下部结构，它们必须通过承受荷载的计算与分析，是桥梁结构安全性的保证(图 1-1-4)。

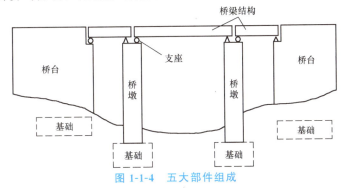

图 1-1-4　五大部件组成

1. 桥跨结构

桥跨结构(Superstructure)是路线中断时跨越障碍的主要承载结构，是桥梁支座以上桥梁结构的总称。当需要跨越幅度较大时，桥跨结构要承受除恒载外的较大的车辆荷载。因此，其构造相对复杂，施工难度也比较大。

2. 支座

支座(Bearing)是连接桥梁上部结构和下部结构的重要结构部件，位于桥梁和垫石之间，它能将桥梁上部结构承受的荷载和变形(位移和转角)可靠地传递给桥梁下部结构，是桥梁的重要传力装置。其有固定支座和活动支座两种。桥梁工程常用的支座形式包括油毛毡或平板支座、板式橡胶支座、球形支座、钢支座和特殊支座等。

3. 桥墩

桥墩(Bridge pier)是指支撑在桥跨中间的结构物，并将其传来的恒载和车辆等活载再传至基础。桥墩的位置和桥梁上部结构的分跨布置密切相关，应通过技术经济比较决定。如跨河桥的桥墩应考虑到深水或不良地基会对桥墩基础施工带来的各种困难，冰凌、漂木或泥石流都会增加桥墩额外的负荷，布置桥墩时，应特别慎重；地形陡峻的 V 形深谷，宜以较大跨度跨越，避免在沟底设置高桥墩；当桥下净空无特殊要求，河床及地基情况允许采用浅基础桥墩，或者为了美化环境，避免高路堤占地太多而修建的旱桥，则以低墩短跨的桥孔布置为好。

4. 桥台

桥台(Abutment)位于桥梁两端，是支撑桥梁上部结构并与路堤相衔接的建筑物。其功能除传递桥梁上部结构的荷载到基础外，还具有抵挡台后的填土压力、稳定桥头路基、使桥头线路和桥上线路可靠而平稳地连接的作用。

桥台不仅自身应有足够的强度、刚度和稳定性，而且对地基的承载能力、沉降量、地基与基础之间的摩阻力等也都提出一定的要求，避免在上述荷载作用下产生危害桥梁整体结构的水平位移、竖向位移和转角位移。

5. 基础

基础(Foundation)是桥梁最下部的结构。它直接坐落在岩石或土地基上，其顶端连接桥墩或桥台，合称为桥梁下部结构。

基础是桥梁结构物直接与地基接触的最下部分，是桥梁下部结构的重要组成部分。承受基础传来的荷载的部分地层称为地基。地基与基础受到各种荷载后，其本身将产生应力和变形，为了保证桥梁的正常使用和安全，地基和基础必须具有足够的强度和稳定性，变形也应在容许范围之内。

(二)五小部件

1. 桥面铺装

桥面铺装是指铺筑在桥面板上的防护层，用以防止车轮(或履带)直接磨耗桥面板，并扩散车轮荷载，也为车辆提供平整防滑的行驶表面。桥面铺装的基本要求如下：

(1)质量轻。桥面铺装的厚度增大，一般不能使桥梁结构的整体刚度有所增强，却增大了桥梁的恒载，尤其对于大跨径桥梁，桥面铺装的质量对桥梁的经济性可能产生较大影响。因此，要求桥面铺装尽可能薄一些，以减轻质量。

(2)挠曲性(延伸性)。桥梁在车辆荷载作用下会产生挠曲，使桥面铺装也产生挠曲变形，因此，在重复荷载作用下，桥面铺装容易产生疲劳开裂。铺装材料的良好挠曲性，可减弱或避免铺装层的挠曲开裂。

（3）变形稳定性。桥面铺装材料的弹性模量，一般远比桥面板的弹性模量小，铺装层又较薄（一般为 5～8 cm），在车辆荷载作用下，桥面铺装处于比普通路面更为不利的受力状态。特别在高温季节，沥青类桥面铺装容易产生塑性变形、滑移，形成波浪、车辙。因此，要求铺装材料具有较好的抗变形稳定性，与桥面有很好的黏结，避免发生塑性变形和滑移。

（4）不透水性。桥面铺装渗水，将导致钢桥面或混凝土内钢筋的腐蚀。所以，与普通路面相比，对桥面铺装的防渗水要求更高。

（5）平整性。平整的桥面铺装，除能满足车辆行驶平稳舒适的要求外，还能减小车辆荷载对桥梁结构的冲击作用，改善桥梁的负荷条件，也有利于铺装表面的排水。

2. 排水防水系统

桥梁的排水防水系统应能迅速排除桥面积水，并使渗水的可能性降至最低限度。排水，顾名思义就是控制并设定水的流向，排除与处理多余的水量。防水是保证桥梁不受水害影响的基本保证。防水与排水相辅相成，互为补充，共同保证桥梁使用功能的正常发挥。公路桥梁的防水排水工作更不可忽视，无论采用哪种施工工艺，防水、排水工作都是基础和前提，做好防水排水系统，对于桥梁的使用年限和工程质量具有举足轻重的作用。防水排水系统是一项系统的工程，只有当高质量的材料、专业的系统设计、成熟的施工技术（包括安装和施工管理）有机地结合在一起时，才能保证优异的工程质量。

3. 栏杆

桥梁栏杆也称防撞栏杆。其既是保证安全的构造措施，又是有利于观赏的最佳装饰件。有些桥梁栏杆也称桥梁护栏，其目的是防止失控车辆越出桥外，具有使车辆不能突破、下穿、翻越桥梁及美化桥梁建筑的功能。

4. 伸缩缝

为满足桥面变形的要求，通常在两梁端之间、梁端与桥台之间或桥梁的铰接位置上设置伸缩缝。要求伸缩缝在平行、垂直于桥梁轴线的两个方向，均能自由伸缩，牢固可靠，车辆行驶通过时应平顺、无突跳及噪声；要能防止雨水和垃圾、泥土渗入阻塞；安装、检查、养护、消除污物都要简易方便。在设置伸缩缝处，栏杆与桥面铺装都要断开。

桥梁伸缩缝的作用是调节由车辆荷载和桥梁建筑材料所引起的上部结构之间的位移和连接。斜交桥的伸缩装置一旦被破坏，将严重影响行车的速度、舒适性与安全性，甚至造成行车安全事故。

5. 灯光照明

桥梁不仅具有交通功能，而且是城市景观不可分割的一部分。桥梁照明施工既要遵守道路照明规定，保证行车安全，又要注意灯具的隐藏，以免白天影响桥梁整体形象。无论是观赏灯还是暗灯，都必须与桥梁景观融为一体，成为一个整体。

桥梁是和道路、铁路、河流、隧道连接在一起的，因此，其装饰照明首先要保证不干扰交通指示照明，也不能对交通形成眩光，这就涉及桥梁装饰照明所使用灯光的颜色及设置位置要有一定的控制，具体要求应参照相关行业的交通设计规范来进行。

桥梁照明不同于一般的道路照明。首先，作为一个交通要道，它的照明必须满足道路照明规范以保证交通的安全，同时，还必须考虑到能源节约及设备维护等各个方面，亮度既要符合相关规定也要注意防止眩光。其次，作为城市景观的一部分，它的照明又必须具备观赏性和装饰性。所谓好的照明规划是能在不曲解建筑师的初衷、不改变桥梁原本的风格、结构、布局的同时使之在夜间焕发出不同于白天的光彩，并将其轮廓刻画得更加鲜明、恢宏。当然，所有这些布局还要建立在不影响桥梁日间的整体形象的基础上。

三、桥梁的基本尺寸及术语

桥梁的最初用途是跨越河流，所以，它的主要尺寸就是满足顺利通过河流这个障碍，包括以下三个方面的内容。

(一)和水位有关的术语

结合图 1-1-5 介绍和水位有关的术语。

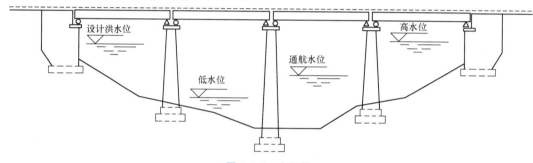

图 1-1-5　水位图

1. 低水位

在江河、湖泊的某一地点，经过长时期对水位的观测后，得出的最低水位值，称为低水位。最低水位必须指明其时间性，如年最低、月最低、若干年最低及历史最低。最低水位在航运、灌溉、水工建筑等工程中具有重要的意义。

2. 高水位

在江河、湖泊的某一地点，经过长时期对水位的观测后，得出的最高水位值，称为高水位。高水位必须指明其时间性，如年最高、月最高、若干年最高及历史最高。高水位在桥梁工程与防洪工程设计上具有重要的意义。

3. 通航水位

通航水位是指通航江、河、湖泊、水库和海洋中在某一地点及某一时刻的自由水面高度，以相对于特定基准面的高程表示。经过长期观测水位后，可得出水位过程线和历时线，由此求得按月、按年或多年的最高水位、最低水位、平均水位和不同历史的水位特征值。

4. 设计洪水位

设计洪水位是指在统计过去若干年的最高洪水位的基础上，按指定设计洪水频率（N 年一遇或 $1/N$）的推算水位。设计洪水位通常与计算水位相关，设计洪水位加壅水和浪高称为计算水位，《城乡建设用地竖向规划规范》(CJJ 83—2016)提到，波浪侵袭高度需按计算值或实际观测值为依据，若无有关资料，在规划阶段以 1.2 m 取值；壅水高度以实际观测值为依据。

(二)和长度有关的术语

1. 桥长

桥长一般指的是桥梁的全长，分为两种情况：一种是有桥台的桥梁；另一种是没有桥台的桥梁。对于有桥台的桥梁为两岸桥台翼墙尾端间的距离，用 L 表示(图 1-1-6)；对于无桥台的桥梁为桥面系行车道长度。

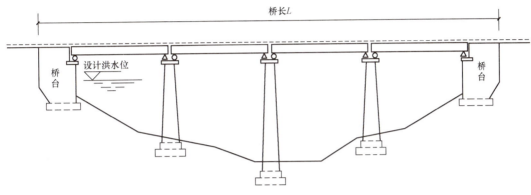

图 1-1-6　桥长尺寸

梁桥和拱桥在其他长度方面的术语有一些差异，与其组成情况有关，这里有必要对拱桥的基本组成情况进行介绍(图 1-1-7)。

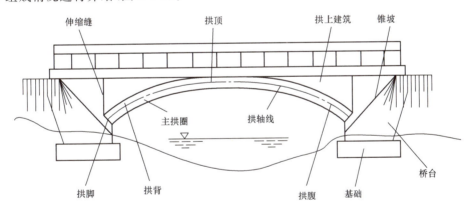

图 1-1-7　拱桥的基本组成

由图 1-1-7 可知，圆弧形的点画线(拱轴线)、拱轴线所在的圆弧部分(主拱圈)、主拱圈中点画线分割上部(拱背)、主拱圈中点画线分割下部(拱腹)、拱轴线最低脚(拱脚)、拱轴线最高点(拱顶)、主拱圈以上建筑(拱上建筑)、拱两端支撑的部分(桥台)、桥台与拱上建筑之间需设置伸缩缝、桥台两端要有锥坡，最后是承担所有荷载的部分(基础)。这部分主要是为掌握长度方向和高度方向概念奠定基础的。

2. 标准跨径

对于梁桥，标准跨径是指两相邻桥墩中线间的距离，或桥墩中线与桥台台背前缘间的距离，用 L_0 表示(图 1-1-8)。

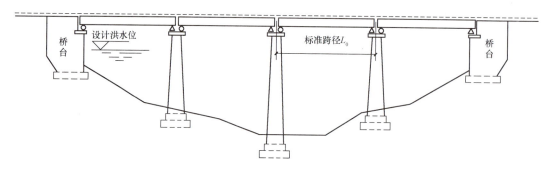

图 1-1-8　梁桥标准跨径

对于拱桥，标准跨径是指其净跨径。

3. 净跨径

对于梁桥，净跨径是指设计洪水位线上相邻两个桥（或桥台）之间的水平净距，用 l_0 表示（图 1-1-9）。

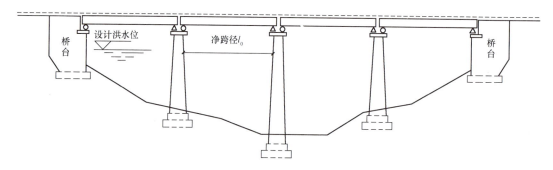

图 1-1-9　梁桥净跨径

对于拱桥，净跨径是指每孔拱跨拱脚截面内边缘之间的距离，用 l_0 表示（图 1-1-10）。

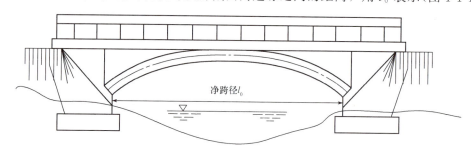

图 1-1-10　拱桥净跨径

4. 计算跨径

桥跨结构的力学计算常常使用计算跨径，通常用 l 表示。桥跨结构两个支点间的距离称为计算跨径。对于梁桥，计算跨径是指桥跨两端相邻支座中心之间的距离（图 1-1-11）。

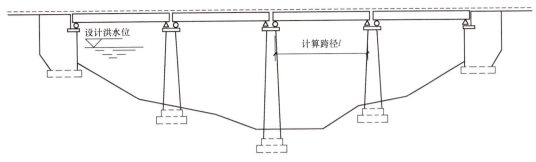

图 1-1-11　梁桥计算跨径

拱桥计算跨径是指拱轴线两端点之间的距离(图 1-1-12)。

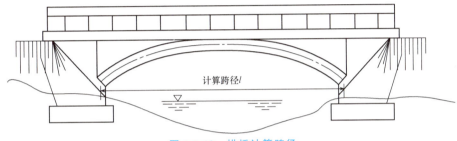

图 1-1-12　拱桥计算跨径

5. 总跨径

各孔净跨径之和称为总跨径,即 $\sum l_0$。

桥梁的净跨径 l_0 和总跨径 $\sum l_0$ 是反映桥梁宣泄洪水的能力和通航标准的指标。

(三)和高度有关的术语

1. 桥下净空高度

桥下净空高度是指设计洪水位或设计通航水位至桥跨结构下边缘之间的距离,用 H 表示。该距离应满足安全排洪及通航的要求(图 1-1-13)。

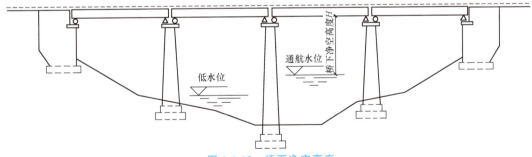

图 1-1-13　桥下净空高度

2. 桥梁建筑高度

桥梁建筑高度是指桥上行车路面(或轨顶)与桥跨结构下边缘之间的高差,用 h 表示(图 1-1-14)。通常,桥梁建筑高度应小于其容许建筑高度,即桥面标高与通航净空顶部标高之差。

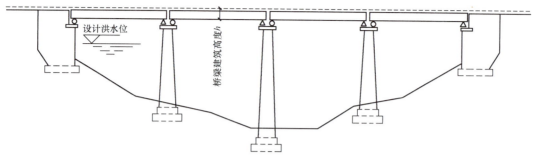

图 1-1-14　桥梁建筑高度

3. 净矢高

净矢高是拱桥从拱顶截面下缘至相邻两拱脚截面下缘最低点连线的垂直距离，以 f_0 表示（图 1-1-15）。

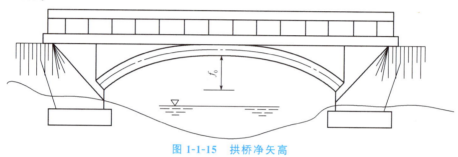

图 1-1-15　拱桥净矢高

4. 计算矢高

计算矢高是拱桥从拱顶截面形心至相邻两拱脚截面形心之连线的垂直距离，以 f 表示（图 1-1-16）。

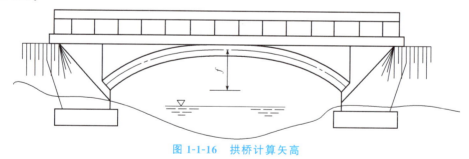

图 1-1-16　拱桥计算矢高

5. 矢跨比

矢跨比是指拱桥中拱圈（或拱肋）的计算矢高与计算跨径之比（f/l），也称拱矢。其是反映拱桥受力特性的一个重要指标。

四、桥梁的分类

（一）按受力体系的分类

人们所见到的桥梁种类繁多，它们都是在长期的生产活动中，通过反复实践和不断地总结而逐步创造发展起来的。结构工程上的受力构件，总离不开拉、压、剪、弯、扭等基本受力方式。由基本构件所组成的各种结构物，在力学上也可归结为梁式、拱式、吊式三种基本体系及其之间的各种组合，刚架式和组合式就是其组合之后的结果。

1. 梁式桥

梁式桥（梁桥）主要承重构件的梁在竖向荷载作用下，其内主要产生弯矩。梁式桥中主要抵抗的就是弯矩，所以需选用抗弯性能较好的材料制作梁式桥，如钢筋混凝土或预应力钢筋混凝土材料。因为梁式桥的质量是由梁架承载并传导至桥墩，如果跨度太大，梁架易发生断裂。所以，梁式桥的最大跨径是受到限制的，一般最大跨径可达 50 m（这个纪录已经被打破）。

梁式桥有很多形式，对于钢筋混凝土或预应力混凝土梁式桥按静力体系可分为简支梁桥、悬臂梁桥和连续梁桥。

（1）简支梁桥。简支梁桥（simple-supported beam bridge）是由一根两端分别支撑在一个活动支座和一个固定铰支座上的梁作为主要承重结构的梁桥，属于静定结构。它是梁式桥中应用最早、使用最广泛的一种桥型（图 1-1-17）。

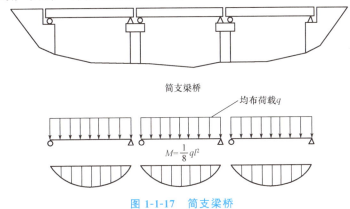

图 1-1-17　简支梁桥

其中最具代表性的就是神延铁路秃尾河特大桥。其是一座采用移动支架造桥机建造的 64 m 简支梁大桥，2000 年 7 月 26 日顺利贯通，这是国内乃至亚洲跨度最大的简支梁特大桥。神（木）延（安）铁路秃尾河特大桥全长为 875.3 m，大桥最高墩 75 m，桥梁部分采用造桥机施工，是全线的一个重点科研项目。其桥墩之高，跨度之大，科技含量之高，均为全线之最（图 1-1-18）。

图 1-1-18　神延铁路秃尾河特大桥

（2）悬臂梁桥。悬臂梁桥（cantilever beam bridge）指的是以一端或两端向外自由悬出的简支梁作为上部结构主要承重构件的梁桥。悬臂梁桥有单悬臂梁和双悬臂梁两种。仅一端悬出者称为单悬臂梁；两端均悬出者称为双悬臂梁。悬臂梁桥减小跨中正弯矩，可节省材料，增大跨径。其属于静定结构，墩台的不均匀沉降不会在梁内产生附加内力（图 1-1-19）。

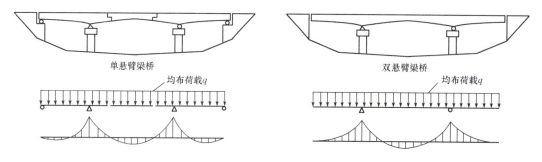

图 1-1-19　悬臂梁桥

其中最具代表性的就是位于广西南宁的南宁壅江大桥，该桥于 1964 年建成，是我国最早采用箱梁薄壁杆件理论（箱梁）设计的悬臂式钢筋混凝土薄壁箱梁桥。该桥两端是单悬薄梁，桥长为 45 m，中间 5 孔是双悬臂梁，其间设挂梁。这种桥型由于桥梁接缝较多，悬臂端设置伸缩缝，易破坏，所以已很少采用。

（3）连续梁桥。连续梁桥（continuous beam bridge）是两跨或两跨以上连续的梁桥，属于超静定体系。连续梁桥在恒活载作用下，产生支点负弯矩。由于全梁弯矩分布比较均匀，梁的挠度也小，可节约材料，增大跨径。连续梁桥与悬臂梁桥相比可以看出，连续梁桥在支点处是连续的，路面无折角，有利于现代高速行车（图 1-1-20）。

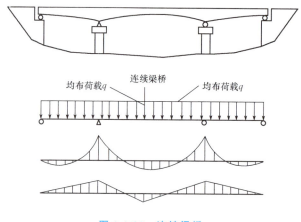

图 1-1-20　连续梁桥

钱塘江上有 10 座桥，袁浦大桥为钱江五桥，位于杭州绕城公路南线，地处三江口（钱塘江、富春江、浦阳江）附近。该桥于 2000 年 12 月开工，2003 年年底通车。大桥全长为3 126 m，双向四车道。主桥为（68＋3×120＋68）五跨连续预应力混凝土箱梁桥。钱江五桥是钱塘江流域唯一的弧形弯桥。弧的圆心在下游，半径为 1 100 m。

2. 拱式桥

拱式桥（拱桥）的主要承重结构是拱肋（或拱箱），以承压为主，可采用抗压能力强的砌体材料（石、混凝土与钢筋混凝土）来修建（图 1-1-21）。

拱式桥结构在竖向荷载作用下，桥墩或桥台都将承受水平推力和竖向反力，同时，这种水平推力将显著抵消荷载所引起的在拱圈（或拱肋）内的

概述（二）

弯矩作用。因此，与同跨径的梁相比，拱的弯矩和变形要小得多，鉴于拱桥的承重结构以受压为主，通常就可以用抗压能力强的砌体材料（如砖、石、混凝土）和钢筋混凝土等来建造。拱桥的跨越能力很大，外形也比较美观，在条件许可的情况下，修建砌体拱桥往往经济合理，一般跨径在 500 m 以内。

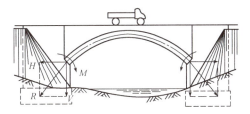

图 1-1-21　拱式桥

拱式桥对下部构造和基础要求较高，要求下部构造（桥墩、桥台）和基础能够提供足够大的水平推力，而且具有足够的稳定性和耐久性。拱式桥的施工难度一般情况下会比梁式桥大些。

拱式桥根据桥面位置划分，可分为上承式拱桥、中承式拱桥和下承式拱桥。

（1）上承式拱桥。桥面系设置在桥跨主要承重结构拱肋上面的桥梁，称为上承式拱桥，同样形式还可以扩展到其他桥梁形式，如承重结构为桁架或主梁等。

万州长江大桥（原名万县长江大桥）为劲性骨架钢管混凝土上承式拱桥，位于重庆市万州区黄牛孔子江江面，是连接 318 国道的一座特大型公路配套桥，是长江上第一座单孔跨江公路大桥，也是当时世界上同类型跨度最大的拱桥。全桥长为 814 m，宽为 23 m，桥拱净跨为 420 m，桥面距江面高达 140 m。主桥于 1994 年 5 月开工建设，1997 年 5 月竣工通车（图 1-1-22）。

图 1-1-22　万州长江大桥

从上承式拱桥的形式可以看出，上承式拱桥具有视野好、建筑高度大等优点。

（2）中承式拱桥。桥面系设置在桥跨主要承重结构拱肋中间的桥梁，称为中承式拱桥。

广州丫髻沙大桥是广州环城高速路西南环段跨越珠江主、副航道和丫髻沙岛的特大桥梁。大桥全长为 1 084 m，主桥采用三跨连续自锚中承式钢管混凝土拱桥桥型，大桥分跨为 76 m＋360 m＋76 m，桥宽为 36.5 m。丫髻沙大桥于 1998 年 7 月动工，2000 年 6 月建成。

当时共创下 4 项全国乃至世界第一：在钢管混凝土中承式拱桥中跨度第一，主跨达到 360 m，为当时世界钢管混凝土拱桥中主跨度最长的；大桥平转转体每侧质量达 13 680 t，不仅居国内第一，也是世界同类型中第一座万吨转体桥梁；竖转加平转相结合的施工方法世界领先；大桥极限承载力和抗风力国内领先（图 1-1-23）。

中承式拱桥兼具上承式拱桥和下承式拱桥的优缺点。

（3）下承式拱桥。桥面系设置在桥跨主要承重结构拱肋下面的桥梁，称为下承式拱桥。

汀泗河特大桥位于湖北省咸宁市，主跨为 140 m 钢箱系杆拱，是世界上跨度最大的钢箱系杆拱桥，施工中首创了 1～140 m 下承式钢箱系杆拱拼装新工艺，是武广高铁重点控制性工程之一，大桥全长为 4 382.17 m，于 2006 年 10 月开工建设，2008 年 4 月 14 日建成（图 1-1-24）。

图 1-1-23　广州丫髻沙大桥　　　　　　图 1-1-24　汀泗河特大桥

与上承式拱桥相比，下承式拱桥具有建筑高度小、视野差等缺点。

3. 吊式桥

吊式桥也称为悬索桥，指的是以通过索塔悬挂并锚固于两岸（或桥两端）的缆索（或钢链）作为上部结构主要承重构件的桥梁。其缆索几何形状由力的平衡条件决定，一般接近抛物线。

悬索桥各部分的作用如下：

（1）主缆是结构体系中的主要承重构件，以受拉为主；

（2）索塔是悬索桥抵抗竖向荷载的主要承重构件，以受压为主；

（3）主梁是悬索桥保证车辆行驶、提供结构刚度的二次结构，主要承受弯曲内力；

（4）吊索是将加劲梁自重、外荷载传递到主缆的传力构件，是联系加劲梁和主缆的纽带，承受轴向拉力；

（5）锚碇是锚固主缆的结构，它将主缆中的拉力传递给地基。

2009 年 9 月 10 日，由中铁十八局集团二公司承建的辽宁省朝阳市"麒麟大桥"竣工通车。麒麟大桥全长为 508.32 m，主桥为双塔三跨双索面自锚式悬索桥，主跨为 180 m，是国内同结构桥型最大跨径。该桥的建成通车对提升辽宁省朝阳市的城市品位，优化人居环境，加快新老城区互动发展将起到重要的推动作用（图 1-1-25）。

图 1-1-25　麒麟大桥

4. 刚架桥

刚架桥(刚构桥)采用的刚架是一种介于梁与拱之间的结构体系，它是由受弯的上部梁(或板)结构与承压的下部柱(或墩)整体结合在一起的结构(图 1-1-26)。

梁和柱的连接处具有很大的刚性，连接可靠，刚架桥因此而得名，也正因此，此刚非彼"钢"。在竖向荷载作用下，梁部主要受弯，而在柱脚处也具有水平反力，其受力状态介于梁桥与拱桥之间。

刚架桥的受力特点：主梁端部产生负弯矩，从而减少跨中正弯矩，跨中截面尺寸可减小；支柱除承受压力外，还承受弯矩，支柱一般为钢筋混凝土构件；支柱脚有水平推力，需良好的地基条件或较深基础和特殊构造措施。

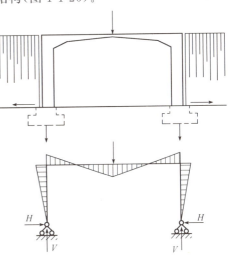

图 1-1-26　刚架

刚架桥的主梁高度一般较梁桥小，因此常用于需要较大桥下净空或建筑高度受到限制的情况，如立交桥、高架桥等。刚架桥的主要优点是外形尺寸小、桥下净空大、桥下视野开阔、混凝土用量少；缺点是钢筋的用量较大，基础造价也较高。

刚架桥的构件形式有直腿和斜腿刚架桥、V 形墩刚架桥、带拉杆刚架桥、T 形刚架构桥、连续刚架桥五种。

(1)直腿和斜腿刚架桥。直腿和斜腿刚架桥的主要区别在于腿的斜正。直腿刚架也称门式刚架，其腿和梁垂直相交呈门架形。

直腿刚架桥的典型例子是彭武高速公路黄草乌江特大桥(图 1-1-27)，该桥位于重庆市武隆区江口镇，横跨乌江，全长为 1 040 m。大桥主桥为(113＋200＋113)m 三跨预应力混凝土连续刚构桥，最高墩高度为 130 m，总投资 1.47 亿元。

图 1-1-27　黄草乌江特大桥

遂川洪门大桥(图 1-1-28)位于江西省遂川境内 105 国道上，该桥是单跨 60 m 预应力混凝土单箱斜腿刚架桥，桥面净宽为(9+2×0.25) m，斜腿倾角为 42°，于 1986 年建成通车。全桥无墩台，梁 1/4 跨处由钢筋混凝土八字式牛腿支承，端梁直接置于岩石混凝土垫枕上。桥全长为 70 m，宽为 9 m，跨径为 60 m。洪门大桥是我国第一座采用预应力斜腿钢构架的公路桥，这一桥型为今后在公路桥梁中的广泛应用奠定了基础。

图 1-1-28　遂川洪门大桥

斜腿刚架与拱桥类似，其所受弯矩比直腿刚架要小，同时缩短了主梁跨度，但支承反力有所增加，而且斜柱的长度也较大，因此，当桥下净空要求为梯形时，采用斜腿刚架是有利的，它可用较小的主梁跨度来跨越深谷或同其他线路立交。

(2)V 形墩刚架桥。为减少支柱肩部的负弯矩峰值，也就是减少斜腿刚架桥的桥台，将支柱做成 V 形墩形式。

图 1-1-29 所示为千岛湖大桥。千岛湖大桥全长为 1 258 m，其中主桥长为 928 m，桥面总宽为 18 m，净空为 14.5 m，两边人行道各宽 1.5 m，主桥墩桩深为 53～64 m，为国内桥梁深水钻孔桩水深桩长之最。千岛湖大桥于 2003 年 2 月正式开工建设，于 2005 年 9 月 20 日建成通车。

图 1-1-29   千岛湖大桥

（3）带拉杆刚架桥。为方便采用悬臂施工，并且减少跨中正弯矩和挠度值，做成两端带拉杆的结构形式，施工时可在端部临时压重，并可减少刚架桥的桥台。

（4）T形刚架桥。桥跨结构的上部梁在墩上采用两边平衡悬臂施工，首先形成一个T形的悬臂结构，然后相邻的两个T形悬臂在跨中可用剪力铰或跨径较小的挂梁连成一体，称为带铰或带挂孔的T形刚构。

乌龙江大桥位于福建省福州市乌龙江下游峡口处，是我国较早建成的一座大跨度预应力混凝土T形钢架桥(图 1-1-30)。T形刚架桥之间的连接即采用挂梁式连接。

图 1-1-30   乌龙江大桥

（5）连续刚架桥。在T形刚架桥的基础上，将T形刚架桥的粗厚桥墩减薄，形成柔性桥墩，使墩梁固结、主梁连续，从而形成连续刚架桥。

重庆石板坡长江大桥复线桥，于 2003 年 12 月正式动工，于 2006 年 8 月 28 日竣工通车，全长为 1 103.5 m，采用连续刚构连续梁混合梁结构，桥主跨就确定为 174＋156＝330(m)，能较好适应未来通航需要，也使该桥跨径成为世界梁式桥之最，比原世界最大跨径 301 m(挪威 1998 年建成的斯托尔马桥)长 29 m(图 1-1-31)。

图 1-1-31　重庆石板坡长江大桥复线桥

5. 组合体系桥

组合体系桥是由拉、压、弯等几个基本受力体系的结构组合而成的桥梁。

常用的结构形式为拱、梁组合体系桥，梁、桁架组合体系桥及索、梁组合体系桥。

(1)拱、梁组合体系桥。较复杂的拱、梁组合体系为多跨布置的无推力或有推力的结构体系。如我国台湾的关渡桥，为5孔连续中承式拱梁组合体系公路桥，主桥长为 539 m，净宽为 19 m，为中承式 5 孔连续系杆拱桥，中间孔跨度为 165 m，两侧孔跨度为 143 m 及 44 m，桥墩基础采用沉井及螺纹管两种。

(2)梁、桁架组合体系桥。西平铁路后河村特大桥 80 m 钢-混凝土组合桁梁。80 m 钢-混凝土组合桁梁是一种新型桥梁结构形式，组合桁梁长为 82 m，支座中心距离为 80 m，桁式采用无竖杆三角桁。在世界范围内，铁路使用该结构形式和技术的仅有日本，且跨度仅为 50 m。西平线 3 座桥梁，均采取该结构形式，跨度均达到 80 m，在我国铁路桥梁史上尚属首例。

(3)索、梁组合体系桥(斜拉桥)。斜拉桥又称斜张桥，是将主梁用许多拉索直接拉在桥塔上的一种桥梁，是由承压的塔、受拉的索和承弯的梁体组合起来的一种结构体系。斜拉桥由索塔、主梁、斜拉索组成。

武汉天兴洲长江大桥是我国第一座跨长江的高速铁路桥梁，武汉天兴洲长江大桥是公路铁路两用桥，它是继芜湖长江大桥之后的我国的第二座公路铁路两用斜拉桥。该桥总长度为 9.3 km，其中主桥长为 4 657 m，主跨长为 504 m，是世界上最大跨度的公路铁路两用斜拉桥。

将斜拉桥与其他5种桥型进行对比分析，见表1-1-1。

表 1-1-1　基本桥型受力分析

桥梁类型	主要受力情况	建造材料	典型特点
梁式桥	受弯	(预应力)钢筋混凝土	结构简单、跨度受限
拱式桥	受压	混凝土、砌体材料	受力合理、施工难度大
刚架桥	弯、轴压组合	(预应力)钢筋混凝土	弯矩小、增加桥下净空
悬索桥	受拉	钢丝、钢缆等钢材	跨度大、自重轻、刚度差
斜拉桥	拉、压、弯组合	钢丝(缆)和(预应力)钢筋混凝土	受力合理、构造复杂

从表 1-1-1 中可以看出，桥梁的受力情况越复杂，桥梁所反映的特点越能接近人们的要求，因此为了满足现代人的需要，使桥梁的类型更为合理，需要将基本桥梁类型进行组合，从而得到组合体系桥。

(二)按用途的分类

(1)公路桥。公路桥是跨越水域、山谷等的构造物。

(2)铁路桥。铁路桥是跨越河流、湖泊、海峡、山谷等的构筑物。

(3)公铁两用桥。对于基础工程复杂、墩台造价较高的大桥或特大桥，以及靠近城市、铁路公路均较稠密而需建造铁路桥和公路桥以连接线路时，为了降低造价和缩短工期，可考虑建造一座公路、铁路同时共用的桥，称为公铁两用桥。

(4)农桥。农桥是我国当前农田水利工程配套的主要建筑物之一。其中，机耕桥就是机耕路上的桥梁，机耕路是农业机械出入田间地头进行农田作业的通道。

(5)渡槽。渡槽又称高架渠，是一组由桥梁、隧道或沟渠构成的输水系统，用来把远处的水引到水量不足的城镇、农村以供饮用和灌溉。其普遍用于灌溉输水，也用于排洪、排沙等，大型渡槽还可以通航。

(6)人行桥。人行桥一般是指人行天桥，又称人行立交桥。人行桥一般建造在车流量大、行人稠密的地段，或者交叉口、广场及铁路上面。人行桥只允许行人通过，用于避免车流和人流平面相交时的冲突，保障人们安全穿越，提高车速，减少交通事故。

(三)按桥长或单孔跨径的分类

根据《公路桥涵设计通用规范》(JTG D60—2015)中特大、大、中、小桥及涵洞按单孔跨径或多孔跨径总长分类规定，见表 1-1-2。

表 1-1-2 桥涵按桥长或单孔跨径的分类

桥涵分类	多孔跨径总长 L/m	单孔跨径 L_K/m
特大桥	$L > 1\,000$	$L_K > 150$
大桥	$100 \leqslant L \leqslant 1\,000$	$40 \leqslant L_K \leqslant 150$
中桥	$30 < L < 100$	$20 \leqslant L_K < 40$
小桥	$8 \leqslant L \leqslant 30$	$5 \leqslant L_K < 20$
涵洞	—	$L_K < 5$

注：1. 单孔跨径是指标准跨径。
2. 梁式桥、板式桥的多孔跨径总长为多孔标准跨径的总长；拱式桥为两端桥台内起拱线间的距离；其他形式桥梁为桥面系行车道长度。
3. 管涵及箱涵不论管径或跨径大小、孔数多少，均称为涵洞。
4. 标准跨径：梁式桥、板式桥以两桥墩中线间距离或桥墩中线与台背前缘间距为准；拱式桥和涵洞以净跨径为准。

(四)按材料的分类

桥梁根据材料可以划分为木桥、钢筋混凝土桥、预应力混凝土桥、砌体桥及钢桥。

（1）木桥。木桥以天然木材作为主要建造材料的桥梁。木材易腐，且资源有限，一般不用于永久性桥梁。

（2）钢筋混凝土桥。钢筋混凝土桥是用钢筋混凝土作为主要建造材料的桥梁。

（3）预应力混凝土桥。预应力混凝土桥指的是以预应力混凝土作为上部结构主要建筑材料的桥梁。

（4）砌体桥。砌体桥是以砖、石、混凝土等砌体材料作为主要建造材料的桥梁。

（5）钢桥。钢桥是用钢材作为主要建造材料的桥梁。其具有强度高、刚度大的特点，相对于混凝土桥可减小梁高和自重。

（五）按跨越障碍性质的分类

桥梁按跨越障碍性质可分为跨河桥、跨线桥、高架桥和栈桥等。

（1）跨河桥、跨线桥。最初的桥梁是为了跨越河流、峡谷等，而现在的桥就不同了，它要跨越铁路线、公路线（立交桥）等，所以就称为跨线桥。

（2）高架桥。高架桥是指搁在一系列狭窄钢筋混凝土或砌体拱上，具有高支撑的塔或支柱，跨过山谷、河流、道路或其他低处障碍物的桥梁。

（3）栈桥。栈桥是形状像桥的建筑物，建在车站、港口、矿山或工厂，用于装卸货物或上下旅客。

（六）按跨越方式的分类

桥梁按跨越方式可分为固定式桥梁、开启桥、浮桥和漫水桥等。

（1）固定式桥梁。固定式桥梁是指一经建成后各部分构件不再拆装或移动位置的桥梁。

（2）开启桥。开启桥是指上部结构可以移动或转动的桥梁。

（3）浮桥。浮桥是指用浮箱或船只等作为水中的浮动支墩，在其上架设贯通的桥面系统以沟通两岸交通的架空建筑物。

（4）漫水桥。漫水桥又称过水桥，是指洪水期间容许桥面漫水的桥梁。

课后思考题

1. 简述桥梁的各部分组成及作用。
2. 桥梁按照长度方向包含哪些术语？其具体定义是什么？
3. 简述桥梁按受力体系的分类情况。

任务二　桥梁总体规划设计

任务描述

某地区桥梁在设计时应遵循的基本原则，涉及的平面、纵断面、横断面设计的内容和步骤，以及如何进行方案比选，确定最终桥梁设计方案。

桥梁总体规划设计

一、桥梁设计基本原则

公路桥梁属于公共基础设施，建造过程及建成后与社会公众的关系密切，因此，公路桥梁的设计阶段应充分考虑经济社会因素。国外对桥梁设计强调3E原则，即功效（Efficiency）、经济（Economy）、美观（Elegance）三个要素，这与我国现行规范中"安全、适用、经济、美观"的工程设计原则是一致的，基于性能的设计方法是现行设计方法的延伸，因此，性能设计的总体要求包含现行规范的设计原则要求，但基于性能的设计方法更关注结构在整个生命周期内的性能，作为性能设计的基本原则。除上述几点外，还要考虑结构的耐久性、可修复性、可施工性、可管养性及可持续性等，即基于性能的公路桥梁设计应遵循"安全可靠、适用耐久、经济、美观、技术先进、环境保护和可持续发展"六项基本原则。

(一)安全可靠

桥梁的安全性往往取决于整体工程的主要承受能力，其中在前期的设计环节能够干预桥梁的总体建设效果，所以要强化此环节，提升桥梁的综合性能。因为城市经济发展的速度过快，以至于城市居民的出行数量正在增加，相对应的交通压力正在提升，促使桥梁建设总体数量有所增加，建设规模得到延伸，进而桥梁会在后期使用环节中出现安全事故，严重影响城市建设质量。因此，针对此类状况，设计人员必须从结构尺寸和构造上保证强度、刚度，以及在稳定性方面做出分析，细化多项设计细节，从而有效保障桥梁总体建设效果。

符合安全设计的桥梁结构，在制造、运输、安装和使用过程中应有足够的强度、刚度、稳定性和耐久性，并有安全储备。根据桥上交通和行人情况，桥面应考虑设置人行道、缘石、护栏、栏杆等设备，以保证行人和行车安全。桥上还应设有照明设施，引桥纵坡不宜过陡，地震区桥梁，应按抗震要求采取防震措施。

(二)适用耐久

桥梁在建造和使用过程中，一定会受到环境、有害化学物质的侵蚀，并要承受车辆、风、地震、疲劳、超载、人为因素等外部作用，同时，桥梁所采用材料的自身性能也会不断退化，从而导致结构各部分不同程度的损伤和劣化。结构适用性是指结构的变形、裂缝、振动等影响结构正常使用的特征值，在现行规范体系中以正常使用极限状态控制。

耐久是公路桥涵结构设计最基本的要求之一。耐久性直接影响结构的安全性和适用性，也关系到桥涵的实际寿命是否能达到其设计使用年限要求。耐久性设计已经成为结构设计的一个重要组成部分。在现行公路工程规范体系中，也设立了耐久性设计规范，并且在各结构设计规范中都包含耐久性设计的有关规定。规范中增加耐久性设计要求的主要目的是保证规范内容的完整性，同时，协调现行规范体系，从内容上体现规范之间的一致性和继承性。

我国桥梁结构研究要略晚于建筑结构领域的研究。在世界范围内，对混凝土耐久性的重视始于20世纪70年代末。清华大学陈肇元院士曾撰文指出："建筑物的耐久性是建筑物及其构件在给定的期限内并在各种作用下维持其功能的能力，而建筑物及其构件的使用寿命则是在其建造完工或生产制成以后，仅在一般的维护条件下，其所有性能均能满足原定要求的期限。"英国学者也提出："耐久性预测不可能是一门精确的科学，建筑物的预测寿命只能是个估计。"国内外专家近年来十分关注桥梁结构在设计基准期内，是否满足预定的功能要求作为桥梁可靠性评价的重要指标。如美国的北卡罗来纳和明尼苏达等州，将桥梁剩余寿命作为评价桥梁的重要因素。研究成果表明，耐久性的研究和评价对桥梁结构寿命的延长和防止重大事故的发生将会产生巨大的经济效益和社会效益。总体来说，桥梁耐久性是对未来的预测。国际标准《结构可靠性总原则》(ISO 2394：1998)中明确："结构设计的目的是尽量减小结构或结构构件的失效概率，保证其可靠度……结构与结构构件的耐久性是指其在工作寿命期内，在适当的维护条件下在其所处环境中保持正常工作的能力。"ISO 2394：1998并提出要注意一些相关因素的影响，如结构预期用途、要求的性能、环境条件、材料性能、结构体系、构件形状、结构细部构造、工艺质量和控制水平、专门的防护措施，以及在设计工作寿命期的维护等。

(三)经济

在桥梁设计中，经济性一般是首要考虑的因素。桥梁设计应遵循因地制宜、就地取材和方便施工的原则，综合考虑发展远景和将来的维修，使其造价和养护费用综合最低。

桥梁的经济性的重要指标是每平方米桥面的材料用量，在国际设计竞赛中都十分重视这一体现竞争力和技术水平高低的指标。由于我国在材料工业方面的差距，大桥的材料等级是相对落后的。如钢箱梁的设计，欧美各国主要采用 HPS460(欧洲)、HPS480(美国)、BHS500(日本)的高性能钢材，甚至在局部的高应力区还使用少量 HPS560、HPS690，以减少厚板，简化构造和制造的难度。我国都是采用唯一的 S345 钢材，而且不同厚度钢板的焊接工艺又十分不便，也是很不经济的。在混凝土结构方面，我国大多用 C50 级，而国外的高性能 HPC80 已商品化。由此，中国的混凝土桥梁往往显得相对粗笨，而国外的混凝土桥梁就纤细轻巧得多(外形尺寸较小，壁厚也较薄)，使混凝土用量大大减少，存在明显的差距。

(四)美观

一座桥梁，尤其是城市桥梁和游览地区的桥梁，应具有优美的外形，结构布置精炼，空间闭口和谐，与周围环境协调。合理的结构布局和轮廓是美观的主要因素，另外，施工质量也会影响桥梁美观性。桥梁设计应积极采用新结构、新材料、新工艺和新设备，学校和利用国际最新科学技术成就，以利于提高我国桥梁建设水平，赶超世界先进水平。

桥梁美观可以归纳为形态美、功能美、与周围环境的融合美三个方面。

1. 形态美

形态美主要考虑协调统一、比例尺寸、节奏与韵律等。协调统一包括两个方面：一方面是桥梁与周围环境的协调；另一方面是桥梁内部构件之间的协调。桥梁与周围环境的协调一定要考虑，桥梁所处的地形即地基承载力、车辆人流量、山水、天气状况等方面。

2. 功能美

功能美是指在结构合理和遵循力学原理的情况下，能够满足平衡的紧张感及"心理引诱力线"的整齐、和谐美感。心理上的引诱力线指的是"物理上的力线"和"心理上的力线"的结合。当桥梁在力作用下时，直接承受力的构件将力传递给其他构件，如此形成循环的传递路线，这就是"物理上的力线"；而人们通过视觉去观察桥梁是如何受力传递的，这就是"心理上的路线"。等截面桥是以其长方向主梁为引诱力线的；悬索和斜拉桥则因其加筋梁所呈现的强烈力的紧张感平衡了主搭和主索引起的长方向的比例不协调，使桥梁比例更协调，更具比例美。

3. 与周围环境的融合美

与周围环境的融合美是指桥梁与周围的自然环境和桥周边的其他建筑之间的协调统一。桥梁与周围环境的融合归纳起来有融合法则、因地制宜法则、重点法则、消隐法则四种法则。针对不同的法则和不同的设计理念选择不同的法则为桥梁外观添上浓墨的一笔，达到桥梁与环境融合为一体的效果。

(五)技术先进

桥梁设计应遵循因地制宜，就地取材和方便施工的原则。经济的桥型应该是造价和养护费用综合最低的桥型。设计中应充分考虑维修的方便和维修费用少，维修时尽可能不中断交通，或使中断交通的时间最短。桥梁设计应在因地制宜的前提下，尽可能采用成熟的新结构、新设备、新材料和新工艺。在认真学习国内外的先进技术、充分利用最新科学技术成就的同时，努力创新，淘汰和摒弃原来落后和不合理的设计思想。

(六)环境保护和可持续发展

按照《中华人民共和国环境保护法》及地方法规和行业企业要求，采取措施控制施工现场的各种粉尘、废水、废气、废渣等对环境的污染和危害。环境保护坚持"预防为主、防治结合"的方针，努力实现可持续发展战略。

可持续发展既是满足当代的需要，又是不对后代人满足其需要的能力构成危害的发展。生态持续发展是可持续发展的保障，经济持续发展是可持续发展的手段，社会持续发展是可持续的最终目标。当今世界面临着人口、资源、环境和发展一系列重大问题，人必须与自然协调才能持续生存，不适当的生产和生活方式是地球环境所面临的最严重问题之一。

二、桥梁平面、纵断面、横断面设计

桥梁设计资料的调查收集是因地制宜设计桥梁的基础性工作，只有资料收集完整，才能做出合理的设计方案。设计方案主要包含以下几个方面的内容。

(1)根据交通量大小确定桥梁的设计荷载等级、车行道、人行道宽度等。

(2)绘制地形图，探明桥位地质情况，确定工程地质报告，并结合水文情况调查最高洪水位、流速、流量等确定桥梁跨径和净空。

(3)对气象资料进行调查，包括气温、雨量和风速等。

(一)桥梁的平面设计

桥梁的平面设计主要是确定桥梁所在的道路、自身及水流之间的关系进行相应的平面布置，遵循的原则为平顺、车辆平稳通过。对于不同等级其要求也是不同的：对于高速、一级公路上的大、中桥及所有小桥都要遵循道路的路线进行平面布置；二、三、四级公路上的大、中桥一般为直线；从桥梁本身的经济性和施工方便来说，应尽可能避免桥梁与河流或与桥下路线斜交。必要时通常不宜大于45°，在通航河流上则不宜大于5°。

(二)桥梁的纵断面设计

桥梁纵断面设计包括总跨径的确定、桥梁的分孔、桥面的标高、桥上和桥头引道的纵坡及基础的埋置深度。

1. 桥梁的总跨径

桥梁总跨径一般根据水文计算来确定。其基本原则如下：

(1)应使桥梁在整个使用年限内，保证设计洪水能顺利宣泄；

(2)河流中可能出现的流冰和船只、排筏等能顺利通过；

(3)避免因过分压缩河床引起河道和河岸的不利变迁；

(4)避免因桥前壅水而淹没农田、房屋、村镇和其他公共设施等。对于桥梁结构本身来说，不能因总跨径缩短而引起的河床过度冲刷对浅埋基础带来不利的影响。

在某些情况下，为了降低工程造价，可以在不超过允许的桥前壅水和规范规定的允许最大冲刷系数的条件下，适当增大桥下冲刷，以缩短总跨长。例如，对于深埋基础，一般允许稍大一点的冲刷，使总跨径能适当减小；对于平原区稳定的宽滩河段，流速较小，漂流物也少，主河槽较大，这时，可以对河滩的浅水流区段做较大的压缩，但必须慎重校核，压缩后的桥梁壅水不得危及河滩路堤及附近农田和建筑物。

桥梁的总跨径一般根据水文计算确定。要求桥梁总跨径必须保证桥下有足够的泄洪面积。

由于桥梁墩台和桥头路堤压缩了河床，使桥下过水断面减少，流速加大，会引起河床冲刷。而为了使总跨径不致过大，节省建桥投资，又允许有一定的冲刷。

因此，桥梁的总跨径应根据具体情况，经过全面分析后加以确定。

2. 桥梁的分孔

对于一座较长的桥梁，应当分成若干孔，但孔径划分的大小，不仅影响使用效果和施工难易等，而且在很大程度上影响桥梁的总造价。例如，采用的跨径越大，孔数就少，固然可以降低墩台的造价，但会使上部结构的造价大大增高；反之，上部结构的造价虽然降低了，但墩台的造价又有所增高。因此，在满足下述使用和技术要求的前提下，通常采用最经济的分孔方式，即使上、下部结构的总造价趋于最低。

(1)对于通航河流，在分孔时首先应满足桥下的通航要求。桥梁的通航孔应布置在航行最方便的河域。对于变迁性河流，根据具体条件，应多设几个通航孔。

(2)对于平原区宽阔河流上的桥梁，通常在主河槽部分按需要布置较大的通航孔，而在两侧浅滩部分按经济跨径进行分孔。

(3)对于在山区深谷及水深流急的江河上，或需在水库上修桥时，为了减少中间桥墩，应加大跨径。如果条件允许，甚至可以采用特大跨径的单孔跨越。

(4)对于采用连续体系的多孔桥梁，应从结构的受力特性考虑，使边孔与中孔的跨中弯矩接近相等，合理地确定相邻跨之间的比例。例如，三跨连续梁中跨与边跨的比例为1.00：0.80。

(5)对于河流中存在不利的地质段，如岩石破碎带、裂隙、溶洞等，在布孔时，为了使桥基避开这些区段，可以适当加大跨径。

总之，大、中桥梁的分孔是一个相当复杂的问题，必须根据使用要求、桥位处的地形和环境、河床地质、水文等具体情况，通过技术经济等方面的分析比较，才能做出比较完美的设计方案。

3. 桥面的标高

桥面的标高根据路线的纵断面设计，或根据设计洪水位、桥下通航需要的净空来确定。

桥面的标高设计前提是保证排洪、通航和桥下行车安全及桥梁结构自身安全。因此，合理的桥梁标高必须根据设计水位、桥下通航（通车）净空的需要，并结合桥型、跨径等一起考虑。

对于非通航河流，梁底一般应高出设计洪水位（包括壅水和浪高，壅水是因水流受阻而产生的水位升高现象，如在河流中建造闸、坝或桥墩，或有冰凌阻塞时，均能引起壅水）不小于 0.5 m，高出最高流冰水位 0.75 m；支座底面高出设计洪水位不小于 0.25 m，高出最高流冰水位不小于 0.5 m，如图 1-2-1 所示。对于无铰拱桥，拱脚允许被设计洪水位淹没，但一般不超过拱圈矢高的 2/3，拱顶底面至设计洪水位的净高不小于 1.0 m。为了防止冰害，拱脚的起拱线还应高出最高流冰水位不小于 0.25 m，如图 1-2-2 所示。

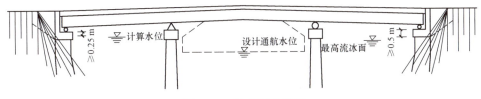

图 1-2-1　梁式桥纵断面

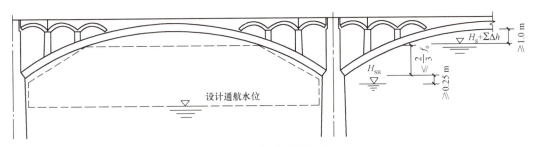

图 1-2-2　拱桥桥下净空

对于跨河桥的桥面标高：

有通航要求时，最小桥面标高＝通航水位＋通航净空高度＋建筑高度
　　　　　　　　　　　　　＝通航水位＋桥下通航净空要求

无通航要求时，最小桥面标高＝计算水位＋安全高＋建筑高度
　　　　　　　　　　　　　＝计算水位＋桥下流水净空要求

（注：计算水位＝设计洪水位＋壅水＋2/3 倍浪高）

对于跨线桥的桥道标高（图 1-2-3）：

桥面标高＝桥下路面标高＋安全行驶高（H）＋建筑高度（h）

安全行驶高：对于高等级公路 $H \geqslant 5.0$ m；对于低等级公路 $H \geqslant 4.5$ m，且 $h \geqslant 4.0$ m。

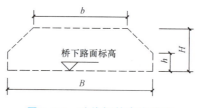

图 1-2-3 跨线桥的高度关系

4. 桥上和桥头引道的纵坡

桥上和桥头引道是指桥梁两端与道路连接的路段。其功能包括两个方面：一方面是实现与路堤的衔接，适当降低路堤高度；另一方面是利于排水。引道的平、纵、横三个方面应进行综合设计，做到平面顺适，纵坡均衡、横面合理。线形设计应考虑车辆行驶的安全舒适、驾驶人员的视觉与心理反应、引导驾驶人员视线、保持线性的连续性、注意与当地环境和景观相协调。

桥上和桥头引道纵坡的设置要求如下：

(1)桥上纵坡不宜大于4%，桥头引道纵坡不大于5%；

(2)桥头两端引道的线形应与桥梁的线形相匹配；

(3)位于城镇混合交通繁忙处的桥梁，桥上纵坡及桥头引道纵坡均不得大于3%；

(4)对易结冰、积雪的桥梁，桥上纵坡不宜大于3%。

纵坡变更位置应按规定设置竖曲线。一般小桥，通常做成平坡桥；大中桥梁，为利于桥面排水，降低引道路堤高度，设置中间向两端倾斜的双向纵坡。纵坡发生变更处，应设置竖曲线。一般竖曲线应延伸至桥梁全长。

5. 基础的埋置深度

桥梁纵断面设计对基础埋置深度设置应遵循以下基本原则：

(1)基础应保证一定的埋深，不使外界各种不良因素对基础产生较大的影响；

(2)基础应置于较好的土层上，在保证地基满足承载力、沉降变形等要求的前提下，可减小基础的尺寸，节约材料。但同时还应考虑埋深不应太大，避免开挖施工的不便和工程量的增大。

最小埋深是保证基础不受外界不良因素(河流冲刷、季节性冻融、人及动物活动等)影响的最小埋置深度。在最小埋深以下各土层中找一个埋得较浅、压缩性较低、强度较高的稳定土层作为持力层。

(三)桥梁的横断面设计

桥梁的横断面设计取决于桥面的宽度和不同桥跨结构横断面形式。桥面宽度应当与所在路线的路基宽度保持一致。

桥梁宽度应依据《公路工程技术标准》(JTG B01—2014)中规定的各级公路行车道宽度、中间带宽度、路肩宽度确定(图1-2-4)。

图1-2-4和图1-2-5中各符号含义：W——行车道宽度；S_1——左路缘带宽度；S_2——右路缘带宽度；M_1——中间带宽度；M_2——中央分隔带宽度；L_1——左路肩宽度；L_2——右路肩宽度；L——路肩宽度减0.25 m；C——0.5 m/0.25 m；E——建筑限界顶角

宽度，当 $L \leqslant 1$ m 时，$E = L$，当 $L > 1$ m 时，$E = 1$ m；E_1——建筑限界顶角宽度，当 $L_1 < 1$ m，$E_1 = L_1$，或 $S_1 + C < 1$ m，$E_1 = S_1 + C$；当 $L_1 \geqslant 1$ m 或 $S_1 + C \geqslant 1$ m 时，$E_1 = 1$ m；E_2——建筑限界顶角宽度，$E_2 = 1$ m；H——净空高度。

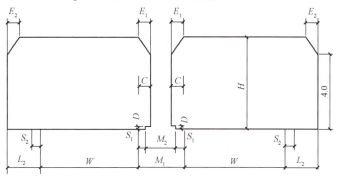

图 1-2-4　高速公路、一级公路(整体式)建筑界限

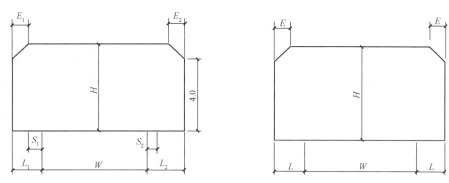

图 1-2-5　高速公路、一级公路和二、三、四级公路(分离式)建筑界限

桥面净空应满足《公路工程技术标准》(JTG B01—2014)中关于建筑界限的规定。路面各组成部分宽度依据设计车速确定，可参考表 1-2-1。

表 1-2-1　各级公路设计车速和车道宽度

公路等级	高速公路			一级公路			二级公路		三级公路		四级公路	
设计速度 /(km·h^{-1})	120	100	80	100	80	60	80	60	40	30	30	20
车道宽度 /m	3.75	3.75	3.75	3.75	3.75	3.50	3.75	3.50	3.50	3.25	3.25	3.00

三、桥梁的设计步骤

一座大型桥梁的完整设计工作，可分为前期工作和设计工作阶段。其中，前期工作又包含预工程可行性研究(简称预可)和工程可行性研究报告(简称工可)；而设计工作阶段主要分为初步设计、技术设计和施工设计三阶段，也称三阶段设计。在预可工程阶段，设计方将预可报告交业主后，由业主据此编制"项目建议书"报上级主管部门审批，审批合格后进行工程立项，从而进行工程可行性报告编制，同样编制完成后上报上级主管部门，审批完成后形成"设计任务书"，从而使项目进入设计阶段，通过初步设计经建设单位审批确定招标文件，为招标投标及施工准备提供依据。根据初步设计批复意见，进入技术设计阶段，进一步完善批复桥型方案等技术问题和施工方案。根据初步设计和技术设计批复意见，并结合开工报告，进入施工阶段，进行施工设计(图 1-2-6)。

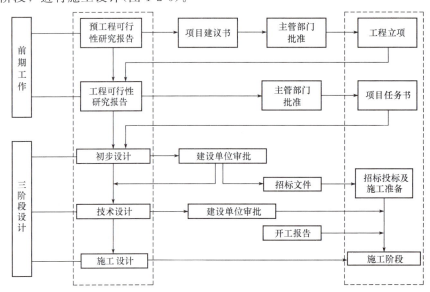

图 1-2-6　桥梁的设计与建设过程图

(1)预工程可行性研究报告，简称"预可"，重点论证"必要性、经济社会价值"，回答"为什么要建设该项目?"其包括的内容有经济性论证(造价、资金来源、投资回报、社会效益)、必要性论证(现有车流量、设计车流量、建设的必要性)、其他有关情况勘察分析(调查风、地震资料和材料供应、运输条件等)、经济分析评价、环境影响分析评价、综合评价(投资回报、社会效益、政治国防意义等)，最终形成预可行性研究报告，按建设规模大小上报政府有关部门，目的在于争取立项。

(2)工程可行性研究报告，简称"工可"，内容与预可有一定重合，但深度较深、操作性较强，回答"该项目建设方案是否可行? 技术标准是什么?"其主要内容包括：基础资料勘察(地形测绘、地质钻探、水文调查等)；拟订方案的技术可行性分析评价(需要落实资金来源)；确定技术标准(荷载标准、通航等级、设计车速、桥宽等)，最终形成经上级主管部门论证批准的设计任务书。

桥梁设计一般分为三个阶段，即初步设计、技术设计和施工图设计。

(一)初步设计

初步设计的目的是说明本桥梁工程的特点和要求，提出若干可行的比较方案，推荐准备采用的较好方案，估算实现推荐方案所需的费用、工期、技术措施等。

初步设计文件是按照基本建设程序为使工程取得预期的经济效益或目的而编制的第一阶段设计工作文件。该设计文件应阐明拟建工程技术上的可行性和经济上的合理性，要对建设中的一切基本问题作出初步确定。其内容一般应包括设计任务的来源和要求；桥址自然条件的基本资料；技术条件的选定；桥位方案的比选，上、下部结构方案的研究比较和确定；推荐方案及其理由；推荐方案的指导性施工组织（如施工方法、进度安排、场地布置、主要机具、材料和劳动力配置等）；工程概预算等。

（二）技术设计

对常规桥梁，一般不需要进行技术设计而直接进行施工设计；对新型、复杂、重要、大型的桥梁结构，需要对初步设计进行细化，以便发现可能存在的问题，进一步优化设计。总之，技术设计主要是进行补充勘探、科学试验、专题研究，解决所选定方案的关键技术问题。

技术设计主要涉及的内容包括对选定的桥式方案中各个结构的总体的、细部的技术问题作进一步研究解决，对结构各部分的设计提出详尽的设计图纸（包括结构断面、配筋、构造细节处理、材料清单、工程量等）。

（三）施工图设计

施工图设计也称施工设计，是设计部门根据鉴定批准的三阶段设计的技术设计，或两阶段设计的扩大初步设计或一阶段设计的设计任务书，所编制的设计文件。此文件应提供给施工所必需的图纸、材料数量表及有关说明。与前一设计阶段比较，设计图的设计和绘制应有更加详细的、具体的细部构造和尺寸、用料和设备等图纸的设计和计算工作，其主要内容有平面图、立面图、剖面图及结构、构造的详图，工程设计计算书，工程数量表等。施工图设计一般应全面贯彻技术设计或扩大初步设计的各项技术要求。除上级指定需要审查者外，一般均不需再审批，可直接交付施工部门据以施工，设计部门必须保证设计文件质量。同时，施工图文件也是安排材料和设备、加工制造非标准设备、编制施工图预算和决算的依据。

综合上述三阶段设计，其对比适用情况见表1-2-2。

表1-2-2　三阶段设计对比表

设计程序	设计阶段	工作内容	适用
三阶段设计	初步设计	1. 进一步定测、详勘； 2. 桥式方案比选； 3. 科研项目立项； 4. 提出施工方案； 5. 编制概算	特大桥 （必要时）
	技术设计	进一步深化初步设计：加深勘探、确定总体及细部技术问题及施工方案、修正概算	
	施工图设计	进一步具体和深化技术（或初步）设计，进行详细的结构计算，绘施工详图，施工组织计划、编制施工图预算	
两阶段设计	初步设计	总体规划，拟主要尺寸，估工程量，工程概算	大、中桥 （尽量）
	施工图设计	据批准的初步设计，详细设计计算，绘施工图，施工组织设计，工程预算	
一阶段设计	施工图设计	据批准的任务书编施工图，工程预算	中、小桥

(四)设计案例

1. 设计步骤

桥梁的具体设计流程包括以下内容:

(1)桥位比选(大桥、特大桥)。

(2)根据交通、通航、地质、水文、地形条件确定桥梁的桥面标高、坡度、总长、主跨跨径、桥宽等主要尺寸。

(3)根据各种桥型、桥式的特点,确定主桥的跨径布置、分孔方式。

(4)根据跨径大小、桥宽、结构特点,确定主桥的截面形式、截面高度、厚度、宽度等参数的变化规律。

(5)根据上部结构的跨度、桥高、确定主桥桥墩的截面,根据地质条件确定主桥基础形式及基本参数。

(6)根据水文、地质、地形、桥长、施工方法等条件确定引桥跨度大小、分孔方式、下部结构形式、基本参数及路与桥的连接。

(7)必要时,对第(1)步和第(6)步进行修改调整。

(8)计算桥梁各阶段的内力、配筋。

(9)确定桥梁各细部构造。

(10)确定施工方案。

(11)预算编制,必要时对设计方案进行修正。

2. 案例

结合上述步骤,根据交通、通航、地质、水文、地形条件确定桥梁的桥面标高、坡度、总长、主跨跨径、桥宽等主要尺寸,主跨跨径、桥高要与通航要求匹配,不可盲目追求雄伟、美观。在某河床设计桥梁如图1-2-7所示。

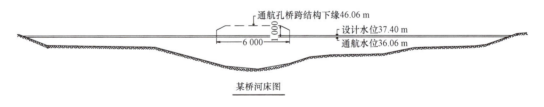

图 1-2-7 某桥河床

(1)确定通航净空、主跨标高控制点。根据图1-2-7确定桥下通航孔高度为46.06 m,主跨跨径为6 m。

(2)主跨分孔。对于钢筋混凝土三跨连续梁:中跨/边跨=1.00/0.80;五跨连续梁:1.00/0.90/0.65。按五跨取,1:0.65=6 000:3 900,3 900近似取4 000。掌握主跨、副(边)跨的跨度匹配关系,设计主跨分孔情况(图1-2-8)。

(3)主跨纵向布置、截面设计。坡度大小要适宜,一般情况下纵坡应满足$1\% < i < 3\%$,如桥宽较大,还应设置横坡(图1-2-9)。

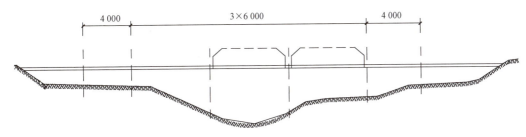

图 1-2-8　某桥主跨分孔

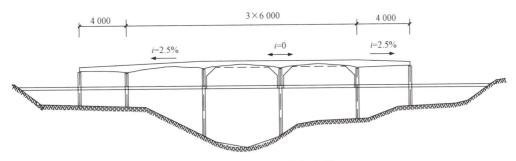

图 1-2-9　某桥主跨纵向布置

（4）引桥分孔及结构形式拟订。引桥跨度不宜太大，否则施工困难，以 16～30 m 为宜，引桥跨度、截面形式不宜变化太多，以一种、最多两种为宜，具体如图 1-2-10 所示。

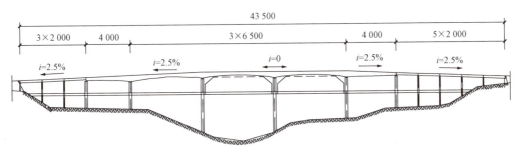

图 1-2-10　引桥分孔情况

（5）下部结构估算及尺寸拟定。根据地质资料，参照有关既有资料，确定主桥、引桥下部结构形式，进行基础尺寸拟订（图 1-2-11）。

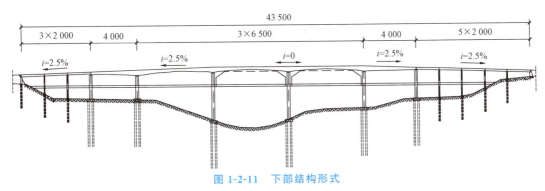

图 1-2-11　下部结构形式

四、桥梁方案比选

(一)步骤确定

1. 遵循原则

随着桥梁理论的不断成熟，桥梁设计中要求桥的适用性强、舒适安全、建桥费用经济、科技含量高。建在城市中的桥梁还应美观大方。由此，对于一定的建桥条件，根据侧重点的不同可能会做出基于基本要求的多种不同设计方案，只有通过技术经济等方面的综合比较才能科学地得出完美的设计方案。

2. 比选步骤

(1)明确各种标高的要求，在纵断面图上先绘制出设计水位、通航水位、堤顶标高、桥面标高、通航净空、行车净空位置。

(2)桥梁分孔和初拟桥型方案草图，确定各种标高后根据泄洪总跨径要求作桥梁分孔和桥型方案草图，尽可能多绘草图，以免遗漏可能的桥型。

(3)方案初筛。对草图方案做技术和经济上的初步分析和判断，从中选出 2~4 个构思好、各具特点的方案，做进一步详细研究和比较。

(4)详绘桥型方案。根据不同桥型、跨度、宽度和施工方法，拟订主要尺寸并尽可能细致地绘制各桥型方案的尺寸详图。

(5)编制估算或概算。依据编制方案的详图，可以计算出上、下部结构的主要工程数量，依据定额计算出全桥总造价。

(6)方案选定和文件汇总。全面考虑造价、建设工期、适用性、美观等因素，综合分析选定一个最佳的推荐方案。最后将所有的资料归档。

(二)比选案例

1. 比选原则

设计桥梁的形式可考虑简支梁桥、拱桥、钢桥三种形式。从实用、安全、经济、美观、环保及占地与工期多方面比选。比选原则如下：

(1)实用性。桥梁必须实用，要有足够的承载力。能保证行车的畅通、舒适和安全。既满足当前的需要，又要考虑今后的发展。要能满足交通运输本身的需要，也要考虑到支援农业等。

(2)安全性。桥梁的设计要能满足施工及运营阶段的受力需要，能够保证其耐久性和稳定性及在特定地区的抗震需求。

(3)经济性。在社会主义市场经济体制的今天，经济性是不得不考虑的重要因素。在能够满足桥梁实用性和安全性两个方面需求的情况下要尽量考虑是否经济，是否以最少的投入获得最好的效果。

(4)美观性。在桥梁设计中应尽量考虑桥梁的美观性。桥梁的外形要优美，要与周围环境相适应，合理的轮廓是美观的主要因素。

(5)环保性。随着经济的发展，生活水平的不断提高，人们对环境保护提出了更高的要求。在建筑领域，一个工程的建设不能以牺牲环境做代价，在保证顺利施工的前提下要尽量避免对环境的破坏以实现经济的可持续发展。应根据上述原则对桥梁做出综合评估。

2. 方案

方案一：预应力钢筋混凝土简支箱梁桥(图 1-2-12)，跨径组成为 $5\times32(m)$，全桥长为 160 m。上部结构为单箱单室变截面箱形梁，其主要特点为受力明确、没有多余约束、支座位移对结构内力没有影响、支座反力仅有竖向力，没有水平力；结构在均布荷载作用下跨中弯矩最大，挠度曲线为抛物线形式，支座处剪力最大，弯矩为 0。该方案构造简单、易于标准化设计，易于标准化工厂制造和工地预制，易于架设施工、维修和更换。

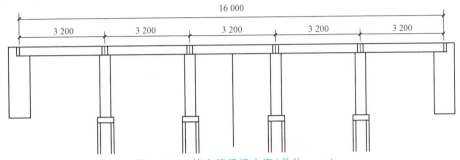

图 1-2-12 简支箱梁桥方案(单位：cm)

方案二：中承式拱桥方案，跨径组成为 $(30.5+99+30.5)\,m$，全桥长为 160 m(图 1-2-13)，不等跨钢管混凝土中承式拱桥。拱肋轴线采用悬链线形，拱肋外形为等截面结构，中承式自锚结构，钢管拱肋。由于桥面位置在拱的中部穿过，可以随引桥两端接线所需的高度上下调整，所以适应性强。钢管混凝土结构中钢管对混凝土的套箍作用使钢管内混凝土处于三向受力状态，提高了混凝土的抗压强度和变形能力。采用塔架斜拉索法施工。

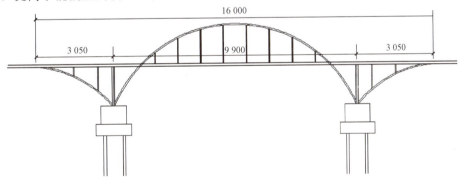

图 1-2-13 拱桥方案(单位：cm)

拱桥的静力特点：在竖直荷载作用下，拱的两端不仅有竖直反力，而且还有水平反力。由于水平反力的作用，拱的弯矩大大减少。如在均布荷载 q 的作用下，设计合理的拱轴，主要承受压力，弯矩、剪力均较小，故拱的跨越能力比梁大得多。由于拱是主要承受压力的结构，因而可以充分利用抗拉性能较差、抗压性能较好的石料、混凝土等来建造。

方案三：采用铁路连续钢箱梁桥，跨径组合为 $(52+56+52)\,m$，全桥长为 160 m (图 1-2-14)。其结构形式为上承式。装配式铁路钢桥采用了模块化设计，就像搭积木一样，可以用其单元模块——桁架单元拼接成龙门式起重机、架桥机、支架等工程设施。装配式铁路钢桥构件简单、架设方便、标准化程度高、互换性强、结构形式多样、承载能力大、适应性好。

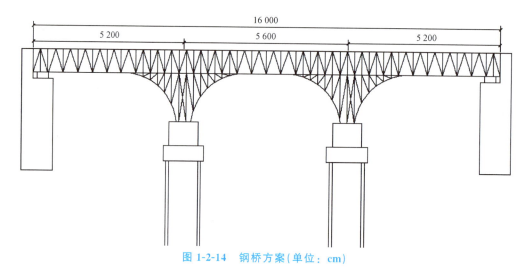

图 1-2-14　钢桥方案(单位：cm)

3. 方案比选及结果

当前，我国桥梁设计必须遵循"实用、经济、安全和美观"的基本原则。只有满足实用这一基本条件后，才能谈得上对桥梁结构的其他要求，既做到总造价经济，又保证工程质量和使用安全可靠。在实用、经济和安全的前提下，尽可能使桥梁具有优美的外形，并与周围的环境相协调。三种方案比选结果见表 1-2-3。

表 1-2-3　方案比选结果

桥型方案	方案一	方案二	方案三
使用性能	建筑高度较低，易保养和维护，抗震能力强，受力性能好、变形小、伸缩缝少、行车平顺舒适，桥下视觉效果好	建筑高度较低，易保养和维护；抗震能力差	行车平顺舒；抗震能力强。建筑高度较高，易开裂，难以维护
受力性能	会发生体系转换，受力复杂	受力复杂，是一种充分发挥砌体及钢筋混凝土材料抗压性能的合理桥型	受力明确
经济性	等截面形式，可大量节省模板，加快建桥进度，简易经济	施工工艺复杂，适用于城市桥梁，费用较高，维修费用低	钢材用量大，强度高，跨越能力强，重量轻，维护费用高，有些情况不经济
美观性	构造简单，线形简洁美观	外形美观	构造简单，线形简洁
施工方面	本方案采用悬臂浇筑法，结构整体性较好，施工变形易控制可利用计算机程序逐段控制底模标高。悬浇起重能力要求不高，仅起吊钢筋骨架及混凝土	本方案采用有支架施工，但这种方法需要耗费大量的建筑材料和劳动力，并且工期较长，因而大大影响了拱桥的推广使用	上下部结构同时施工，架设方便，工期短
适用性	适用于对桥下视觉有要求的工程，适用于各种地质情况；跨越能力较大。可以不受桥下地形条件限制或通航限制，用于对工期紧的工程；对通航无过高要求的工程	因地基要求高，要求地质情况好；适用于城市桥梁。跨越能差	不耐腐蚀，维护费用高。抗风，抗震能力强。适用于跨度大的桥梁。

从表1-2-3中可以看出，方案一和方案二相比：简支箱梁结构可以降低梁高，节省工程数量，有利于争取桥下净空，并改善景观；其结构刚度大，具有良好的动力特性及减震降噪作用，使行车平稳舒适，后期的维修养护工作也较少。从城市美学效果来看，连续梁造型轻巧、平整、线路流畅，将给城市争色不少。但连续梁对基础沉降要求严格，特别是由于梁长较大，梁体与墩台之间的受力十分复杂，加大了设计难度。拱桥的石拱对石料的要求较高，石料加工、开采与砌筑费工，现在已很少采用。由于墩、台承受水平推力的推力拱桥，要求支撑拱的墩台和地基必须承受拱端的强大推力，因而修建推力拱桥要求有良好的地基。对于多跨连续拱桥，为防止其中一跨破坏而影响全桥，还要采取特殊的措施，或设置单向推力墩以承受不平衡的推力。但是其造价较高，不经济，且对地基的要求很高，且施工工艺复杂。故方案一优于方案二。

方案一和方案三相比，钢桥施工便捷快速，结构受力明确，桥梁自重较轻，但是钢材用量很大，造价较高，并且后期维护费用很高，而且经常用于大跨度桥梁较为经济，故方案一优于方案三。

综上所述，选定方案一为设计方案。

课后思考题

1. 简述桥梁设计的基本原则。
2. 桥梁纵断面设计包含的内容有哪些？
3. 简述三阶段设计及适用条件。

任务三　桥梁作用

任务描述

某地区桥梁承受了什么样的荷载，荷载是如何进行组合的。

桥梁作用

知识链接

一、基本定义

作用是施加在结构上的集中力或分布力（直接作用，也称为荷载）和引起结构外加变形或约束变形的原因（间接作用）。目前，国际上普遍将所有引起结构反应的原因统称为作用，而荷载仅限于表达施加于结构上的直接作用。

从作用的定义可知，作用可分为两种情况：第一种是直接施加于结构上的外力，如结构重力、车辆、人群等的作用方式，将其称为直接作用，又称为荷载；第二种是引起结构外加变形、约束变形的原因，如基础变位、混凝土收缩和徐变，温度变化等，称为间接作用。

作用效应是结构对所受作用的反应，其又包含两种反应形式：一种是结构内力的反应；

另一种是结构位移的反应。其中，结构内力的反应通常由弯矩、轴力、剪力、扭矩表现出来。

《公路桥涵设计通用规范》(JTG D60—2015)将公路桥梁上的各种作用分为永久作用、可变作用、偶然作用和地震作用四类。具体分类情况可参见表1-3-1。

表1-3-1　作用分类

序号	分类	名称
1	永久作用	结构重力(包括结构附加重力)
2		预加力
3		土的重力
4		土侧压力
5		混凝土收缩、徐变作用
6		水浮力
7		基础变位作用
8	可变作用	汽车荷载
9		汽车冲击力
10		汽车离心力
11		汽车引起的土侧压力
12		汽车制动力
13		人群荷载
14		疲劳荷载
15		风荷载
16		流水压力
17		冰压力
18		波浪力
19		温度(均匀温度和梯度温度)作用
20		支座摩阻力
21	偶然作用	船舶的撞击力
22		漂流物的撞击作用
23		汽车撞击作用
24	地震作用	地震作用

作用代表值可以用来表示不同作用。作用代表值是指结构或结构构件设计时，针对不同设计目的所采用各种作用规定值，它包括作用标准值、组合值、频遇值和准永久值。

(1)作用标准值是结构设计的主要参数，关系到结构的安全问题，是作用的基本代表值。作用标准值反映了作用在设计基准期内随时间的变异，其量值应取结构设计规定期限内可能出现的最不利值，一般按作用在设计基准期内最大值概率分布的某一分位置确定。

(2)可变作用的组合值是指在主导可变作用(汽车荷载)出现时段内其他可变作用的最大量值，但它比可变作用的标准值小，实际上由标准值乘以小于1的组合值系数 ψ_c 得到。

（3）可变作用的频遇值是指结构上较频繁出现的且量值较大的作用取值，但它比可变作用的标准值小，实际上由标准值乘以小于 1 的频遇值系数 ψ_f 得到，可变作用频遇值＝可变作用标准值×频遇值系数（$\psi_f < 1$）。

（4）可变作用的准永久值是指在结构上经常出现的作用取值，但它比可变作用的频遇值又要小一些，实际上是由标准值乘以小于 ψ_f 的准永久值系数 ψ_q 得到，可变作用准永久值＝可变作用标准值×准永久值系数（$\psi_q < \psi_f$）。

（一）永久作用

永久作用是经常作用的且数值不随时间变化或变化微小的作用。永久作用被近似地认为在设计基准期内是不变的，它的代表值只有一个，即标准值。永久作用标准值可根据统计、计算，并结合工程经验综合分析确定。永久作用类型可参考表 1-3-1，具体包括以下内容。

1. 结构重力

结构重力包括结构自重及桥面铺装、附属设备等附加重力。结构重力标准值可按表 1-3-2 所列常用材料的重度根据式（1.3.1）计算。

$$G_k = \gamma V \tag{1.3.1}$$

式中　G_k——结构重力标准值（kN）；

　　　γ——材料的重度（kN/m³）；

　　　V——体积（m³）。

表 1-3-2　常用材料的重度

材料种类	重度/(kN·m⁻³)	材料种类	重度/(kN·m⁻³)
钢、铸钢	78.5	浆砌片石	23.0
铸铁	72.5	半砌块石或片石	21.0
锌	70.5	沥青混凝土	23.0~24.0
铅	114.0	沥青碎石	22.0
黄铜	81.1	碎（砾）石	21.0
青铜	87.4	填土	17.0~18.0
钢筋混凝土或预应力混凝土	25.0~26.0	填石	19.0~20.0
混凝土或片石混凝土	24.0	石灰三合土、石灰土	17.5
浆砌块石或料石	24.0~25.0	—	—

2. 预加力

预加力常用于混凝土结构，是在混凝土结构承受荷载之前，预先对其施加压力，使其在外荷载作用时的受拉区混凝土内力产生压应力，用以抵消或减小外荷载产生的拉应力，使结构在正常使用的情况下不产生裂缝或裂得比较晚。

预加力是指为了改善结构服役表现，在施工期间给结构预先施加的压应力，结构服役期间预加压应力可全部或部分抵消荷载导致的拉应力，避免结构破坏。

在结构进行正常使用极限状态设计和使用阶段构件应力计算时，预加力应作为永久作用计算其主效应和次效应，并计入相应阶段的预应力损失，但不计由于预加力偏心距增大引起的附加效应。在结构进行承载能力极限状态设计时，预加力不应作为作用，应将预应力钢筋作为结构抗力的一部分。但在连续梁等超静定结构中，应考虑预加力引起的次效应。

预加力标准值可采用下式进行计算：

$$F_{pe} = \sigma_{pe} A_p \qquad (1.3.2)$$

$$\sigma_{pe} = \sigma_{con} - \sigma_l \qquad (1.3.3)$$

式中　F_{pe}——预加力标准值(kN)；

　　　A_p——预应力钢筋的截面面积(m^2)；

　　　σ_{pe}——预应力钢筋的有效预应力(kPa)；

　　　σ_{con}——预应力钢筋张拉控制应力(kPa)；

　　　σ_l——预应力钢筋相应阶段的预应力损失(kPa)。

3. 土的重力及土侧压力

土的重力与结构重力计算方法一致。

土的侧压力按其产生的条件，可分为静止土压力、主动土压力和被动土压力。

桥梁下部结构设计时主要用到静止土压力、主动土压力。土的侧压力计算涉及结构形式、填料性质、墩台位移和地基变形，还与水文和外加荷载等因素有关。目前，按库仑理论推导的公式计算土侧压力。

4. 混凝土收缩及徐变

混凝土收缩的原因主要是水泥浆的凝缩和因环境干燥所产生的干缩。混凝土收缩会使受约束的构件产生应力，而这种应力的长期存在又因混凝土徐变的影响减小了收缩应力。徐变是混凝土在持续恒定应力作用下应变不断变化的一种现象。混凝土的收缩和徐变主要有下列规律：

(1)随水胶比增大而增加；

(2)高强度等级水泥的收缩较大；

(3)增加填充集料可减小收缩、徐变，并随集料的种类、形状及颗粒组成的不同而异；

(4)收缩徐变在凝结初期比较快，以后逐渐迟缓，但仍延续很长时间；

(5)环境湿度大的收缩、徐变小，干燥地区收缩、徐变大。

在外部超静定结构的混凝土桥梁中，混凝土收缩徐变影响力是长期存在并起作用的。混凝土徐变影响的计算可依据混凝土应力与徐变变形呈直线关系的假定并确定适当的徐变系数来进行，其应变终极值可按《公路钢筋混凝土及预应力混凝土桥涵设计规范》(JTG 3362—2018)的规定计算。计算混凝土砌体拱圈的收缩作用效应时，如考虑徐变影响，作用效应可乘以折减系数0.45。

5. 水的浮力

水的浮力是指由地表水或地下水通过地基土壤的孔隙传递给建筑物基础底面的水压力，其值等于建筑物所排开的同等体积的水重。水是否能渗入基底是产生水浮力的前提条件，因此，水的浮力与地基土的透水性、地基与基础的接触状态及水压大小(水头高低)和漫水时间等因素有关。对于透水性土，应计算水的浮力；对于非透水性土，可不考虑水的浮力。由于土的透水性质难以预测，故对于难以确定是否为具有透水性质的土，计算基底应力时，不计浮力,计算稳定时,计入浮力。对于计算水的浮力的水位,计算基底应力用低水位,计算稳定用设计水位,位于岩石地基上的基础一般被认为是不透水的,可不计水的浮力;对于碎石类土、砂类土、黏砂土等透水性地基上的桥梁墩台,当验算稳定性时,应考虑设计水位的浮力,验算地基承载力时,可仅考虑低水位的浮力,或不考虑水的浮力。

作用在桩基承台底面的浮力,应考虑全部底面面积。对桩嵌入不透水地基并灌注混凝土封闭者,不应考虑桩的浮力,在计算承台底面浮力时应扣除桩的截面面积。

当不能确定地基是否透水时,应以透水或不透水两种情况与其他作用组合,取其最不利者。

水的浮力标准值可按下式计算:

$$F = \gamma V_w \tag{1.3.4}$$

式中 F——水的浮力标准值(kN);

　　γ——水的重度(kN/m^3);

　　V_w——结构排开水的体积(m^3)。

6. 基础变位作用

基础变位一旦发生,对结构的影响也是长期的,其影响可按工程实际情况加以分析。

超静定结构当考虑由于地基压密等引起的长期变形影响时,应根据最终位移量计算构件的效应。

(二)可变作用

在结构使用期间,其量值随时间变化,且其变化值与平均值比较不可忽略的作用(量值包含位置、大小、方向)。具体内容可参见表1-3-1中8~20项。

1. 汽车荷载

《公路桥涵设计通用规范》(JTG D60—2015)将公路桥梁汽车荷载分为公路—Ⅰ级和公路—Ⅱ级两个等级。各级公路桥涵设计的汽车荷载等级应符合表1-3-3的规定。

表1-3-3　各级公路桥涵的汽车荷载等级

公路等级	高速公路	一级公路	二级公路	三级公路	四级公路
汽车荷载等级	公路—Ⅰ级	公路—Ⅰ级	公路—Ⅰ级	公路—Ⅱ级	公路—Ⅱ级

汽车荷载由车道荷载和车辆荷载组成。车道荷载由均布荷载和集中荷载组成。桥梁结构的整体计算采用车道荷载;桥梁结构的局部加载、涵洞、桥台和挡土墙土压力等的计算采用车辆荷载。车道荷载与车辆荷载的作用不得叠加。

车道荷载的计算图式如图1-3-1所示。

公路—Ⅰ级车道荷载的均布荷载标准值 $q_k = 10.5 \text{ kN/m}$,集中荷载标准值按表1-3-4选取。计算剪力效应时,上述集中荷载标准值乘以系数1.2。

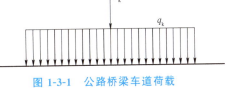

图1-3-1　公路桥梁车道荷载

表 1-3-4　集中荷载标准值取值

计算跨径 L_0/m	$L_0 \leqslant 5$	$5 < L_0 < 50$	$L_0 \geqslant 50$
P_k/kN	270	$2(L_0+130)$	360

注：计算跨径 L_0，设支座的为相邻两支座中心间的水平距离；不设支座的为上、下部结构相交面中心间的水平距离

　　公路—Ⅱ级车道荷载的均布荷载标准值 q_k 和集中荷载标准值 P_k 按公路—Ⅰ级车道荷载的 75% 采用。

　　车道荷载的均布荷载标准值应满布于使结构产生最不利效应的同号影响线上；集中荷载标准值只作用于相应影响线中一个影响线峰值处。车辆荷载的立面、平面尺寸如图 1-3-2 所示，主要技术指标规定见表 1-3-5。公路—Ⅰ级和公路—Ⅱ级汽车荷载采用相同的车辆荷载标准值。

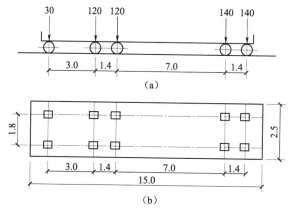

图 1-3-2　公路桥梁车辆荷载布置图(尺寸单位：m；荷载单位：kN)

(a)立面；(b)平面

表 1-3-5　车辆荷载的主要技术指标

项目	单位	技术指标	项目	单位	技术指标
车辆重力标准值	kN	550	轮距	m	1.8
前轴重力标准值	kN	30	前轮着地宽度及长度	m	0.3×0.2
中轴重力标准值	kN	2×120	中、后轮着地宽度及长度	m	0.3×0.2
后轴重力标准值	kN	2×140	车辆外形尺寸(长×宽)	m	15×2.5
轴距	m	3+1.4+7+1.4	—	—	—

　　车道荷载横向分布系数应按图 1-3-3 所示布置车道荷载进行计算。

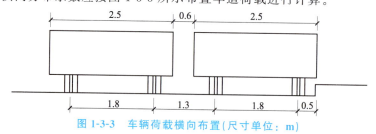

图 1-3-3　车辆荷载横向布置(尺寸单位：m)

桥涵设计车道数应符合表 1-3-6 的规定。横桥向布置多车道汽车荷载时，应考虑汽车荷载的折减；布置一条车道汽车荷载时，应考虑汽车荷载的提高。横向车道布置系数应符合表 1-3-7 的规定。多车道布载的荷载效应不得小于两条车道布载的荷载效应。

大跨径桥梁上的汽车荷载应考虑纵向折减。当桥梁计算跨径大于 150 m 时，应按表 1-3-8 规定的纵向折减系数进行折减。当为多跨连续结构时，整个结构应按最大的计算跨径考虑汽车荷载效应的纵向折减。

表 1-3-6 桥涵设计车道数

桥面宽度 W/m		桥涵设计车道数
车辆单向行驶时	车辆双向行驶时	
$W<7.0$		1
$7.0{\leqslant}W<10.5$	$6.0{\leqslant}W<14.0$	2
$10.5{\leqslant}W<14.0$		3
$14.0{\leqslant}W<17.5$	$14.0{\leqslant}W<21.0$	4
$17.5{\leqslant}W<21.0$		5
$21.0{\leqslant}W<24.5$	$21.0{\leqslant}W<28.0$	6
$24.5{\leqslant}W<28.0$		7
$28.0{\leqslant}W<31.5$	$28.0{\leqslant}W<35.0$	8

表 1-3-7 横向车道布载系数

横向布载车道数/条	1	2	3	4	5	6	7	8
横向车道布载系数	1.20	1.00	0.78	0.67	0.60	0.55	0.52	0.50

表 1-3-8 纵向折减系数

计算跨径 L_0/m	纵向折减系数	计算跨径 L_0/m	纵向折减系数
$150<L_0<400$	0.97	$800{\leqslant}L_0<1\,000$	0.94
$400{\leqslant}L_0<600$	0.96	$L_0{\geqslant}1\,000$	0.93
$600{\leqslant}L_0<800$	0.95	—	—

2. 汽车冲击力

汽车高速驶过桥梁、桥面不平整、发动机震动等会引起桥梁结构振动，从而造成内力增大，这种动力效应称为冲击作用。

(1)冲击系数 μ：汽车过桥时对桥梁结构产生的竖向动力效应的增大系数。

(2)需要计算的规定：钢桥、钢筋混凝土及预应力混凝土桥、砌体拱桥等上部构造和钢制作、板式橡胶支座、盆式橡胶支座及钢筋混凝土柱式墩台，应计算汽车冲击作用。

(3)以结构基频为主要影响因素：桥梁结构的基频反映了结构的尺寸、类型、建筑材料等动力特性内容，它直接反映了冲击系数与桥梁结构之间的关系。无论桥梁的建筑材料、结构类型是否有差别，也无论结构尺寸与跨径是否有差别，只要桥梁结构的基频相同，在同样条件的汽车荷载下，就能得到基本相同的冲击系数。也可根据桥梁结构的刚度来确定冲击力。一般来说，桥梁跨径越大、刚度越小，结构对动荷载的缓冲作用越强，即冲击作用越弱。因此，可以近似认为冲击力与计算跨径成反比。此方法计算简便，但不尽合理。根据《公路桥涵设计通用规范》(JTG D60—2015)规定，基频计算公式应为(l 为计算跨径)

$$f = \frac{\pi}{2l^2} \sqrt{\frac{EI_x}{m_C}}$$

$$m_C = (A \times \gamma)/g$$

式中 E——弹性模量，取值为 3.25×10^7 kN/m²；

I_x——截面对 x 轴产生的惯性矩；

A——截面面积，取值为 $A = A_1 + A_2$ (m²)；

γ——混凝土重度，取值为 25 kN/m³；

g——重力加速度，取值为 9.81 m/s²。

当 1.5 Hz$\leqslant f \leqslant$14 Hz 时，$\mu = 0.176\ 7\ln f - 0.015\ 7$；$f <$1.5 Hz 时，$\mu = 0.05$；$f >$14 Hz 时，$\mu = 0.45$。根据对车桥振动的研究表明，车辆对桥梁的冲击系数的影响因素很多，除以上规范提到的长度因素外，还与路面平整度、结构形式、伸缩缝、车辆作用位置等因素有关。其中，路面平整度的影响和伸缩缝结构应特别引起桥梁养护部门的注意。桥面在施工过程中除保证桥面平整度和伸缩缝的安装质量外，还应保持桥面的整洁；铺装层的破损要及时修补，伸缩缝中的赃物杂物应及时清理，伸缩缝的损坏应及时维修，以减小车辆对桥梁的冲击影响。

3. 汽车离心力

汽车离心力是在弯桥上，曲线半径比较小($\leqslant$250 m)时，汽车曲线运动造成的汽车荷载对桥梁的离心力作用。

离心力$= C \times$(车辆荷载)(不计冲击力)

离心力系数 $C = v^2/127R$

式中 v——设计车速(km/h)，应按照桥梁所在路线的设计车速进行计算；

R——曲线半径。

在计算四车道的离心力时，应按规定折减汽车荷载。离心力的着力点在桥面以上1.2 m，作用位置如图 1-3-4 所示。

图 1-3-4 离心力作用位置

4. 汽车引起的土侧压力

《公路桥涵设计通用规范》(JTG D60—2015)规定：车辆荷载在桥台或挡土墙后填土的破坏棱体上引起的土侧压力，可换算成等代均布土层厚度计算，如图 1-3-5 所示，计算公式为

$$h = \frac{\sum G}{B l_0 \gamma}$$

式中　h——换填土层的厚度(m)；

　　　γ——土的重力密度(kN/m³)；

　　　$\sum G$——布置在 $B \times l_0$ 面积内的车轮的总重力(kN)；

　　　l_0——桥台或挡土墙后填土的破坏棱体长度(m)，对于墙顶以上有填土的路堤式挡土墙，l_0 为破坏棱体范围内的路基宽度部分；

　　　B——桥台横向全宽或挡土墙的计算长度。

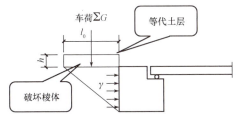

图 1-3-5　等代土层代替汽车荷载

5. 汽车制动力

制动力是汽车在桥上刹车时为克服其惯性力而在车轮与路面之间发生的滑动摩擦力(摩擦系数可达 0.5 以上)，一般计算简图如图 1-3-6 所示。《公路桥涵设计通用规范》(JTG D60—2015)规定，一个设计车道上，汽车荷载产生的制动力为加载长度上汽车荷载总重的10%，公路－Ⅰ级汽车荷载的制动力标准值不得小于 165 kN；公路－Ⅱ级汽车荷载的制动力标准值不得小于 90 kN。同向行驶双车道的汽车荷载制动力标准为一个设计车道制动力标准的 2.0 倍；同向行驶三车道为一个设计车道的 2.34 倍；同向行四车道为一个设计车道的2.68 倍。制动力的方向为汽车行车方向，其着力点在桥面以上 1.2 m。《城市桥梁设计规范(2019 年版)》(CJJ 11—2011)对汽车荷载制动力的规定为：一个设计车道的制动力城－A 级采用 160 kN 或 10% 车道荷载两者中的较大值；城－B 级采用 90 kN 或 10% 车道荷载两者中的较大值，车道荷载不包括冲击作用。当计算的加载车道为 2 条或 2 条以上时，应以 2 条车道为准，其制动力不折减。制动力作用点的规定同《公路桥涵设计通用规范》(JTG D60—2015)。同样应该指出，研究表明车辆制动除对主结构产生较大的水平力外，还会引起桥梁的振动，对铺装层推挤磨损甚至破坏。虽然设计中考虑了车辆荷载的制动力，但桥梁养护部门仍应注意维持桥面良好的行车条件，尽量避免紧急刹车，特别是高速行驶车辆的急刹车，更应防止桥上交通事故的发生。

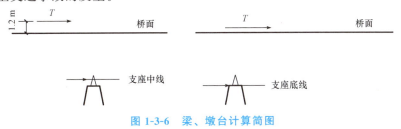

图 1-3-6　梁、墩台计算简图

43

6. 人群荷载

《公路桥涵设计通用规范》(JTG D60—2015)规定，公路桥梁设置人行道时，人群荷载按下面规定计算：

(1)人群荷载标准值应根据表1-3-9采用，对跨径不等的连续结构，以最大计算跨径为准。

表1-3-9　人群荷载标准值

计算跨径 L_0/m	$L_0 \leqslant 50$	$50 < L_0 < 150$	$L_0 \geqslant 150$
人群荷载/(kN·m^{-2})	3.0	$3.25 - 0.05 L_0$	2.5

1)非机动车、行人密集的公路桥梁，人群荷载标准值取上述标准值的1.15倍。

2)专用人行桥梁，人群荷载标准值为3.5 kN/m^2。

(2)人群荷载在横向应布置在人行道的净宽度内，在纵向施加于使结构产生最不利荷载效应的区段内。

(3)人行道板(局部构件)可以一块板为单元，按标准值4.0 kN/m^{2}的均布荷载计算。

(4)计算人行道栏杆时，作用在栏杆立柱顶上的水平推力标准值取0.75 kN/m，作用在栏杆扶手上的竖向力标准值取1.0 kN/m。

人群荷载对于一般的公路桥梁和城市桥梁而言不是主要荷载，通常与车辆荷载组合进行计算。但对于人行道的局部构件、栏杆和专用人行桥来说，却起控制作用。因此，在管理上，对于柔性的人行桥，应注意特殊场合下人群荷载在桥梁横向的严重不均衡和有意无意地动力冲击。

7. 其他作用力

对于风荷载、流水压力、冰压力、温度作用、支座摩阻力的规定和计算，详见《公路桥涵设计通用规范》(JTG D60—2015)。

当风以一定速度运动并受到桥梁阻碍时，桥梁就承受到风压。因此，桥梁结构设计时，应考虑风荷载。对大跨度的斜拉桥、悬索桥及高耸的桥塔和桥墩等，尤其如此。风压分为顺风向和横风向。顺风向的风压可视为平均风压或脉动风压。采用静力学方法简化计算平均风压对结构的影响，是桥梁设计的常规做法；对脉动风压，往往需按结构(随机)振动理论进行分析。横桥向风荷载的大小是风压与结构迎风面积的乘积。但风压与风速及空气重力密度有关，而风速受到地理位置、地形条件、地面粗糙程度、高度等因素的影响。对于顺桥向的风荷载，规定为：对下承式桁架桥，风荷载标准值按其横桥向风压的40%乘以桁架迎风面积计算；对桥墩，按其横桥向风压的70%乘以桥墩迎风面积计算；对斜拉桥、悬索桥的桥塔，按其横桥向风压乘以桥塔迎风面积计算。

位于河流中的桥墩会受到流水压力的作用。通常，桥墩上游迎水一侧会形成高压区，下游一侧会形成低压区。这种前后压力差便构成水流对桥墩的压力。对位于冰凌河流或水库的桥梁墩台，应根据当地冰凌的具体条件及墩台的结构形式，考虑冰荷载的作用。冰荷载可分为河流流冰(因顺流而下、撞击桥墩)而产生的动压力；由于风及水流作用于(常在水库内形成的)大面积冰层产生的静压力；冰覆盖层受温度影响膨胀(且受到约束)时产生的静压力；

冰堆整体推移产生的静压力(与大面积冰层的情况类似);冰层因水位升降产生的竖向作用力。桥梁结构受冰部位宜采用实体结构。对位于强烈流冰河流中的桥墩,其迎冰面宜做成圆弧形、多边形或尖角。影响冰压力的自然因素众多且试验资料欠缺,应结合工程具体分析。

温度作用是指因温度的变化而引起的结构变形和附加力。温度的变化可分为(年平均)均匀温度变化和梯度温度(温差)两种情况。前者表示结构整体在一年中的温度变化;后者表示结构截面上的不同点或不同材料之间的温度差异,即沿横截面竖向、横向的温度梯度。超静定结构存在多余约束,热胀冷缩将产生内力或支座反力。静定和超静定结构,由于结构不同、部位温度不同,内部将产生温差力。对于静定结构在均匀温度作用通常只会导致结构的伸长或缩短,不产生温度附加力;对于超静定结构,由于气温变化引起的变形受到约束,导致结构中产生相应的附加力。由日照、骤冷等天气情况引起的温差,则对静定或超静定的桥梁结构,均可能产生附加力。例如,由于材料导热性的差异,在由混凝土桥面板和钢梁组成的简支结合梁中,会因温差在截面上产生附加应力。均匀温度的取值可按桥梁所在地区的气温条件(一般取当地最高和最低月平均气温)确定;均匀温度的变化值,应自结构合龙时的温度算起。例如,若桥位处最高和最低月平均气温分别为$+40\ ℃$和$0\ ℃$,而架梁或结构合龙时的温度为$+20\ ℃$,则均匀温度的变化幅度为$40\ ℃$,而用于计算温度作用效应的均匀温度值为$+20\ ℃$。对于公路桥,计算由温度梯度引起的温度作用效应时,竖向温度梯度可采用图 1-3-7 所示的曲线;不计及横向温度梯度作用:考虑到结构两侧腹板外的悬臂板较长,腹板受太阳直接辐射较少,梁底始终不受日照。

图 1-3-7 中 T_1 表示桥面板表面的温度;T_2 表示桥面板表面下 100 mm 处的温度(它们的取值依据桥面铺装类型而定);H 为梁高,A 为对应温度梯度曲线上零点与 T_2 间的结构高度(按结构类型及梁高取值,例如,当混凝土结构的梁高大于或等于 400 mm 时,取 $A=300$ mm);t 为结合梁中混凝土桥面板的厚度。图 1-3-7 所示为结构表面正温差(升温)的情况,将其乘以 -0.5,就得到负温差(降温)时的竖向温度梯度曲线。

支座摩阻力是上部结构因温度变化引起的伸长或缩短及受其他纵向力的作用,活动支座将产生一个方向相反的

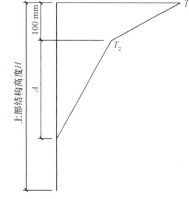

图 1-3-7 竖向温度梯度曲线

力。支座摩阻力的大小取决于上部结构自重的大小、支座类型及材料等因素。活动支座所承受的制动力、温度作用、混凝土的收缩作用等纵向力,不容许超过支座与混凝土或其他结构材料之间的摩阻力。

(三)偶然作用

偶然荷载包括地震作用和船只、漂流物的撞击作用。这种荷载在设计使用期内不一定出现,但一旦出现,其持续时间较短但数值很大。

公路桥梁的抗震设防起点,一般应为设计地震烈度 8 度,但连续梁桥、T 形刚构桥等宜采用设计烈度 7 度。地震力的计算和结构设计应符合《公路工程抗震规范》(JTG B02—2013)的规定。

对于位于通航河流或有漂流物的河流中的桥梁墩台，在设计中应考虑船只或漂流物的撞击力。取用撞击力的数值一般可根据实测资料或与有关部门研究确定。当无资料作为依据时，可参照《公路桥涵设计通用规范》(JTG D60—2015)附录中的规定计算。

地震作用是指地震时强烈的地面运动引起的结构惯性力，它是随机变化的动力荷载，其值的大小取决于地震强烈程度和结构的动力特性(频率与阻尼等)及结构或杆件的质量。抗震设防要求以地震时地面最大水平加速度的统计值——地震动峰值加速度确定，见表1-3-10。

表1-3-10 地震基本烈度与地震动峰值加速度系数的对应关系

地震动峰值加速度系数	<0.05g	0.05g	0.10g	0.15g	0.20g	0.30g	≥0.40g
地震基本烈度	<Ⅵ	Ⅵ	Ⅶ	Ⅶ	Ⅷ	Ⅷ	≥Ⅸ
设计要求	简易设防			抗震设计		专门的抗震研究和设计	

船只或漂流物撞击力在有可能的条件下，应采用实测资料或模拟撞击试验进行计算，并借此进行防撞设施的设计，见表1-3-11。

表1-3-11 内河船舶撞击作用标准值

内河航道等级	船舶吨级 DWT/t	横桥向撞击作用/kN	顺桥向撞击作用/kN
一	3 000	1 400	1 100
二	2 000	1 100	900
三	1 000	800	650
四	500	550	450
五	300	400	350
六	100	250	200
七	50	150	125

撞击力标准值在行驶方向取1 000 kN，与之垂直方向取为500 kN，两个方向的不同时考虑；作用于行车道上1.2 m处，直接分布于撞击涉及的构件上。

对于设有防撞设施的结构构件，可视设施的防撞能力予以折减，但折减后不应低于上述的1/6。

为防止或减少因撞击产生的破坏，对易受到汽车撞击的构件的相关部位应采取相应的构造措施，并增设钢筋或钢筋网。

二、荷载组合

以上简述了各种可能出现的荷载和外力，显然这些荷载并非都同时作用于桥梁上的。根据各种荷载重要性的不同和同时出现的可能性，《公路桥涵设计通用规范》(JTG D60—2015)规定：

(1)公路桥涵结构设计应考虑结构上可能同时出现的作用，按照承载能力极限状态和正常使用极限状态进行作用效应组合，取其最不利效应组合进行设计。

（2）当可变作用的出现对结构或结构构件的产生有利影响时，该作用不应参与组合。实际不可能同时出现的作用或同时参与组合概率很小的作用，可不考虑其作用效应的组合。

（3）施工阶段作用效应的组合，应按照计算需要及结构所处条件而定，结构上的施工人员和施工机具设备均应作为临时荷载加以考虑。

（4）多个偶然荷载不同时参与组合。

（一）极限状态

设计基准期（Design reference period）在进行结构可靠性分析时，考虑持久设计状态下各项基本变量与时间关系所采用的基准时间参数。公路桥涵结构的设计基准期为100年。

设计中结构的状态包含承载能力极限状态和正常使用极限状态。

（1）承载能力极限状态。承载能力极限状态对应于桥涵结构或其构件达到最大承载能力或出现不适于继续承载的变形或变位的状态。

（2）正常使用极限状态。正常使用极限状态对应于桥涵结构或其构件达到正常使用或耐久性的某项限值的状态。

1. 承载能力极限状态

承载能力极限状态设计是以塑性理论为基础，其设计原则：即荷载效应最不利组合的设计值与重要性系数的乘积，必须小于或等于结构抗力的设计值。

$$\gamma_0 S \leqslant R$$

式中　γ_0——结构重要性系数，见表1-3-12；桥涵的抗震设计不考虑结构的重要性系数；

　　　S——作用效应的组合设计值；

　　　R——构件承载力设计值，它根据构件的材料强度设计值和几何参数设计值计算。

表1-3-12　桥涵结构重要性系数

安全等级	桥涵类型	结构重要性系数 γ_0
一级	特大桥、重要大桥	1.1
二级	大桥、中桥、重要小桥	1.0
三级	小桥、涵洞	0.9

2. 正常使用极限状态

正常使用极限状态设计是以弹性理论或弹塑性理论为基础，涉及构件的抗裂、裂缝宽度和挠度三个方面的验算：

限制应力：$\sigma_d \leqslant [\sigma]$；

短期作用效应下的变形：$f_d \leqslant [f]$；

各种作用效应组合下的裂缝宽度：$\delta_d \leqslant [\delta]$。

（二）设计的状况

在桥梁设计中应关注桥涵结构的两种极限状态（承载能力和正常使用），同时，也应考虑其在施工和使用过程中的三种设计状况（持久、短暂和偶然）。

（1）持久状况。持久状况是指桥涵使用过程中长期承受结构重力、汽车荷载等作用的状况。在该状况下，应进行承载能力和正常使用极限状态设计（运营阶段）。

（2）短暂状况。短暂状况是指桥涵施工过程中承受临时性作用的状况。在该状况下，仅要求进行承载能力极限状态设计，必要时才进行正常使用极限状态设计（施工阶段）。

（3）偶然状况。偶然状况是指桥涵使用过程中可能偶然遭受的地震等状况。在该状况下，仅要求进行承载能力极限状态设计，不需要进行正常使用极限状态设计（偶然阶段）。

(三)作用效应组合

1. 作用效应组合的定义

作用效应组合是指结构上几种作用分别产生的效应的叠加。

2. 作用效应组合的原则

（1）依据：参照相关设计规范要求进行组合；

（2）方法：必须考虑各种作用效应的取舍及它们同时作用的可能性；

（3）目的：以桥梁在施工和运营时可能处于最不利的受力状态为原则。

当可变作用的出现对结构或结构构件产生有利影响时，该作用不应参与组合，实际不可能同时出现的作用或同时参与组合概率很小的作用，按规定不考虑其作用效应的组合。

3. 作用效应的描述

作用效应有作用标准值效应、作用频遇值效应、作用准永久值效应、作用设计值效应四种效应描述。

作用设计值效应（Design value of an action effect）为作用标准值效应与分项系数的乘积（作用设计值效应＝作用标准值效应×作用效应分项系数）。

分项系数（Partial safety factor）为保证结构具有规定的可靠度而在设计表达式中采用的系数，分为作用分项系数和抗力分项系数。

对公路桥，作用分项系数是显式的，在作用组合时采用；抗力分项系数是隐式的，包含在材料强度取值中。

4. 作用效应组合的不同方法

（1）作用效应基本组合（Fundamental combination for action effects）：承载能力极限状态设计时，永久作用设计值效应与可变作用设计值效应的组合。

（2）作用效应偶然组合（Accidental combination for action effects）：承载能力极限状态设计时，永久作用标准值效应与可变作用标准值效应、一种偶然作用标准值效应的组合。

（3）作用短期效应组合（Combination for short-term action effects）：正常使用极限状态设计时，永久作用标准值效应与可变作用频遇值效应的组合。

（4）作用长期效应组合（Combination for long-term action effects）：正常使用极限状态设计时，永久作用标准值效应与可变作用准永久值效应的组合。

（5）作用应力计算组合，正常使用极限状态设计时，永久作用标准值效应与可变作用标准值效应的组合。

5. 承载力极限状态下作用效应的基本组合

永久作用设计值效应与可变作用设计值效应的组合，其中设计值又等于对应的标准值乘以分项系数。其计算公式为

$$S_{ud} = \gamma_0 \left(\sum_{i=1}^{m} \gamma_{G_i} S_{G_i k} + \gamma_{Q_1} S_{Q_1 k} + \psi_c \sum_{j=2}^{n} \gamma_{Q_j} S_{Q_j k} \right)$$

式中 γ_0——结构重要性系数分别为 1.1、1.0、0.9，见表 1-3-12；

S_{ud}——承载能力极限状态下作用基本组合的效应组合设计值；

γ_{G_i}——第 i 个永久作用效应的分项系数，按表 1-3-13 的规定采用；

$S_{G_i k}$——第 i 个永久作用效应的标准值；

γ_{Q_1}——汽车荷载效应（含冲击力、离心力）的分项系数。采用车道荷载计算时取 $\gamma_{Q_1}=1.4$，采用车辆荷载计算时，其分项系数取 $\gamma_{Q_1}=1.8$。当某个可变作用在组合中其效应值超过汽车效应时，则该作用取代汽车荷载，其分项系数取 $\gamma_{Q_1}=1.4$；对专为承受某作用而设置的结构或装置，设计时该作用的分项系数取 $\gamma_{Q_1}=1.4$；计算人行道板和人行道栏杆的局部荷载，其分项系数也取 $\gamma_{Q_1}=1.4$；

$S_{Q_1 k}$——汽车荷载效应（含冲击力、离心力）的标准值；

ψ_c——除汽车荷载效应（含冲击力、离心力）外的其他可变作用效应的组合系数，取 $\psi_c=0.75$；

γ_{Q_j}——除汽车荷载效应（含冲击力、离心力）、风荷载外的其他第 j 个可变作用效应的分项系数，取 $\gamma_{Q_j}=1.4$，但风荷载的分项系数取 $\gamma_{Q_j}=1.1$；

$S_{Q_j k}$——除汽车荷载效应外的其他第 j 个可变作用效应的标准值。

当作用与作用效应可按线性关系考虑时，作用基本组合的效应设计值 S_{ud} 可通过作用效应代数相加计算。

设计弯桥时，当离心力与制动力同时参与组合时，制动力标准值或设计值按 70% 取用。

表 1-3-13　永久作用效应的分项系数

编号	作用类别		永久作用效应分项系数	
			对结构的承载能力不利时	对结构的承载能力有利时
1	混凝土和砌体结构重力（包括结构附加重力）		1.2	1.0
	钢结构重力（包括结构附加重力）		1.1 或 1.2	1.0
2	预加力		1.2	1.0
3	土的重力		1.2	1.0
4	混凝土的收缩徐变作用		1.0	1.0
5	土的侧压力		1.4	1.0
6	水的浮力		1.0	1.0
7	基础变位	混凝土和砌体结构	1.0	0.5
		钢结构	1.0	1.0

6. 正常使用极限状态下作用频遇组合

公路桥涵结构按正常使用极限状态设计时，应根据不同的设计要求，采用作用的频遇组合或准永久组合，并应符合下列规定：

频遇组合：永久作用标准值效应与汽车荷载频遇值、其他可变作用准永久值组合。其计算公式为

$$S_{fd} = \sum_{i=1}^{m} S_{G_i k} + \psi_{f1} S_{Q_1 k} + \sum_{j=2}^{n} \psi_{q_j} S_{Q_j k}$$

第一项：作用频遇效应组合的设计；

第二项：m 个永久作用的标准值效应（不乘系数）组合；

第三项：汽车荷载频遇值效应组合，ψ_{f1} 为汽车荷载（不计汽车冲击力）频遇值系数，取 0.7；

第四项：其他可变作用准永久值组合。

7. 正常使用极限状态下作用准永久组合

永久作用标准值效应与可变作用准永久值效应的组合。其计算公式为

$$S_{qd} = \sum_{i=1}^{m} S_{G_i k} + \sum_{j=1}^{n} \psi_{q_j} S_{Q_j k}$$

第一项：作用准永久组合的效应设计值；

第二项：m 个永久作用的标准值效应（不乘系数）组合；

第三项：n 个可变作用的准永久值效应组合，ψ_{q_j} 第 j 个可变作用效应的准永久值系数，汽车荷载（不计汽车冲击力）准永久值系数，取 0.4。

当作用与作用效应可按线性关系考虑时，作用准永久组合的效应设计值可通过作用效应代数相加计算。

【例 1-3-1】 一简支梁，跨中截面恒载弯矩标准值 $M_G = 850 \text{ kN} \cdot \text{m}$，汽车荷载标准值 $M_{Q_1} = 620 \text{ kN} \cdot \text{m}$，人群荷载标准值 $M_{Q_2} = 80 \text{ kN} \cdot \text{m}$，分别计算梁跨中截面弯矩的基本效应组合、频遇效应组合和准永久效应组合（结构安全等级为二级）。

解：（1）基本效应组合：

$$\begin{aligned}
S_{ud} &= \gamma_0 \left(\sum_{i=1}^{m} \gamma_{G_i} S_{G_i k} + \gamma_{Q_1} S_{Q_1 k} + \psi_c \sum_{j=2}^{n} \gamma_{Q_j} S_{Q_j k} \right) \\
&= 1.0 \times (1.2 \times 850 + 1.4 \times 620 + 0.75 \times 1.4 \times 80) \\
&= 1020 + 868 + 84 \\
&= 1\,972 (\text{kN} \cdot \text{m})
\end{aligned}$$

（2）频遇效应组合：

$$S_{fd} = \sum_{i=1}^{m} S_{G_i k} + \psi_{f1} S_{Q_1 k} + \sum_{j=2}^{n} \psi_{q_j} S_{Q_j k} = 850 + 0.7 \times 620 + 0.4 \times 80 = 1\,316 (\text{kN} \cdot \text{m})$$

（3）准永久效应组合：

$$S_{qd} = \sum_{i=1}^{m} S_{G_i k} + \sum_{j=1}^{n} \psi_{q_j} S_{Q_j k} = 850 + 0.4 \times 620 + 0.4 \times 80 = 1\,130 (\text{kN} \cdot \text{m})$$

1. 简述某简支梁桥的桥梁作用情况。
2. 简述承载能力极限状态和正常使用极限状态的荷载组合情况。

任务四 桥面系构造

任务描述

某地区桥梁，桥面系包含了哪些内容，对应每一部分内容其构造要求有哪些。

桥面系构造

知识链接

一、桥面布置

桥面布置是铁路、公路桥梁直接与车辆、行人接触的部分。对桥梁的主体结构起保护作用，并应满足桥梁的正常使用功能、布局和美观。桥面部分通常包括桥面铺装、防水和排水设施、伸缩装置、人行道(或安全带)、缘石、栏杆和灯柱等构造。与桥梁的主体结构相比，桥面构造工程量小，但所包含的项目很繁杂，其选择与布置得是否合理，不但直接影响桥梁的使用功能，还对桥梁布局和美观有很大影响(图 1-4-1)。

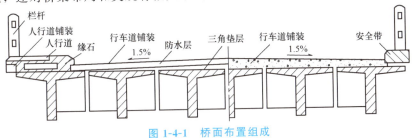

图 1-4-1 桥面布置组成

从图 1-4-1 可以看出，桥面构造包括行车道铺装、排水防水系统、人行道(或安全带)、缘石、栏杆、护栏、照明灯具和伸缩缝等。本任务就是从这几个方面进行介绍。一般公路桥梁的桥面布置应在桥梁的总体设计中考虑，根据道路等级、桥梁的宽度、行车要求等条件确定。对混凝土梁桥的桥面布置一般有双车道布置、分车道布置和双层桥面布置。

(一)双车道布置

双车道布置是指行车道的上下行交通布置在同一桥面上(图 1-4-2)。其特点是在桥面上，

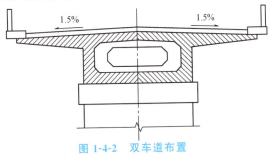

图 1-4-2 双车道布置

上下行交通由画线分隔，没有明显的界线，桥梁上允许机动车与非机动车同时通过，同样用画线分隔，因此，车辆混行影响行车速度，造成交通阻塞，双车道布置适用于交通量较小的桥梁。

（二）分车道布置

分车道布置通常有四种情况：在桥面上设置分隔带，用以分隔上下行车辆[图1-4-3(a)]；采用主梁分离式布置，在主梁中间设置分隔带[图1-4-3(b)]；采用分离式主梁，在两主梁之间的桥面上不加联系各自通行单向交通[图1-4-3(c)]；通常也将机动车道与非机动车道分隔、行车道与人行道分隔[图1-4-3(d)]。

分隔带的形式有混凝土制作的护栏、钢杆或钢索（链）分隔和用路缘石分隔。

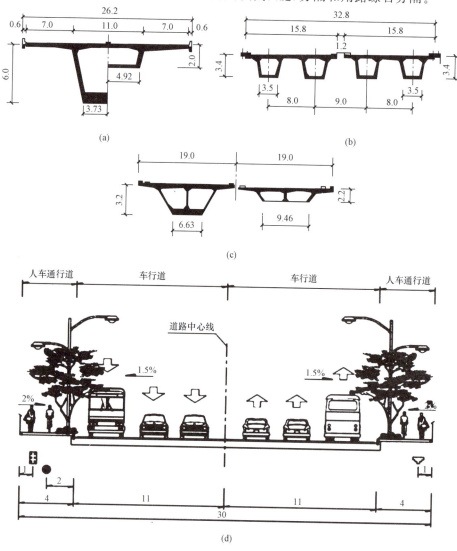

图1-4-3　分车道布置情况

（a）设置分隔带；（b）主梁间设置分隔带；（c）分设主梁；（d）车道分隔

(三)双层桥面布置

双层桥面布置是桥梁结构在空间上可以提供两个不在同一平面上的桥面构造(图1-4-4)。其特点是使不同的交通严格分道行驶,提高了车辆和行人的通行能力,并便于交通管制。同时,可以充分利用桥梁空间,在满足同样交通要求之下减小桥梁宽度、缩短引桥长度,取得较好的经济效益。

图 1-4-4 双层桥面布置

二、桥面铺装

桥面铺装即行车道铺装,也称桥面保护层,是车轮直接作用的部分,如图1-4-5所示。在桥面板上设置桥面铺装结构层,包括防水层和下面层构成防水体系,以及最上面的表面层。

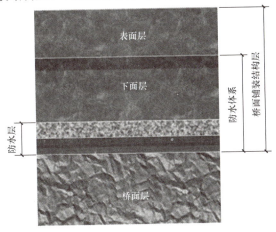

图 1-4-5 桥面沥青铺装层

桥面铺装层的要求是抗车辙、行车舒适、抗滑、不透水、与桥面板一起作用时刚度好。

抗滑的方法是桥面铺装改造采用20 mm超薄高黏弹橡胶沥青混凝土加铺改造方案,采取较小的厚度,在较少增加恒载的条件下实现桥面的功能性改善,提高铺装层与原混凝土铺装层之间的黏结效果,同时,其表面抗滑性能好、抗变形能力强,超薄高黏弹橡胶沥青混凝土的使用寿命为5~8年。

不透水的处理方法采用的水性沥青基桥面防水涂料,是以石油沥青为主要原料,配以多种表面活性剂及化学助剂为辅料，经乳化再掺加适量的再生橡胶、合成橡胶、树脂等对沥青进行改性而制成的复合涂膜类防水涂料。此涂料具有良好的不透水性；对水泥混凝土桥面有较强的渗透性；与沥青混凝土铺装层及水泥混凝土桥面均有足够的黏结力，防水效果好；与桥面各铺装层间有较好的整体黏结性，可以达到理想的桥面防水效果。

刚度整体性不足会导致沥青混凝土路面与钢桥出现脱层的问题。

桥面铺装层的作用包括防止车轮或履带直接磨耗行车道板，保护主梁免受雨水侵蚀，分散车辆轮重的集中荷载。其具体要求是使桥面平整，行车舒适；保护结构使其不因长期磨损而破坏结构稳定性；起防水作用，提高结构整体性（防水层）；设置排水设施以免水毁危害。

桥面铺装的类型有水泥混凝土、沥青混凝土、沥青表面处治和泥结碎石等材料。

（一）水泥混凝土桥面

水泥混凝土桥面铺装层是桥梁上常见的公路桥面结构形式，特别是采用拼装式梁板结构的桥梁，都要采用水泥混凝土桥面铺装。其主要作用有连接各梁板作为整体受力、承受并分散车轮的垂直荷载、保证行车平顺、防水等，水泥混凝土桥面铺装施工质量的好坏将直接影响到桥梁的使用性能和耐久性（图 1-4-6）。水泥混凝土铺装的桥面耐磨性能好，适合重载交通，但养生期长，修补较麻烦。

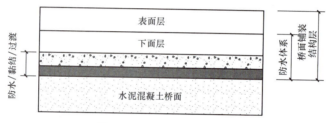

图 1-4-6　水泥混凝土桥面

（二）沥青混凝土面层

南澳大桥桥面开始铺筑沥青混凝土面层，这也是大桥达到通车条件的关键施工节点。据介绍，首先铺设沥青的是大桥西引桥 7 km 路段，这一路段需要铺设 5 cm 厚的改性沥青面层，正常施工时间大约需要 8 d。之后将在大桥东引桥和主桥 4 km 长的路段施工，这一路段将铺设两层共 10 cm 厚的沥青，施工时间也需要大约 8 d，整个工期加起来需要半个多月的时间。沥青混凝土桥面铺装维修养护方便，但易老化和变形。桥面沥青混凝土铺筑时，采用双钢丝基准的方法控制标高和平整度。在施工前应先用砂浆或沥青混合料将伸缩缝位置填平，以使摊铺机在摊铺过程中不受干扰，从而确保桥面铺装层的厚度和平整度。桥面沥青面层碾压时宜采用轻型压路机碾压，不得采用有可能损坏桥梁的大型振动压路机或重型压路机碾压。沥青混合料的压实度是保证沥青路面结构质量的重要环节，也是沥青面层施工的最后一道重要工序，通过压实，矿料颗粒间相互嵌挤并被沥青黏结在一起，使结构层达到设计所要求的密实度、强度和水稳定性（图 1-4-7）。

（三）沥青表面处治

沥青表面处治面层主要起防水层、磨耗层、防滑层或改善碎（砾）石路面的作用，它是先油后石，先洒布沥青，再撒石子。沥青表面处治是用沥青和细粒料按层铺或拌合方法施工，厚度一般为1.5~3 cm的薄层路面面层。处治层很薄，一般不起提高强度作用，其主要作用是抵抗行车的磨耗和大气作用，增强防水性，提高平整度，改善路面的行车条件。主要用于城市道路支路、县镇道路、各级公路施工便道及在旧沥青面层上加铺罩面层或磨损层。

表面处治按浇洒沥青和撒布集料的遍数不同，可分为单层式、双层式、三层式。表面处治路面的使用寿命不及贯入式路面，设计时一般不考虑其承重强度，其作用主要是对非沥青承重层起保护和防磨耗作用，而对旧沥青路面，是一种日常维护的常用措施，一般用于三、四级公路，也可用作沥青路面的磨耗层、防滑层。改性沥青混凝土是近年来国内开展研究和铺筑的高性能沥青混凝土材料，具有抗滑、泌水、抗车辙，减少开裂等优点，应用前景广泛。常用做法：一层混凝土铺装，8~10 cm厚；一层混凝土＋一层沥青，（8＋5）cm；防水混凝土铺装——抗裂性较好的混凝土；装配式桥梁的水泥混凝土铺装配双向钢筋网。

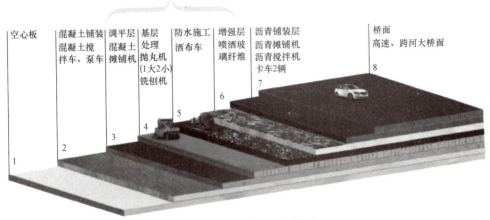

图 1-4-7　沥青混凝土面层

(四)泥结碎石

泥结碎石以碎石为集料，经碾压后灌泥浆，依靠碎石的嵌锁和黏土的黏结作用形成（图1-4-8）。沥青表面处治和泥结碎石则因其耐久性较差，仅在低等级公路桥梁上使用。

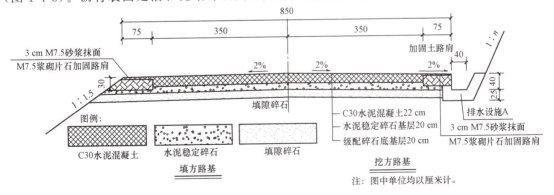

图 1-4-8　泥结碎石桥面

现在还出现钢纤维混凝土(Steel Fiber Reinforced Concrete，SFRC)材料，具弯拉强度高、抗裂、抗疲劳、耐磨、抗冲击、可取代钢筋，减薄道面厚度，提高工程质量，降低工程维修费用，延长工程使用寿命。钢纤维混凝土是一种由水泥、粗细集料和随机分布的短钢纤维组合而成的复合材料(图1-4-9)。

图1-4-9　桥面铺装层用钢纤维

钢纤维混凝土中的钢纤维呈三维乱向分布，沿每个方向都有增强和增韧的作用，尤其对复杂应力区增强非常有效，可使混凝土物理力学性能产生质的变化，大大提高混凝土抗裂性能和抗冲击性能，使原本脆性的混凝土材料呈现很高的延性和韧性，以及优良的抗冻、耐磨性能，特别适用于要求连续、快速浇筑混凝土的较大工程。桥梁的混凝土桥面铺装层由于重型车辆的使用、交通量的增加，损坏非常严重，维修周期越来越短，这不仅妨碍了交通安全，也给维修工作带来不便。若改用 SFRC 铺装桥面层，则可使面层厚度减薄，伸缩缝间距加大，从而改善桥面的使用性能，降低维修费用，延长使用寿命。钢纤维混凝土因其具有良好的抗裂性、抗弯曲性、耐冲击性、耐疲劳性的特点。在桥面铺装中使用较一般水泥混凝土具有以下几点优势：

(1)减薄铺装厚度。钢纤维混凝土在相同荷载条件下铺装厚度可减少30%～50%，这样既减少了工程量又降低了桥梁恒载。

(2)加强桥面铺装与伸缩缝的连接强度。桥面伸缩缝是整个桥面的薄弱环节，在车辆的行驶过程中，由刚性桥面过渡到柔性伸缩缝再到刚性桥面，不可避免地产生强烈的振动，振动释放出的巨大能量对伸缩缝与混凝土连接结构极具破坏性。钢纤维混凝土因其较强的耐冲击性保证其与伸缩缝连接钢筋牢固黏结，使伸缩缝发生的变形、位移或翘曲都较小，大大提高了伸缩缝的使用寿命。

(3)延长了桥面的使用寿命。在重交通荷载作用下，钢纤维混凝土桥面开裂要比普通混凝土缓慢得多，其桥面裂缝宽度小，不连续开裂后延性仍很好，混凝土剥落、坑槽现象很少。这都有利于提高桥面和桥梁的使用寿命，改善了车辆的行驶条件。

桥面铺装与主梁的关系：当使用卷材防水时，桥面铺装必须配筋，宜配置 φ6@20 双向钢筋网，有超重车通过时，则采用 φ8@20 双向钢筋网；铺装层对主梁受力有一定的帮助作用，其具有一定的抗裂性能和承压性能。

三、桥面防水和排水设施

桥面铺装层是保护桥梁上部结构、保证驾驶安全、提高驾驶舒适性的重要组成部分。在实际工程中，桥面渗水、路面剥落、桥面板破碎等问题经常发生，造成这些损坏的最直接、最重要的原因之一是渗水。由于沥青混凝土桥面铺装孔隙率高，防水效果差，水易渗和停留。在温度和荷载的综合作用下，路面层松动、剥落、坑损坏。另外，水的渗透也会影响桥梁承重结构的耐久性。

(一)防水层的设置

防水层设置在桥梁行车道板的顶面，三角垫层之上，铺装层的下面，它将透过桥面铺装层渗下的雨水汇集到排水设备(图1-4-10)。从图中可以看出，防水层位置在桥面板和铺装层之间。

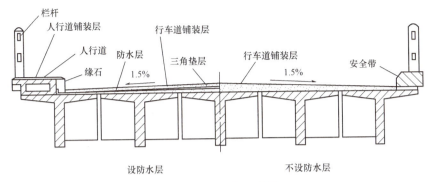

图 1-4-10　防水层设置

防水层的设置包含以下三个方面的内容。

1. 防水层性能要求

防水层性能要求不透水、有一定强度、弹性和韧性、耐腐蚀性和耐老化性较好。

2. 防水层铺设要求

在桥面伸缩缝处应连续铺设，不可切断；桥面纵向应铺过桥台背；桥面横向两侧，应伸过缘石地面，从人行道与缘石砌缝里向上叠起 0.10 m。

3. 防水层的类型

桥面防水层应直接铺设在基层混凝土表面，不得在两者之间加铺砂浆找平层。桥面防水层使用的涂料、卷材、胶粘剂及辅助材料必须符合环保要求。根据材料不同，桥面防水层可分为涂膜防水层和卷材防水层。公路中的防水层的类型如下：

(1)洒布薄层沥青或改性沥青，其上撒布一层砂，经碾压形成沥青涂胶下封层；

(2)涂刷聚氨酯胶泥、环氧树脂、阳离子乳化沥青、氯丁胶乳等高分子聚合物涂胶，形成涂膜防水层，涂膜防水层又称涂料防水层，是在混凝土结构表面涂刷防水材料而形成的防水层。防水涂料可使用沥青胶结材料。涂膜防水层施工如图 1-4-11 所示。

图 1-4-11　涂膜防水层施工

涂膜防水层的施工要求如下：

1)施工时，桥面基层新浇混凝土应达到设计强度，表面温度裂缝及自然收缩裂缝应基本完成。基层表面不得有浮尘、污物、油脂、积水等，需保持清洁干燥。

2)施工温度以 5~35 ℃为宜。若夏天超过 35 ℃，可适当洒些冷水降温，干燥后即可施工。

3)施工设备须齐全、性能良好。

4)涂刷前将涂料搅拌均匀，施工过程中应不时搅拌以防止沉淀。

5)大面积涂刷前，应先用小刷对经过处理的基层表面涂刷 2～3 遍。然后大面积涂刷第一遍涂料，一般等 3～6 h(可视温度而定但不超过 24 h)涂料实干后即可涂刷第二遍、第三遍，直到达到理想厚度。桥面涂膜厚度一般为 0.5～0.7 mm，其用量为 1.6 kg/m²。

6)涂刷完成后，自然养护 24 h，避免行人车辆通过。

（3）铺装沥青或改性沥青防水卷材，以及浸渍沥青的无纺土工布等做法。卷材防水层是指用防水卷材做成的防水层。常见的防水卷材有橡胶型防水卷材、塑料型防水卷材、橡塑共混型防水卷材和高聚物改性沥青型防水卷材。卷材防水层施工如图 1-4-12 所示。

图 1-4-12　卷材防水层施工

卷材防水层施工要求如下：

1)基层表面应干燥，含水率必须在 9% 以下才能施工。如果施工中没有测含水率的仪器，则可以在基层表面放一卷卷材，3 h 后查看，若无水印即可施工。

2)桥面基层应平整、清洁，不得有疏松、起砂、起皮现象，若达到这些要求即可将基层涂刷一层底料，并应注意保护。

3)施工设备须齐全、性能良好。

4)铺贴时，用火焰熔化隔离薄膜，然后立即将卷材向前滚铺，使卷材完全黏结在基层上，随后的卷材在端头搭接处搭接排列。

5)卷材长边搭接宽度应不小于 70 mm，短边搭接宽度应不小于 100 mm。搭接完成后应立即刮封接口。

6)大风、雨雪天气不得施工。

7)施工时应注意防火。

(二)泄水管和排水管的设置

为了迅速地排除桥面积水，防止雨水积滞于桥面并渗入梁体而影响桥梁的耐久性，在进行桥梁的设计时，在桥面上除设置纵横坡排水外，桥面需要设置一定数量的泄水管道，以便组成一个完整的排水系统，泄水管的形式一般有金属泄水管、钢筋混凝土泄水管、横向排水管道等。桥面排水系统桥面应设置纵、横坡及泄水孔，以减少桥面积水，达到防、排结合的目的。

1. 泄水管设置

泄水管设置的一般规定如下:

(1)梁式桥上常用的泄水管宜设置在桥面行车道边缘处,距离缘石 20~50 cm(图 1-4-13)。沿行车道两侧可以对称排列,也可以交错排列。

(2)泄水口的间距应依据设计径流量计算确定,但最大间距不宜超过 20 m。泄水管数量:桥面纵坡 $i>2\%$,桥长 $l>50$ m,桥上每隔 12~15 m 设置一个泄水管;$i<2$ 时每隔 6~8 m 设置一个泄水管;$i>2\%$,$l<50$ m 时不设置泄水管。

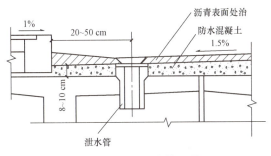

图 1-4-13　桥上泄水管设置

(3)在桥梁伸缩缝的上游方向应增设泄水管,在凹形竖曲线的最低点及其前后 3~5 m 处也应各设置一个泄水管。桥面上泄水管的过水面积按每平方米桥面不少于 2~3 cm^2 布置。

(4)泄水管口可采用圆形或矩形。圆形泄水管直径为 15~20 cm;矩形泄水管口宽度为 20~30 cm,长度为 30~40 cm。泄水管口顶部采用铸铁格栅盖板,其顶面应比周围路面低 5~10 mm。泄水管常采用铸铁管或塑料管,最小内径为 15 cm。

2. 排水管的设置

桥面排水是整个桥梁的附属工程,桥面排水系统设计需从当地降雨强度等多方面考虑,综合设计有效耐用的桥梁排水系统。梁式桥的泄水与排水设施有金属泄水管、钢筋混凝土泄水管、横向排水孔道、封闭式排水系统、梁体内设置泄水管道、桥台处的排水。

桥面排水的设置

排水管设置的方法如下:

(1)竖向排水:对于跨越一般河流、水沟的桥梁,桥面水流入泄水管后可以直接向下排放。

(2)横向泄水管道:对于一些跨径不大、不设人行道的小桥,可以直接在行车道两侧的安全带或缘石上预留横向孔道,用铁管或竹管将水排出桥外,管口要伸出构件 2~3 cm 以便滴水,但这种做法孔道易淤塞(图 1-4-14)。

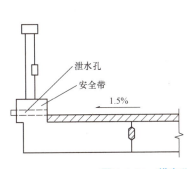

图 1-4-14　横向泄水管道

（3）纵向封闭式排水：跨越公路、铁路、通航河流的桥梁及城市桥梁，流入泄水管的雨水，应汇集在纵向排水管（或排水槽）内，并通过设置在墩台处的竖向排水管（落水管）流入地面排水设施或河流中。桥梁伸缩缝处的纵向排水管应设置可供伸缩的柔性套管。寒冷地区的竖向排水管其末端宜距地面 500 mm 以上（图 1-4-15）。

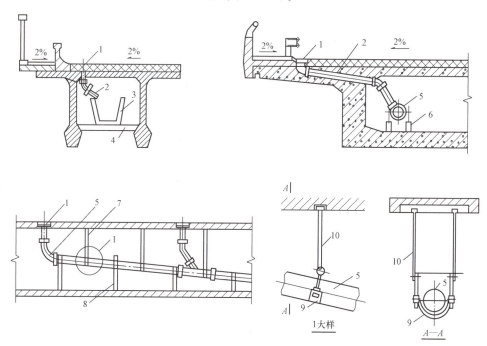

图 1-4-15　纵向封闭式排水

1—泄水漏斗；2—泄水管；3—钢筋混凝土排水槽；4—横梁；5—纵向排水管；
6—支撑结构；7—悬吊结构；8—支柱；9—弧形箍；10—吊杆

3. 桥面横坡的设置

桥面横坡设置的目的是利于雨水迅速排除，防止或减少雨水对铺装层的渗透，从而保护行车道板，延长桥梁使用寿命。

桥面横坡的做法一般为 1.5%～3%。桥面铺装的表面曲线通常采用抛物线型；人行道设 1% 的向内横坡，表面采用直线型。

桥面横坡的设置

横坡的设置形式：墩台顶部设置横坡、设置三角垫层、行车道板做成倾斜面（图 1-4-16）。

（1）墩台顶部设置横坡。板桥或就地浇筑的肋板式梁桥，为节省铺装材料并减少恒载重力，可将横坡直接设置在墩台顶部，从而使桥梁上部构造形成双向倾斜[图 1-4-16(a)]。此时的铺装层在整个桥宽方向是等厚的。

（2）设置三角垫层。在装配式肋板梁桥中，为使主梁构造简单，便于架设与拼装，通常横坡不再设置在墩台顶部，而直接设置在行车道板上[图 1-4-16(b)]。

做法：先铺设一层厚度变化的混凝土三角形垫层，形成双向倾斜，然后铺设等厚的混凝土铺装层。

（3）行车道板做成倾斜面。在比较宽的桥梁（或城市桥梁）中，设置三角垫层将使混凝土用量或恒载重力增加过多，为此，可将行车道板做成倾斜而形成横坡，如图 1-4-16(c)所示，其缺点是主梁构造复杂，制作烦琐。

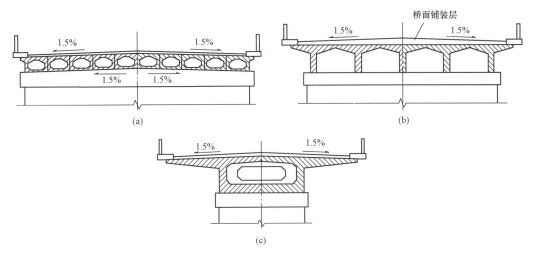

图 1-4-16　桥面横坡设置

(a)墩台顶部设置横坡；(b)设置三角垫层；(c)行车道板做成倾斜面

四、桥面伸缩装置

(一)作用

适应桥梁上部结构在气温变化、活载作用、混凝土收缩徐变等因素的影响下变形的需要，并保证车辆通过桥面时平稳。为满足桥面按照设计的计算图式自由变形，同时，又保证车辆能平顺通过，就要在相邻两梁端之间及在梁端与桥台或桥梁的铰接位置上预留断缝，并在桥面设置伸缩装置，适应材料胀缩变形对结构的影响。

(二)设置位置

桥面伸缩装置一般设置在两梁端之间及梁端与桥台背墙之间。特别要注意，在伸缩缝附近的栏杆、人行道结构也应断开，以满足梁体自由变形的需要。

(三)使用要求

使用要求包括能够适应桥梁温度变化所引起的伸缩；桥面平坦，行驶性良好的构造；施工安装方便，且与桥梁结构连为整体；具有能够安全排水和防水的构造；承担各种车辆荷载的作用；养护、修理与更换方便；造价低。需要注意的是，在设置伸缩装置处，栏杆与桥面铺装都需要断开。

(四)伸缩缝的种类

伸缩缝的类型有对接式、钢制支承式、橡胶组合剪切式、模数支承式、无缝式。

1. 对接式伸缩装置

对接式伸缩装置构造如图 1-4-17 所示。根据其构造形式和受力特点可分为填塞对接型和嵌固对接型。填塞对接型伸缩装置一般用于伸缩量在 40 mm 以下的常规桥梁工程上，但已不多见。填塞对接型伸缩装置是以沥青、木板、麻絮、橡胶等材料填塞缝隙，伸缩体在任何情况下都处于受压状态，该类型一般用于伸缩量在 40 mm 以下的桥梁工程，但容易损坏失效，目前已不多用了。嵌固式对接伸缩缝装置利用不同形态的钢构件将不同形状的橡胶条（带）嵌牢固定，并以橡胶条（带）的拉压变形来吸收梁体的变形，其伸缩体可以处于受压状态，也可以处于受拉状态。该类型被广泛应用于伸缩量在 80 mm 及 80 mm 以下的桥梁工程。

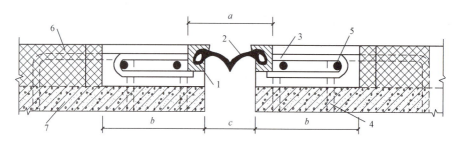

图 1-4-17　对接式伸缩装置构造

1—C 形异型钢；2—密封橡胶带；3—锚固钢筋；4—预埋钢筋；

5—水平加强钢筋；6—桥面铺装；7—梁体

2. 钢制支承式伸缩装置

钢制支承式伸缩装置的特点是当桥梁的伸缩变形量超过 50 mm 时，常采用钢质伸缩装置。该伸缩装置当车辆驶过时往往由于梁端转动或挠曲变形而产生拍击作用，噪声大，而且容易使结构损坏。因此，需采用设有螺栓弹簧的装置来固定滑动钢板，以减少拍击和噪声，该伸缩缝的构造相对复杂。该装置是利用钢材装配制成，能直接承受车轮荷载的一种构造。以前这种伸缩装置多用于钢桥，现在也用于混凝土桥梁。

钢制支承式伸缩装置的形状、尺寸和种类繁多，国内常见的有钢梳齿板型和钢板叠合型伸缩装置。国内的钢制支承式伸缩装置的防水性能目前不是很完善，对于防水要求高的桥梁应慎重选用，另外，如果产品质量较差或施工安装不到位，锚固螺栓和钢齿板容易损坏。

（1）钢梳齿板型。钢梳齿板型伸缩装置刚度较大，抗冲击力强，因此，在大、中跨桥梁中广泛使用，其缺点是防水性稍差，构造复杂也费钢材。钢梳齿板型伸缩装置是将钢板做成梳齿状，由梳形板、锚栓、垫板、封头板及排水槽等组成，有的还在梳齿之间填塞合成橡胶，以起防水作用，该类型伸缩量可达 40 mm 以上（图 1-4-18），这种装置结构本身刚度较大，抗冲击力强，因此，在大、中跨桥梁中广泛使用，其缺点是防水性稍差，构造复杂，也费钢材。

梳形板一般需焊接拼长，焊接时应按锚栓孔位置及平面尺寸弹线定位，并用夹板固定但钢板一般较厚，焊接后仍将产生一定的变形，因此，焊接后仍需要进行矫正。安装时应首先按设计标高将锚栓预埋，然后焊接锚板，并调整封头板与垫板齐平，最后安装梳形板，跨越伸缩缝间隙后，搭接在另一端预埋件上，进行固定，浇筑混凝土。

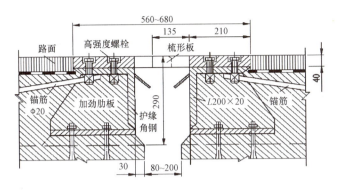
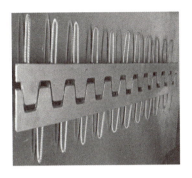

图 1-4-18　钢梳齿板型伸缩装置

（2）钢板叠合型。钢板叠合型伸缩装置是一侧用螺栓锚定牵引板，另一侧搁置在桥台边缘处的角钢上，角钢与牵引板之间设置滑板，用钢板的滑动适应结构的伸缩（图 1-4-19）。缝间可填充压缩材料或加设盖板，滑动钢板通过橡胶垫块始终紧压在护缘角钢上，这样就消除了不利的拍击作用，又显著减小了车辆的冲击作用。

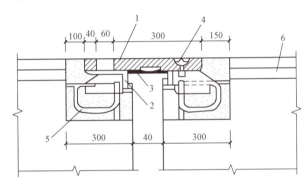

图 1-4-19　钢板叠合型伸缩装置

1—钢板；2—角钢；3—排水导槽；4—沉头螺钉；5—锚固钢筋；6—桥面铺装

3. 橡胶组合剪切式伸缩装置

橡胶伸缩缝采用各种断面形状的橡胶带（或板）作为嵌缝材料。由于橡胶（一般为氯丁橡胶）既富有弹性，又易于胶粘，并且能满足变形要求和具备防水功能，施工及养护维修也很方便，目前在国内外桥梁工程中得到广泛的应用。

橡胶伸缩缝根据橡胶带（或板）传力和变形机理的不同可分为嵌固对接式和剪切式两类。

嵌固对接式以橡胶带的拉压变形来吸收梁体的变形。橡胶带的断面有 3 节型、2 孔条型、3 孔条型、M 型、W 型和倒 U 型等多种形式。通常将梁架好后，在梁端焊上角钢，涂上胶后，再将橡胶嵌条强行嵌入，或用不同形状的钢构件将不同形状的橡胶条嵌牢固定即可。该类伸缩缝用于伸缩量在 80 mm 及其以下的桥梁工程上。由于橡胶带伸缩缝的橡胶带容易弹跳出来，目前已较少采用。

剪切式伸缩缝种类繁多，如空心板型、W 型和 M 型等。纯橡胶伸缩装置具有构造简单、伸缩性好、防水防尘、安装方便、价格低等优点，伸缩量为 30～50 mm，一般用于低等级公路的中小桥梁。板式橡胶伸缩装置是用一整块橡胶板嵌在伸缩缝中而形成的，橡胶板设有上下凹槽，靠凹槽之间的橡胶体剪切变形来达到伸缩的目的(图 1-4-20)。在橡胶板内预埋钢板以提高橡胶的承载能力，伸缩量可达 60 mm，如果在橡胶板下增设梳形板，一面用梳形钢板来支托橡胶板，一面用橡胶板来防水，两者同时起伸缩作用，则伸缩量可增加至 200 mm。

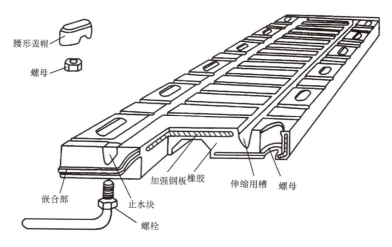

图 1-4-20　板式橡胶伸缩装置一般构造

4. 模数支承式伸缩装置

模数支承式伸缩装置(或组合式伸缩装置)是采用橡胶与钢板或型钢组合而成的，能够适应更大的变形量。特大桥和大桥应采用这种伸缩装置。组合式伸缩装置有多种形式，构造也较复杂。这类伸缩装置的构造的共同点是由 V 型截面或其他截面形状的橡胶密封条(带)，嵌接于异型边钢梁和中钢梁内组成可伸缩的密封体。异型钢梁直接承受车辆荷载，其高度应根据计算确定，但不应小于 70 mm，并应具有强力的锚固系统。根据需要的伸缩量，可随意增加中钢梁(图 1-4-21)。

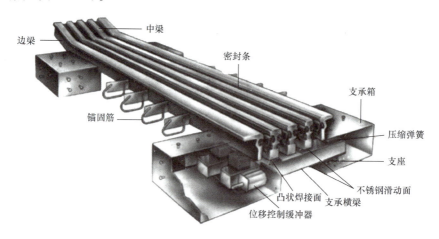

图 1-4-21　模数支承式伸缩装置

模数支承式伸缩装置是主要在高等级公路桥梁上采用的一种伸缩装置，其伸缩量大，功能比较完善，但结构较为复杂。它的主要部分是由异型钢与各种截面形式的橡胶条组成的犹如手风琴式的伸缩体，配上横梁、位移控制系统及弹簧支承系统。每个伸缩体的伸缩量为60～100 mm。模数支承式伸缩装置就是两个及两个以上的多缝式、各个单缝伸缩量相同、能均匀变位伸缩装置，由边梁、中梁、横梁、位移控制系统、密封橡胶带等构件可组成系列伸缩装置。该伸缩装置的承重结构和位移控制系统分开，两者受力时互不干扰，分工明确，这样既保证受力时安全，又能达到位移均匀，使所有中梁在一个位移控制箱内均支承在同一根垂直横梁上的传统做法，这样对大位移量伸缩装置非常有利，减少了横梁数量，使位移控制箱体积减小到最小范围，节约钢材。

5. 无缝式伸缩装置

无缝式伸缩装置是指接缝构造不外露于桥面，在梁端部的伸缩间隙中填入弹性材料并铺上防水材料，然后在桥面铺装层中铺筑黏弹性复合材料，使伸缩接缝处的桥面铺装与其他铺装部分形成连续体，以连接缝的沥青混凝土等材料的变形承受伸缩的一种构造(图1-4-22)。弹缩体(TST)是一种特制的高黏弹塑性材料，常温下呈弹塑态，高温熔融后可热灌入碎石，成型后如同沥青混凝土状，能承受车辆荷载，又有弹性，可代替小伸缩缝的功能。TST弹缩体直接平铺在桥梁接缝处，与前后的桥面或路面铺装形成连续体，桥面平整无缝，比其他桥梁伸缩装置行车自然、更平稳、舒适、无噪声、振动小，且具有便于维护、清扫、除雪等优点。其构造简单，不需装设专门的伸缩构件和在梁端预埋锚固钢筋，施工方便快速，铺装冷却后，即可行车。弹性接缝能吸收各方面的变形和振动，阻尼性高，对桥梁减震有利，可满足弯桥、坡桥、斜桥、宽桥的纵、横、竖三个方向的伸缩与变形。

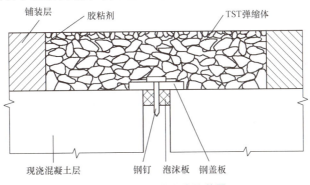

图 1-4-22　无缝式伸缩装置

桥面连续构造也可视为无缝式伸缩装置的一种形式。其在高等级公路的小跨径桥梁中广泛采用。其实质就是将简支的上部构造在其伸缩缝处施行铰接，使桥面连续。这样，多孔简支梁在竖直荷载作用下的变形状态属于简支体系，而在纵向水平力作用下则属连续体系。因此，也称简支—连续结构。《公路桥涵设计通用规范》(JTG D60—2015)规定，对于多跨简支梁桥，桥面应尽量做到连续，使多孔简支梁桥在竖直荷载作用下的变形状态为简支或部分连续体系，而在纵向水平力作用下属于连续体系。采用桥面板连续构造，连续部分桥面易开裂，因此，近年来发展了简支—连续结构，使多跨简支梁桥在一期恒载作用下处于简支体系受力，在二期恒载和活载作用下处于连续体系的受力(图1-4-23)。这种简支—连续结构具有施工方便，减少桥面伸缩缝，行车平顺等优点，因此得到了越来越广泛的使用。

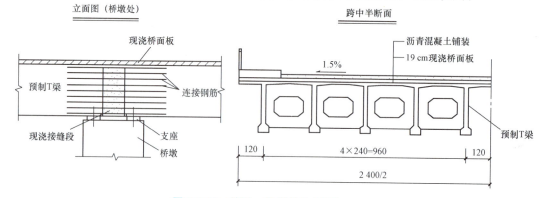

图 1-4-23　简支—连续结构(单位：cm)

　　植入式桥面连续构造(ECS)是一种桥面连续病害的全新解决方案，是指在桥面连续混凝土铺装层底部埋设穿有钢筋并带有系统排水结构的高弹性橡胶板的一种新型桥面连续结构(图 1-4-24)。植入式桥面连续构造(ECS)广泛应用于简支结构桥梁桥面连续部位，可大幅延长桥面连续部位的使用寿命，增加行车舒适性。在单、双跨桥梁设置单个伸缩缝时，另一端也可采用 ECS 桥面连续构造，既减少了桥面断缝，也节约了建设成本。此项技术既适用于新建桥梁，也适用于老桥桥面维修。在浙江金丽温高速公路金华段、丽缙段、双屿公铁立交桥维修加固工程项目中，针对桥面连续处的病害采用了植入式桥面连续构造(ECS)进行维修。经过近三年的运营，采用 ECS 进行维修加固的桥面连续处，未产生开裂、破损、渗水等问题，目前观测效果良好。

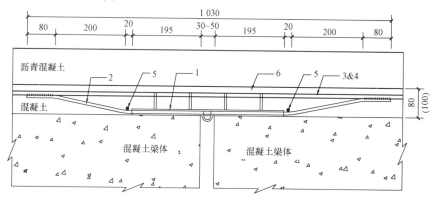

图 1-4-24　植入式桥面连续构造

1—植入式桥面连续装置；2—植入式桥面连续装置(8 mm 钢筋)；3—桥面铺装钢筋网 Φ10 mm；
4—加密钢筋 Φ10 mm；5—辅助钢筋 Φ10 mm；6—混凝土铺装层

五、人行道

(一)安全带

　　不设人行道的桥上，两边应设宽度不小于 0.25 m、高度为 0.25 m 的护轮安全带。安全带可以做成预制块件或与桥面铺装层一起现浇。预制安全带有矩形截面和肋板式截面两种较为常用。现浇的安全带宜每隔 2.5～3.0 m 做一断缝，以免参与主梁受力而破坏。

(二)人行道

人行道的构造形式多种多样，根据不同的施工方法有就地浇筑式、预制装配式、部分装配和部分现浇的混合式。其中，就地浇筑式的人行道现在已经很少采用。而预制装配式的人行道具有构件标准化、拼装简单化等优点，在各种桥梁结构中应用广泛。就地浇筑式人行道适用于整体浇筑的钢筋混凝土梁桥，而将人行道设置在挑出的悬臂上，虽然可以缩短墩台宽度，但施工不太方便，如图 1-4-25(a)所示。在装配式板桥中，可以专设人行道板梁，采用加高墩台盖梁的方法来抬高人行道板梁，如图 1-4-25(b)所示；在跨径较大的装配式板桥中，专设人行道板梁不经济，常采用一些人行道块件搁置于板上形成人行道，如图 1-4-25(c)所示；在装配式肋梁桥上，人行道通常都是做成预制块件安装，常见的形式有整体搁置式预制人行道[图 1-4-25(d)]和分块悬臂式。人行道板顶面一般铺设 20 mm 厚的水泥砂浆或沥青砂浆作为层面，并做成内倾桥面的排水横坡，坡度为 1% 左右。在桥面伸缩缝竖面内，人行道（栏杆）也必须断开。

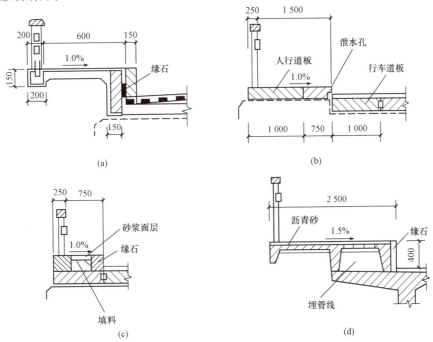

图 1-4-25 人行道一般构造

(a)就地浇筑式；(b)装配式人行道板梁；(c)人行道块件；(d)整体搁置式预制人行道

六、栏杆和灯柱

(一)栏杆

栏杆是保护行人安全的设施，要求坚固耐用，选材要合理，栏杆底座要直接与浇筑在混凝土中的预埋件焊接以增强抗冲击能力；同时也要考虑经济适用，工序简单互换方便，并有艺术性。公路与城市道路桥梁的栏杆常用混凝土、钢筋混凝土、钢、铸铁等材料制作，其高度一般为 0.5～1.2 m(标准设计为 1.0 m)，栏杆间距为 1.6～2.7 m(标准设计为 2.5 m)。

栏杆形式可分为节间式与连续式。节间式由立柱、扶手及横挡(或栏杆板)组成，扶手支撑于立柱上。

公路桥梁的栏杆要求简洁明快，其所用材料尺寸和比例与主体工程配合，常采用上扶手、下扶手和栏杆柱组合，为行驶的车辆提供一个广阔的视野，这种栏杆每隔 1.6～2.7 m 设置一根栏杆柱[图 1-4-26(a)]。柱的截面尺寸为 18 cm×14 cm，内配 4 根直径为 10 mm 的 HPB300 级钢筋；扶手的截面为 12 cm×8 cm，内配 4 根直径为 8 mm 的 HPB300 级钢筋。扶手用水泥砂浆固定在柱的预留孔内；栏杆柱用水泥砂浆固定在人行道梁上。应该注意，在靠近桥面伸缩缝处的扶手应相应断开或应保证使扶手与栏杆柱之间能自由变形。这种栏杆制造、安装方便，而且节约钢材，自重也不大。城市桥梁的栏杆要注重艺术性与周围环境相协调，栏杆结构设计要带有一定的艺术造型[图 1-4-26(b)]。金属栏杆易于制成各种图案和铸成富有艺术性的花板。

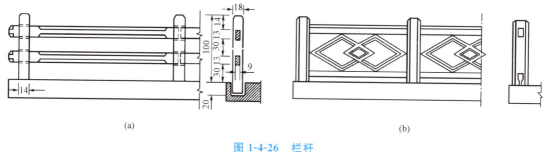

图 1-4-26　栏杆
(a)公路桥梁栏杆；(b)城市

(二)灯柱

桥梁照明应防止眩光，而不宜采用栏杆照明方式。对于大型桥梁和具有艺术、历史价值的中小桥梁的照明应进行专门设计，同时，也要考虑经济适用，工序简单互换方便，既满足功能要求，又顾及艺术效果，并与桥梁的风格相协调。照明灯柱可设置在栏杆扶手上，也可设置在靠近缘石处。钢筋混凝土灯柱的柱脚可以就地浇筑并将钢筋锚固于桥面中。铸铁灯柱的柱脚可固定在预埋的锚固螺栓上。照明灯柱可设置在栏杆扶手的位置上，也可设置在靠近缘石处，一般高出车道 8～12 m。

七、安全护栏

二、三、四级公路上的特大、大、中桥可设置栏杆和安全带，也可采用将栏杆和安全带有机结合的安全护栏。高速公路、汽车专用一级公路上的桥梁必须设置安全护栏，可以有效地保护高速行驶的车辆。在意外事故中不致严重损坏桥梁设施，尽量减少车辆毁坏和人员伤亡。护栏的主要作用在于封闭沿线两侧，不使人、畜与非机动车辆闯入公路；诱导视线，起到一些轮廓标的作用，使车辆尽量在路幅之内行驶，并给驾驶员安全感；同时，还具有吸收碰撞能量，迫使失控车辆改变方向并使其恢复到原来的行驶方向，防止其越出路外或跌落桥下的作用。

桥梁护栏按设置部位可分为桥侧护栏，桥梁中央分隔带护栏和人行、车行道分界护栏。按构造特征桥梁护栏可分为钢筋混凝土梁柱式护栏、钢筋混凝土墙式护栏和缆索护栏等（图 1-4-27），其中缆索护栏是一种以数根施加初张力的缆索固定于立柱上而组成的结构。桥梁护栏按防撞性能有刚性护栏、半刚性护栏和柔性护栏之分。材料可采用钢筋混凝土或金属（钢、铝合金）。

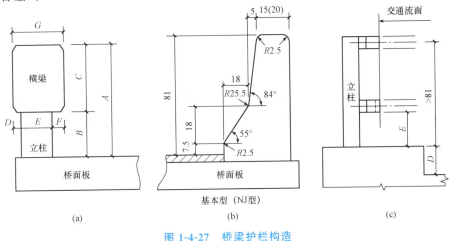

图 1-4-27　桥梁护栏构造

(a)钢筋混凝土梁柱式护栏；(b)钢筋混凝土墙式护栏；(c)缆索护栏

桥梁护栏按防撞等级划分为 PL1、PL2、PL3 三级。每一防撞等级的安全护栏应可以避免在相应设计条件下的失控车辆越出栏杆的情况出现。防撞等级按车辆碰撞速度、车辆质量、碰撞角度等设计条件确定，级别越高，防撞保护要求越严格。等级选用应视公路等级、需保护对象的重要性程度而定。

课后思考题

1. 简述桥面铺装层的类型。
2. 简述桥面横坡设置的形式。

项目二
钢筋混凝土和预应力混凝土梁桥设计

知识目标

1. 熟知梁桥的类型，掌握钢筋混凝土和预应力混凝土梁桥的一般特点。
2. 掌握板桥的类型及构造。
3. 掌握装配式简支梁设计与构造要求。
4. 掌握简支梁桥行车道板、主梁梁肋、横隔梁内力计算的内容，了解挠度和预拱度计算。
5. 掌握梁桥支座的类型、构造及布置要求等。

技能目标

1. 能够根据梁桥的不同类型划分其不同适用情况，理解钢筋混凝土梁桥和预应力混凝土梁桥的区别。
2. 根据板桥的类型及特点，能够区分不同类型板桥的差别，掌握整体式简支板桥和装配式板桥的构造要求，了解斜交板桥的受力特点与构造。
3. 根据装配式简支梁桥的类型、截面形式及构造要求，能够进行不同截面类型的构造设计，区分预应力截面与非预应力截面构造差异。
4. 根据简支梁桥行车道板的计算，能够确定不同 T 形截面主梁恒载及活载的内力计算，了解挠度和预拱度的计算内容。
5. 根据支座的作用，能够区分不同类型支座，理解不同桥梁类型支座布置的情况。

素质目标

1. 通过钢筋混凝土和预应力混凝土梁桥设计的引入，感悟桥梁建设与文化的交融，坚定文化自信，巩固专业思想，增强民族自豪感。
2. 结合高校课程思政的建设目标和要求，授课过程中强调学生的岗位职业道德和伦理道德的树立，要求学生熟悉并严格遵循桥梁设计、建设和使用中的道德责任，具有理论联系实际、实事求是的工作作风和科学严谨的工作态度。
3. 通过桥梁结构构造及建设方面的知识扩展学习，培养学生追求卓越的精神和刻苦务实；立足学科与行业领域，从而成为具有国际视野、家国情怀、使命担当的社会主义接班人。

任务一　概述

任务描述

某梁桥有哪些类型和适用条件？并区别钢筋混凝土和预应力钢筋混凝土梁桥。

知识链接

钢筋混凝土和预应力
混凝土梁桥设计

一、梁桥的主要类型及其适用条件

梁式桥的范畴是指桥梁在垂直荷载作用下，支承处仅产生竖向反力而无水平推力的结构体系，即在垂直荷载作用下截面上产生弯矩和剪力，梁式桥简称梁桥。梁桥的承重构件是梁，其基本受力特征以承受弯矩为主，梁的抗弯能力很大程度上取决于材料的强度、截面尺寸与形状，特别是梁的高度。

梁式桥的主要类型可以按有无预应力分、按施工方法分、按承重结构的横截面形式分、按承重结构的静力体系分。

（一）按有无预应力分

1. 钢筋混凝土梁式桥

钢筋混凝土梁式桥是采用抗压性能好的水泥混凝土和抗拉性能强的钢筋结合在一起建成的梁式体系的桥。钢筋混凝土是一种具有很多优点的建筑材料。用这种建筑材料建造的梁桥具有能就地取材、工业化施工、耐久性好、适应性强、整体性好及美观等优点。钢筋混凝土梁桥也有其不足之处，主要是结构本身的自重大，占全部作用设计值的30%~60%，跨度越大则自重所占的比值越显著。鉴于材料强度的大部分为结构本身的重力所消耗，而且钢筋混凝土梁在正常使用状态下是带裂缝工作的，因此，它的工作性能、耐久性受到影响。

2. 预应力混凝土梁式桥

预应力混凝土梁式桥是在混凝土构件承受外荷载之前对混凝土受拉区施加压力，使之产生预压应力，以此建成的桥梁结构的桥。这种桥梁利用钢筋或钢丝（索）预张力的反力，可使混凝土在受载前预先受压。在运营阶段不出现拉应力（称全预应力混凝土），或有拉应力而未出现裂缝或控制裂缝在容许宽度内（称部分预应力混凝土）。预应力混凝土桥出现在 20 世纪 30 年代，20 世纪 50 年代以来不断取得巨大发展，主跨为 90 m，在中、小跨度范围内现已占绝对优势，在大跨度范围内它正在同钢桥展开激烈竞争。它是主要承重结构采用预应力钢筋混凝土结构的桥梁。

(二)按施工方法分

按施工方法,梁桥可分为整体浇筑式梁桥、装配式梁桥和组合式梁桥三种。

1. 整体浇筑式梁桥

整体浇筑式梁桥的全桥在纵向和横向都在现场整体浇筑,全部建桥工作都在施工现场进行。因此,整体浇筑式梁桥具有整体性好,可以按需要做成各种外形的优点,但是施工速度慢,工业化程度低,耗费支架和模板多,目前主要应用于弯桥、斜桥的建造。

2. 装配式梁桥

装配式梁桥的上部结构在预制厂或工地预制场分块预制后吊装到现场就位,然后在接头处将构件连接成整体。装配式梁桥具有工厂化施工,受季节影响小,质量易于保证,上下部可同时施工,可加快进度,节约支架和模板等特点,现已广泛采用。

3. 组合式梁桥

组合式梁桥也采用一种装配式的桥跨结构,它是首先利用纵向水平缝将桥梁的梁肋部分与桥面板(翼板)分割,桥面板再借纵横向的竖缝划分成平面内呈矩形的预制板,这样就使单梁的整体截面变成板与肋的组合截面。施工时先架设梁肋,再安装预制板(有时采用微弯板以节省钢筋),最后在接缝内或连同在板上现浇一部分混凝土使结构连接成整体。

用纵向水平缝将桥梁分割成 I 形的梁肋或开口槽形梁和桥面板,桥面板再借纵横向的竖缝划分成在平面内呈矩形的预制构件。

(1)纵向竖缝划分。纵向竖缝划分方式在简支梁桥中应用较为普遍,在这种分块方式中,作为主要承重构件的各根主梁都是整体预制的(图 2-1-1),接头和接缝仅布置在次要构件,故这种划分方法使主梁受力可靠,施工也方便。其缺点是构件的尺寸和质量大,会对运输与安装造成困难。

图 2-1-1 纵向竖缝划分

(2)纵向水平缝划分。用纵向水平缝将桥梁的全部梁肋与板分割,再借助纵横向的竖缝将板划分成平面呈矩形的预制构件(图 2-1-2),施工时先架设梁肋,再安装预制板,最后在接缝内或连同在板上现浇一部分混凝土使结构连接成整体。

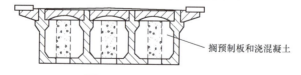

图 2-1-2 纵向水平缝划分

(3)纵、横向竖缝划分。将用纵向竖缝划分的主梁再通过横向竖缝划分成较小的梁段。对于这样的预制梁段,由于没有普通钢筋穿过接缝,就必须对安装就位后的梁段串联以预应力筋施加预压力才能保证所有接缝具有足够的连接强度,使梁整体受力。横向分段块件的预应力连接预留纵横向预应力孔道和剪力键槽(图 2-1-3)。

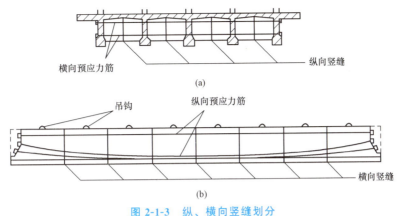

图 2-1-3　纵、横向竖缝划分

(a)纵向竖缝；(b)横向竖缝

(三)按承重结构的横截面形式分

板桥的承重结构是钢筋混凝土板或预应力混凝土板。梁桥按承重结构的横截面形式可分为板桥、肋梁桥和箱梁桥。

1. 板桥

板桥的横截面形式包括整体式矩形实心板、装配式实心板、装配式空心板、异形板(图 2-1-4)。

整体式板的横截面一般为等厚度的矩形截面，具有形状简单，施工方便、建筑高度小、结构整体刚度大等优点。它采用支架现浇法施工，有时为了减轻自重，也可将受拉区稍加挖空成矮肋式整体板。为了施工安装方便可将板桥采用装配式，同样装配式也可做成实心板和空心板的形式。装配-整体组合式板桥利用一些小型预制构件安装就位后作为底模，在其上再浇筑混凝土结合成整体，在缺乏起重设备的情况下，这种板桥就能收到好的效果。

前三种主要用于小跨度板式梁桥，包括简支板桥、连续板桥和斜板桥。

板桥除上述形式外还有异形板桥形式，异形板截面(图 2-1-5)形式主要用于城市高架桥及跨度为 20～30 m，桥面较宽的预应力混凝土连续板桥。

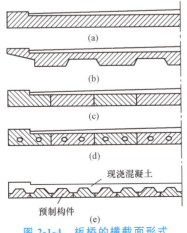

图 2-1-4　板桥的横截面形式

(a)矩形截面整体式；(b)矮肋式整体式；(c)实心装配式；

(d)空心装配式；(e)装配-整体组合式

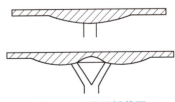

图 2-1-5　异形板截面

2. 肋梁桥

肋梁桥按截面形式分为 T 形、I 形、Ⅱ形；按施工方法分为整体式、装配式、组合式。肋梁桥由腹板(梁肋)、翼缘板和横隔板三部分组成。

公路 T 形肋梁如图 2-1-6 所示。前两种为整体现浇式；后一种为装配式 T 梁形式。

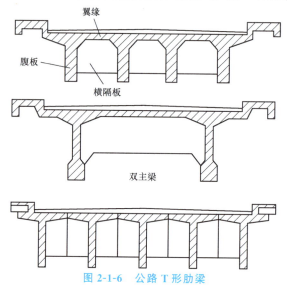

图 2-1-6　公路 T 形肋梁

公路Ⅱ形梁和 I 形梁如图 2-1-7 所示。从图中可以看出，梁肋与顶部钢筋混凝土桥面板结合在一起作为承重结构，由于肋与肋之间处于受拉区域的混凝土得到很大程度的挖空，就显著减轻了结构自重。特别对于仅承受正弯矩作用的简支梁来说，既充分利用了扩展的混凝土桥面板的抗压能力，又有效地发挥了集中布置在梁肋下部的受力钢筋的抗拉作用，从而使结构构造与受力性能达到理想的配合。

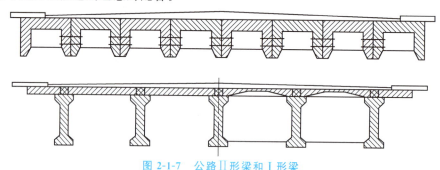

图 2-1-7　公路Ⅱ形梁和 I 形梁

肋梁桥具有自重较小、梁肋较高、截面抵抗矩较大、抗弯能力较强的特点。钢筋混凝土(Reinforced Concrete，RC)适用于 20 m 以下梁桥，而预应力混凝土(Prestress Concrete，PC)适用于 50 m 以下梁桥。

3. 箱梁桥

箱梁桥是截面呈一个或几个封闭箱形的梁桥。这种结构除梁肋的上部翼缘板外，在底部还有扩展的底板，因此，它提供了承受正、负弯矩的足够的混凝土受压区。箱形梁桥的另一个重要特点，是在一定的截面面积下能获得较大的抗弯惯矩，而且抗扭刚度也特别大，在偏心的活载作用下各梁肋的受力比较均匀。因此，箱形截面能适用于较大跨径的悬臂梁桥和连续梁桥，也可用来修建全截面均参与受力的预应力混凝土简支梁桥。显然，对于普通钢筋混凝土的简支梁桥来说，底板除陡然增加自重外并无其他益处，故不宜采用。

箱梁按构造形式可分为单箱式和多箱式；按施工方法可分为整体式、装配式和组合式。

箱梁的组成有顶板、腹板、底板、横隔板(图 2-1-8)，多用于较大跨径的连续梁桥。

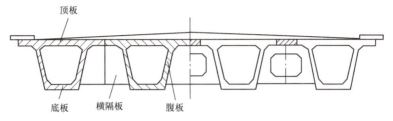

图 2-1-8　箱梁组成

(四)按承重结构的静力体系分

梁桥按承重结构的静力体系可分为简支梁桥、悬臂梁桥和连续梁桥。

1. 简支梁桥

简支梁桥(simple-supported beam bridge)是指由一根两端分别支撑在一个活动支座和一个铰支座上的梁作为主要承重结构的梁桥(图 2-1-9)。其属于静定结构，是使用最广泛、构造最简单的梁式桥，故最易设计成各种标准跨径的装配式构件，可以简化施工管理工作，并降低施工费用，适应跨径不大，一般在 40 m 以下。简支梁桥的设计主要受跨中正弯矩的控制，钢筋混凝土简支梁的经济合理跨径在 20 m 以下，预应力混凝土简支梁的合理跨径一般不超过 50 m。我国目前预应力简支梁的标准设计最大跨径为 40 m。简支梁桥一般用于小桥、大桥中的引桥及城市高架桥。在多孔简支梁桥中，为减少伸缩缝装置，使行车平整舒适，目前常采用桥面连续的预应力混凝土简支梁桥。

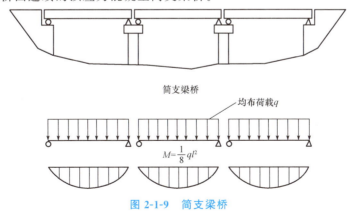

图 2-1-9　简支梁桥

2. 悬臂梁桥

悬臂梁桥(cantilever beam bridge)是指以一端或两端向外自由悬出的简支梁作为上部结构主要承重构件的梁桥(图 2-1-10)。悬臂梁桥支点截面产生负弯矩，跨中正弯矩比简支梁桥小，跨越能力比简支梁大，但小于连续梁；主跨要增加悬臂与挂梁之间的牛腿与伸缩缝构造，并且牛腿处变形大，伸缩缝易损坏、行车不平顺，目前已较少使用。

悬臂梁桥有单悬臂梁和双悬臂梁两种。单悬臂梁是简支梁的一端从支点伸出以支承一孔吊梁的体系。一端悬出的悬臂根部产生的负弯矩，减小了跨中正弯矩，所以可以节省材料用量，增大适应跨径。

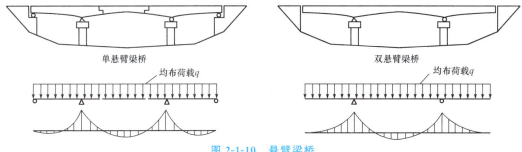

图 2-1-10　悬臂梁桥

3. 连续梁桥

连续梁桥(continuous beam bridge)的承重结构(板、T 形梁或箱梁)不间断地连续跨越几个桥孔而形成超静定结构，由于荷载作用下支点截面产生负弯矩，从而显著减小了跨中的正弯矩(图 2-1-11)，这样，不但可以减小跨中的建筑高度，而且能节省钢筋混凝土数量，跨径增大时，这种节省就更加显著，常适用于桥基十分良好的场合，否则，任一墩台基础发生不均匀沉陷时，桥跨结构内会产生附加应力。连续梁与同等跨径的简支梁相比，其跨中正弯矩显著减小，从而跨越能力大。连续梁还具有结构刚度大、变形小、主梁变形挠曲线平缓、动力性能好及有利于高速行车等优点。预应力混凝土连续梁桥的合理跨径一般在 120 m 以内。因连续梁是超静定结构，基础不均匀沉降将在结构中产生附加内力，所以，桥梁基础相对要求较高，宜用于地基较好的场合。

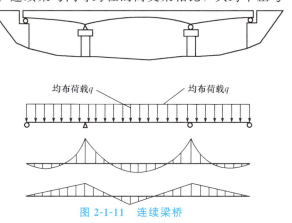

图 2-1-11　连续梁桥

连续梁桥与悬臂梁桥相比较可以看出，连续梁在支点处是连续的，路面无折角，有利于现代高速行车。

二、钢筋混凝土和预应力混凝土梁桥的一般特点

根据是否施加预应力又可分为预应力钢筋混凝土构件和普通钢筋混凝土构件。对于预应力混凝土构件是先对混凝土预加一定的压力，以提高构件的强度和抗裂性能。

(一)钢筋混凝土梁桥

1. 定义

钢筋混凝土是在混凝土中配置一定数量的钢筋，使其与混凝土结合成为一个整体，共同

承受外力，可以采用钢筋混凝土制成板、梁、桥墩和桩等构件，而形成钢筋混凝土结构物。钢筋混凝土构件根据施工方法的不同又可分为预制钢筋混凝土构件和现浇钢筋混凝土构件。预制钢筋混凝土构件就是在预制厂预先制作完成钢筋混凝土构件，再运输到工地进行现场拼装；现浇钢筋混凝土构件是在施工现场进行浇筑形成的构件。用钢筋混凝土作为主要建造材料的桥梁，在 19 世纪后半叶才出现，但发展速度很快。100 多年来，钢筋混凝土桥被广泛采用，特别是在中小跨径方面。钢筋混凝土桥梁在国内外的中小型河谷及水利工程中的工作桥等方面已被广泛采用。其上部结构中的桥面板多为现浇式或装配式钢筋混凝土板。

2. 特点

(1)由于使用混凝土这种耐久性比较好的材料，所以钢筋混凝土桥的耐久性好，维修、养护费用低；

(2)钢筋混凝土梁桥在建造浇筑过程中可以做成各种形状；

(3)用混凝土建造的梁桥可以就地取材，并且相应的节省钢材；

(4)拱桥施工费时费力，而梁桥施工可以做成装配式的现场安装，从而实现工业化生产；

(5)钢筋混凝土梁桥中钢筋与混凝土之间的黏结性较好，从而使其整体性好；

(6)由于可做成各种截面形状的梁桥，所以比较美观；

(7)就地浇筑钢筋混凝土桥，施工工期长，支架和模板耗损的钢材和木材较多，在寒冷地区及雨期建造整体式钢筋混凝土梁桥时，施工比较困难，如采用蒸汽养生及防雨措施等，则会显著增加造价；

(8)结构本身自重大，占全部作用设计值的 30%～60%，跨度越大则自重所占的比值越显著。

(二)预应力混凝土梁桥

1. 定义

预应力混凝土梁桥根据是否施加预应力可分为预应力钢筋混凝土构件和普通钢筋混凝土构件。预应力混凝土构件是先对混凝土预加一定的压力，以提高构件的强度和抗裂性能。初期的普通钢筋混凝土梁桥由于存在很大限制已经不能满足如今大跨、耐久、经济、安全等众多需求，因此，具有诸多优势的预应力混凝土梁桥得到了蓬勃发展。其中，预应力混凝土连续梁桥具备跨度大、刚度大、变形小且造型美观、车辆行驶平稳舒适、受力合理、抗风抗震性能好等优点，成为 40～150 m 跨径范围的常见桥型。连续梁桥的施工方法采用悬臂浇筑法居多，在悬臂施工中梁体经历持续的变化过程，主梁的受力状态和线形也会变得较为复杂。在实际工程项目的施工控制中，发现并研究了悬臂浇筑施工中所涉及的一些关键技术，尽管此种桥型的研究已经很普遍，但是从施工角度出发进行研究分析仍具有意义。

2. 特点

预应力混凝土桥出现在 20 世纪 30 年代，20 世纪 50 年代以来不断取得巨大发展，主跨为 90 m，在中、小跨度范围内现已占绝对优势，在大跨度范围内它正在同钢桥展开激烈竞争。它是主要承重结构采用预应力钢筋混凝土结构的桥梁。预应力混凝土梁桥除具有钢筋混凝土梁桥的特点外，还有以下特点：

(1)充分利用高强度材料，减轻自重，增大跨越能力，扩大使用范围。

(2)与钢筋混凝土梁桥比，可节省钢材 30%～40%，跨径越大，节省越多。

（3）全预应力混凝土梁在使用荷载下不出现裂缝，即使是部分预应力混凝土梁在常遇荷载下也无裂缝，梁的刚度比通常开裂的钢筋混凝土梁要大，因此，预应力混凝土梁可显著减小建筑高度，使大跨径桥梁做得轻柔美观。

（4）预应力技术的采用，为现代装配式结构提供了最有效的接头和拼装技术手段。

（5）预应力技术在施工过程中需要一整套专门的预应力张拉设备和材质好、制作精度要求高的锚具，并且要掌握较复杂的施工工艺。

课后思考题

1. 简述梁桥的分类情况。
2. 对比分析钢筋混凝土和预应力混凝土的区别与联系。

任务二　板桥设计与构造

任务描述

某板桥类型中整体式现浇板桥和装配式板桥的构造，斜交板桥的受力特点与构造要求。

知识链接

一、板桥的其特点及类型

(一)板桥的特点

1. 定义

板桥是小跨径钢筋混凝土桥中最常用的桥型之一。由于它建成以后上部结构的外形像一块薄板，故习惯称为板桥。

2. 特点

（1）外形简单，制作方便。内部一般无须配置抗剪钢筋，或仅按构造弯起少量斜筋，施工简单，模板及钢筋都较省。

（2）建筑高度小，适用于桥下净空受到限制的桥梁使用，与其他桥型相比，既降低桥面高度，又可缩短引道长度，外形轻盈美观。

（3）整体式板桥承载力和刚度高，但施工搭设支架，工期长，且截面通常为实心截面，材料使用率低。

（4）装配式板桥适用于工业化生产，构件质量轻，便于安装。

板桥跨径超过一定限度时，截面的增高使自重加大。因此，钢筋混凝土简支板桥的标准跨径一般不超过 13 m，预应力混凝土简支板桥不超过 25 m，而钢筋混凝土连续板桥的标准跨径不超过 16 m，预应力混凝土连续板桥不超过 30 m。

(二)板桥的类型

板桥的分类情况，见表 2-2-1。

表 2-2-1　板桥的类型

按静力体系分	简支板桥	悬臂板桥	连续板桥
按横截面形式分	实体矩形	空心矩形	
按有无预应力分	钢筋混凝土板	预应力混凝土板	部分预应力混凝土板
按施工方式分	整体式板桥	装配式板桥	组合式板桥

从表 2-2-1 中可以对其不同的类型进行组合，例如，采用施工方法为整体式的钢筋混凝土结构，截面形式为实体矩形的简支板桥。

1. 简支板桥

简支板桥可以采用整体式结构，也可以采用装配式结构。其特点：结构为静定结构，施工简单。对于整体式简支板桥钢筋混凝土板跨度不超过 8 m，一般为 4~8 m；而对于预应力混凝土板其跨径可达 25 m。

2. 悬臂板桥

悬臂板桥的特点是静定结构，悬臂根部负弯矩可减小跨中正弯矩，受力合理，行车不利。

跨径：中跨介于连续板和简支板之间；边跨为中跨的 30% 左右(图 2-2-1)。

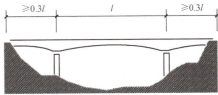

图 2-2-1　悬臂板桥

3. 连续板桥

连续板桥的特点是超静定结构，支点负弯矩可减小跨中正弯矩，要求地基条件好，受力合理，行车平顺。

跨径：边跨与中跨之比为 0.7~0.8，可使各跨跨中弯矩接近相等，钢筋混凝土 RC 板≤16 m，预应力钢筋混凝土 PC 板≤30 m(图 2-2-2)。

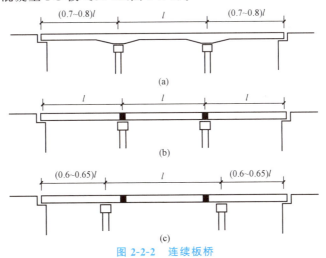

图 2-2-2　连续板桥

(a)整体连续板桥；(b)简支—连续板桥；(c)悬臂—连续板桥

二、简支板桥的构造

(一)整体式简支板桥的构造

1. 总体构造

整体式简支板桥的宽度大,一般均为双向受力板。荷载位于桥中线时,板内产生负弯矩。因此,除配置纵向受力钢筋外,板内还设置垂直于主钢筋的横向分布钢筋。图 2-2-3 所示为板中钢筋布置情况。

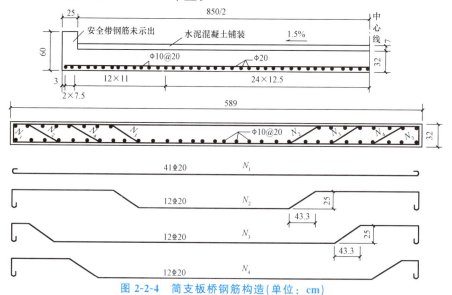

图 2-2-3　板中钢筋布置情况

2. 钢筋构造

各部分钢筋构造要求如下:

(1)主筋:直径不小于 10 mm,间距为 7～20 cm,两侧边缘板带的主钢筋数量宜较中间板带(板宽 2/3 范围内)增加 15%。

(2)分布筋:直径不小于 8 mm,间距<20 cm,单位长度上不少于单位板宽主筋面积的 15%。

(3)弯起筋:一部分主筋可以在 1/4L～1/6L 处弯起,角度为 30°或 45°,但通过支点的主筋每米板宽内不少于 3 根,截面面积不少于主筋截面面积的 1/4。

(4)保护层:主筋≥3 cm,分布筋≥1.5 cm。

以某简支板桥为例介绍板中钢筋设置情况,如图 2-2-4 所示。标准跨径为 6 m,桥面净宽为 8.5 m,两侧各有 0.25 m 的安全带;该桥计算跨径为 5.69 m,板厚为 0.32 m,约为跨径的 1/18。纵向主筋为直径 20 mm 的 HRB400 钢筋,在中间 2/3 板宽内按间距 125 mm 布置,两侧各 1/6 板宽内按间距为 110 mm 布置,并在跨径两端 1/6～1/4 的范围内按 30°弯起。横向分布钢筋为直径 10 mm 的 HRB300 级钢筋,按单位宽度截面上所配主筋面积的 15%配制,并沿纵向按间距 200 mm 布置。

图 2-2-4　简支板桥钢筋构造(单位:cm)

(二)装配式简支板桥的构造

装配式简支板桥是目前采用最广泛的板桥形式之一。其特点是缩短工期,并获得较高的施工质量。其横截面形式有实心板(多采用矩形)和空心板。

1. 总体构造

(1)装配式实心板。实心板一般适用于跨径为 10 m 以下的小桥,具有形状简单、施工方便、建筑高度小等优点,因而容易推广。装配式实心板通常为钢筋混凝土铰接板,标准跨径为 1.5 m、2.0 m、3.0 m、4.0 m、5.0 m、6.0 m 和 8.0 m,板高为 16~36 cm,钢筋采用 HRB335。当做成预应力混凝土板时,可用精轧螺纹钢筋作预应力主筋,预应力混凝土实心板目前用的不多。

(2)装配式空心板。空心板较同跨径的实心板质量小,运输安装方便,而建筑高度又较同跨径的 T 形梁小,因而目前使用较广。钢筋混凝土空心板跨径为 6~13 m,板厚为 40~80 cm;预应力混凝土空心板跨径为 8~20 m,板厚为 40~80 cm,块件划分一般沿横向取 100 cm 宽为一块,为安装方便预制宽为 99 cm。空心板横截面的最薄处不得小于 70 mm,以保证施工质量和承载的需要。

图 2-2-5(a)和(b)是单孔,挖空率大,顶板需配横向筋;图 2-2-5(c)和(d)挖空率小,自重大。

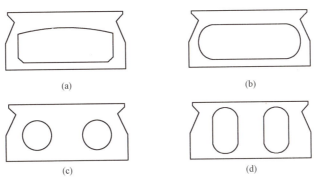

(a)　　　　　　　　　　　(b)

(c)　　　　　　　　　　　(d)

图 2-2-5　装配式空心板构造

根据装配式板桥的横断面,其一般包括边板和中板,布置在边上的为边板,中间的为中板,边板和中板的连接采用胶缝形式或其他连接形式。

钢筋混凝土和预应力钢筋混凝土总体构造对比情况,见表 2-2-2。表中给出了不同结构类型中混凝土强度等级、适应跨径、截面形式和板高的要求。

表 2-2-2　总体构造对比

结构类型	截面形式	适应跨径 /m	板高 /m	混凝土强度等级要求
钢筋混凝土	实心	1.5~8	0.16~0.36	不低于 C25
	空心	6~13	0.4~0.8	不低于 C25
预应力钢筋混凝土	空心	8~20	0.4~0.9	不低于 C40

2. 钢筋构造

普通钢筋混凝土板的配筋特点：主要配置纵向抗弯钢筋，抗剪不控制，纵向受力钢筋可弯起抗剪，并与箍筋和架立钢筋形成钢筋骨架。需要注意以下几项：

（1）为保证施工质量和承载需要，顶板和底板厚度≥80 mm，截面最薄处≥70 mm；

（2）为保证抗剪强度，按计算设弯起筋和箍筋。

装配式钢筋混凝土简支实心预制板桥标准设计实例，如图 2-2-6 所示。其标准跨径为 6 m，桥面净空为净－7 m(无人行道)。桥跨结构中部采用 6 块宽度为 990 mm 的预制板，两侧边缘采用宽度为 740 mm 的预制板。预制板混凝土强度等级为 C25，纵向主筋为直径 18 mm 的 HRB300 级钢筋，箍筋为直径 6 mm 的 HRB300 级钢筋，架立筋为直径 8 mm 的 HRB300 级钢筋。企口内浇筑 C30 的小石子混凝土，浇筑 6 cm 厚的水泥混凝土铺装层使之连成整体。

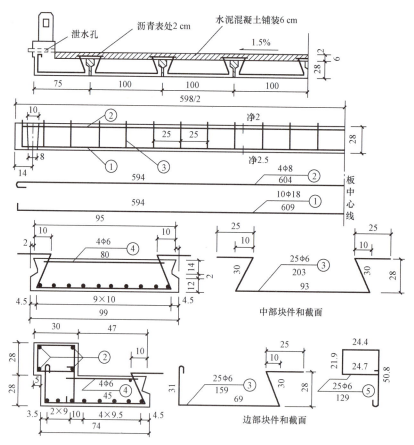

图 2-2-6　装配式钢筋混凝土简支实心预制板桥

装配式预应力混凝土简支空心预制板桥如图 2-2-7 所示。

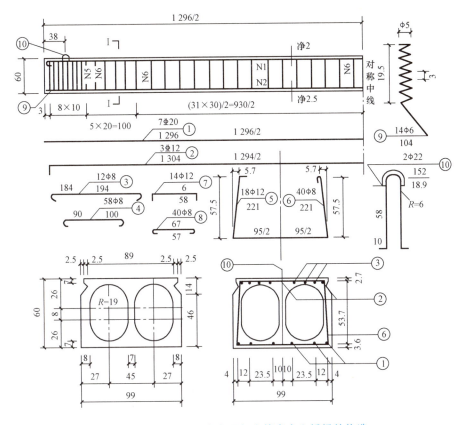

图 2-2-7　装配式预应力混凝土简支空心板桥的构造

图 2-2-7 所示的标准跨径为 13 m，桥面净空为净（－7＋2×0.5）m。桥跨结构采用 8 块宽为 990 mm、混凝土强度等级为 C40 的预制板。每块板底层配置 7 根直径为 20 mm 的 HRB400 级冷拉钢筋作为预应力筋，板顶层配置 3 根直径为 12 mm 的架力钢筋，在支点附加还配置 6 根直径为 8 mm 的构造筋。

3. 装配式板的横向连接

装配式空心板桥是中小跨径桥梁最常用的桥型，横向主要通过铰缝混凝土进行连接，随着交通量增长，空心板间的铰缝容易破坏，形成"单板受力状态"，降低了空心板桥梁整体性能、桥梁安全及运营通畅。虽然在设计中使用一些构造措施来提高横向连接可靠性，如加大铰缝尺寸及在铰缝中配置构造钢筋等，但是铰缝为桥梁横向传力构件的本质没有改变，其破坏现象依然没有得到有效解决。因此，探索装配式空心板桥合理有效的新型横向连接形式，提高其横向连接水平及减轻或避免铰缝位置出现的纵向裂缝病害，有积极的社会意义和必要性。

（1）设置横向连接的目的：保证板块共同承担车辆荷载。

（2）常用的连接方法：企口混凝土铰连接、钢板焊接连接。

1）企口混凝土铰连接。

①类型：圆形、棱形、漏斗形等形状；

②优点：能有效保证横向剪力的传递；

③缺点：需现浇混凝土，养生一段时间后才能通车。

图2-2-8中的连接为使桥面铺装层与主板共同受力，将预制板中的N_1钢筋伸出以与相邻板的同样钢筋互相绑扎，再浇筑在铺装层内；将相邻板的底层箍筋N_2伸入铰缝绑扎，铰缝内用C30以上的细集料混凝土填实。

2）钢板焊接连接（图2-2-9）。钢板焊接连接一般采用在预制板顶面沿纵向两侧边缘每隔0.8～1.5 m预埋一块钢板，连接时将钢盖板与相邻预制板顶面对应的预埋钢板焊接在一起。

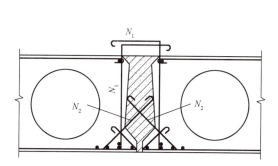

图2-2-8 企口式混凝土铰构造

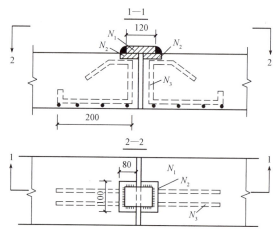

图2-2-9 钢板焊接连接

三、斜交板桥的受力特点与构造

（一）斜交板桥的定义

斜交板桥的相关定义，如图2-2-10所示。

（1）斜交角φ：桥轴线与支承线的垂线的夹角。

（2）桥宽b：垂直于桥轴线方向的桥宽。

（3）桥跨径l：两支承轴线垂直距离的正跨径。

（4）斜跨跨径l_b：斜边的跨径。

（二）影响斜交板桥的受力因素

（1）斜交角：斜交角越大，斜桥的特点越明显。《公路桥涵设计通用规范》（JTG D60—2015）规定，当斜交角＜15°时，可以忽略斜交的影响，取板的斜长为计算跨径，按正桥进行计算。

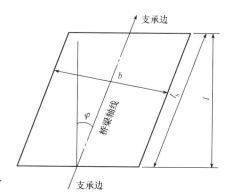

图2-2-10 斜交板桥定义

（2）宽跨比b/l：宽跨比越大，斜桥的相对宽度越大，斜桥的特点就越明显。

（3）支承形式：支座个数的多少、支承形式的变化，包括横桥向是否可以转动或移动，是否采用弹性支承，对斜桥的内力分配有明显的影响。

(三)斜交板桥的受力特点

1. 斜板中部

斜板中部的最大主弯矩垂直于支承边。

2. 斜板边缘

斜板边缘的最大主弯矩平行于自由边。

3. 斜板两侧主弯矩

斜板两侧主弯矩接近平行于自由边，但有向两支承边垂线方向偏转的趋势。

(1)荷载有向两支承边之间最短距离方向传递的趋势。

(2)各角点受力情况可以比拟连续梁的工作来描述(图2-2-11)。

1)锐角角点 A 和 D 处：反力较小，有向上翘起的趋势，若固定锐角角点会导致板内有较大的扭矩。

2)钝角角点 B 和 C 处：负弯矩和支点反力较大，负弯矩的方向垂直于钝角的二等分线。

(3)均布荷载下，桥轴线方向跨长相等时，斜板桥最大跨内弯矩比正桥小；跨内纵向最大弯矩随斜交角的增大，自中央向钝角方向移动。

(4)均布荷载下，斜交板桥的跨中横向弯矩比正交桥大，即横向弯矩增大的量，相当于跨径方向弯矩减少的量。

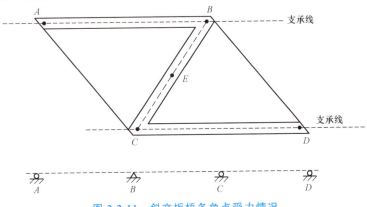

图 2-2-11 斜交板桥各角点受力情况

(四)斜交板桥的受力特点

整体式斜板桥的钢筋布置如图2-2-12所示。

1. 主钢筋

主钢筋配置的数量应依据主弯矩的大小来确定。

主钢筋的方向可以按下面规定布置：当整体式斜板的斜交角(板的支座轴线的垂直线与桥纵轴线的夹角)不大于15°时，主钢筋可平行于桥纵轴线方向布置；当整体式斜板斜交角大于15°时，主钢筋宜垂直于板的支座轴线方向布置。

2. 分布钢筋

斜板的分布钢筋宜垂直于主钢筋方向设置，分布钢筋设置在主钢筋的内侧，其直径不应小于8 mm，间距不应大于20 cm，截面面积不宜小于板的截面面积的0.1%。在斜板的支座附近宜增设平行于支座轴线的分布钢筋；或将分布钢筋向支座方向呈扇形分布，过渡到平行于支承轴线。

3. 附加钢筋

由于斜板桥受力状态复杂，内力变化剧烈，因此除上面通过计算所配钢筋外，在内力变化剧烈和扭矩作用凸出的地方再适当增加一些钢筋。

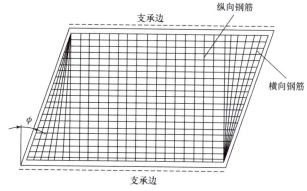

图 2-2-12　斜交板桥钢筋设置

（1）钝角部位顶层。由于负弯矩的作用，在钝角部分的顶面与钝角平分线呈直角的方向会产生很大的拉力。因此，在钝角部位靠近板顶的上层应布置垂直于钝角平分线的加强钢筋。

（2）钝角部位下层。钝角处有平行于钝角平分线方向的正弯矩，因此，在钝角部位靠近板底的下层应布置平行于钝角平分线的加强钢筋。加强钢筋直径不宜小于12 mm，间距为100～150 mm，布置于钝角两侧1.0～1.5 m边长的扇形面积内。

（3）自由边部位。为了抵抗扭矩，在板的自由边上下应各设置一条不少于3根主钢筋的平行于自由边的钢筋带，并用箍筋箍牢。

装配式斜板桥为横向铰接，相邻铰接板之间仅考虑传递剪力。装配式斜板桥的单块预制板是宽跨比(l/b)很大的窄板，在受力特点上与整体式斜板桥基本相同。根据整体式和装配式斜板桥的受力特点，装配式铰接斜板桥的预制板块，可按宽为两板边垂直距离，计算跨径为斜跨径的正交板计算。《公路桥涵设计通用规范》(JTG D60—2015)规定，装配式斜板桥预制板的主钢筋可与桥纵轴线平行，其分布钢筋及钝角部位加强钢筋的布置与整体式斜板桥相同。

课后思考题

1. 简述板桥的分类情况。
2. 简述现浇板桥与装配式板桥的基本构造。
3. 描述斜交板桥的受力特点。

任务三　装配式简支梁设计与构造

任务描述

某装配式简支梁桥可以采用的横截面形式有哪些？装配式钢筋混凝土简支梁桥的构造布置要求和装配式预应力混凝土简支梁桥的构造布置要求。

装配式简支梁
设计与构造

一、装配式简支梁桥的构造类型与截面形式

装配式简支梁桥根据跨径大小、是否施加预应力、运输和施工条件等不同应采取不同的构造类型，而影响构造类型最重要的就是横截面形式和块件划分问题。

(一)横截面形式

装配式简支梁桥的横截面可分为形式槽形(π形)、T形和箱形三种。

1. 槽形(π形)截面的特点

施工稳定性好，安装较方便；腹板薄，配筋通常只能采用钢筋网片，难以形成骨架；钢筋用量相对较多，构件质量较大；通常采用钢筋混凝土(RC)，适用跨径为6～12 m。

2. T形截面的特点

制造简单；肋内配筋可以做成钢筋骨架；整体性较好，接头方便；施工稳定性差，运输和安装较复杂；构件在桥面板的跨中接头，对板的受力不利；采用钢筋混凝土(RC)时，适用于跨径为7.5～20 m；采用预应力钢筋混凝土(PC)时，适用跨径为20～40 m。

3. 箱形截面的特点

抗扭刚度大，偏心荷载下梁的受力较均匀；横向抗弯刚度大，稳定性好；制作较复杂，质量相对较大。

(二)块件划分

1. 原则

(1)根据实际的预制、运输和起重等条件，确定拼装单元的最大尺寸和质量。

(2)块件的划分要满足受力要求，拼装接头尽量设置在内力较小处。

(3)尽量减少拼装接头，接头形式要牢固可靠，施工要方便。

(4)构件要便于预制、运输和安装，形状和尺寸要标准化，具有可换性，构件的种类尽量减少。

2. 块件划分

(1)纵向竖缝：主梁整体预制，应用最为普遍；主梁受力可靠，施工方便；但构件尺寸和质量较大。

(2)纵向水平缝：为了减轻构件起吊质量和尺寸，用纵向水平缝将梁肋与板分割开。主梁构件轻，桥面板整体性好，受力有利；但增加现浇混凝土施工工序，延长工期。

(3)纵横向竖缝划分——串联梁：为了使纵向竖缝划分的主梁减小尺寸和质量，通过横向竖缝划分成较小梁段，安装就位后串联以预应力筋，施加预压应力保证所有接缝具有足够的连接强度。块件预制精度要求高。

1)将承重结构沿桥横向分成几块(纵向竖缝)；

2)将承重结构沿桥纵向分成几段(横向竖缝)；

3)纵向、横向分别用预应力筋连接：串联梁适用于各种截面形式的梁。

二、装配式钢筋混凝土简支梁桥的构造与特点

国内外装配式钢筋混凝土简支梁桥以 T 形梁桥最为普遍。T 形梁的顶部翼板的边缘均设焊接钢板连接构造，将各主梁连成整体，这样就能使作用在行车道板上的局部荷载分布在各片主梁共同承受。

受力特点：结构简单，受力明确，施工方便，承载能力较好。

(一)构造布置

1. 主梁布置

各个地区所采用的主梁间距做法不同，当吊装质量允许时，主梁间距采用 $1.8 \sim 2.2$ m 为宜。对于净 7 m(行车道宽度)$+2 \times 1.5$ m(人行道宽度)的上部结构，一般选用四梁式或五梁式。根据 T 形梁的受力特点，间距若太大，两翼板接缝处的下挠变形较大，宜导致纵向开裂，并且施工吊装质量也随之加大；若间距太小，划分的块数就多，要求的施工精度就高，施工难度加大。

(1)翼板尺寸(图 2-3-1)。

1)宽度：B(翼板宽)$=B_0$(主梁间距)-2 cm(减 2 cm 是为了调整施工制作误差，便于安装)。

2)厚度：根据其受力特点，根部大、端部小。一般，根部 $h_1 \geqslant H/12$，端部 $h_2 = 6 \sim 10$ cm。

(2)梁肋尺寸(图 2-3-1)。

1)肋厚 b：一般为 $15 \sim 18$ cm，为满足抗剪要求不宜太厚，同时，又要满足屈曲稳定的要求而不宜太薄。

2)高跨比：$H : L = 1/16 \sim 1/11$。

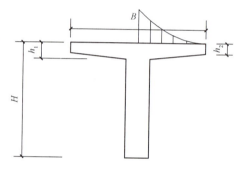

图 2-3-1　主梁构造

2. 横隔梁布置

横隔梁在装配式梁中起着保证各根主梁相互连接成整体的作用。调查表明，T 形梁桥的端横隔梁是必须设置的，它不但有利于制造、运输和安装阶段构件的稳定性，而且能显著加强全桥的整体性；设置中横隔梁的梁桥，其荷载横向分布比较均匀，且可以减轻翼板接缝处的纵向开裂现象。故当 T 形梁的跨径稍大时(一般在 13 m 以上)，在跨径内除设端横隔梁外，再增设 $1 \sim 3$ 道中横隔梁。

(1)作用：利于制造、运输、安装阶段构件的稳定性，加强全桥的整体性；使荷载横向分布较均匀，可减轻翼板接缝处的纵向开裂现象。

(2)间距：一般为 $5 \sim 6$ m 一道，端横隔梁必须设，中横隔梁全跨内为 $1 \sim 3$ 道，布置在跨中、四分点等。

(3)厚度：一般为 $15 \sim 18$ cm，宜做成上宽下窄、内宽外窄的楔形，以便于脱模。

(4)高度：端横隔梁与主梁同高；中横隔梁一般为 $3h/4$ 左右。

(二)主梁的钢筋构造

1. 钢筋的种类和作用

(1)梁肋——纵向主钢筋、架立钢筋、斜钢筋、箍筋、分布钢筋等；[翼板——横向受力

筋、纵向分布筋。]

(2)主筋：抵抗拉力，一般布置在梁肋的下缘。

作用：固定主筋、斜筋、箍筋，形成骨架。

布置要求：一般布置在梁肋的上缘。

(3)斜筋。

作用：抵抗主拉应力，增强梁体的抗剪强度。

布置要求：可由主钢筋弯起，否则，需配置专门的斜筋。斜筋与梁的轴线一般布置成45°，焊接在主筋和架立筋上。

(4)箍筋和分布钢筋：箍筋可增强主梁的抗剪强度。

分布钢筋防止梁肋侧面因混凝土收缩等原因引起的裂缝。

(5)混凝土保护层。防止钢筋受到大气影响而锈蚀，保证钢筋与混凝土之间的黏结力充分发挥作用。

(6)其他要求。为了保证主筋在梁端有足够的锚固长度和加强支承部分的强度，至少有2根，并不少于主筋面积的20%的纵向筋应伸过支点截面。

为保证受力钢筋从理论切断点起能充分受力，受力钢筋的长度应为理论切断点⊥最小锚固长度。

2. 主梁的钢筋构造和横隔梁连接方式

(1)接头要求：

1)足够的强度，保证结构的整体性；

2)在施工、营运中不因反复冲击作用发生松动。

(2)连接方式：焊接钢板连接、螺栓连接、扣环连接、企口铰接。

1)焊接钢板连接。焊接钢板连接为常用的主梁间中横隔梁的连接构造形式(图 2-3-2)。在每一块横隔板的上缘布置两根受力钢筋(N_1)，下缘配置 4 根受力钢筋(N_1)，采用钢板连接成骨架。接头钢板设在横隔梁的两侧，同时在上下钢筋骨架中加焊锚固钢板的短钢筋(N_2、N_3)。钢板厚一般不小于 10 mm。当 T 形梁安装就位后，即在横隔梁的预埋钢板上再加焊接钢板使其连成整体。端横隔梁的焊接钢板接头构造与中横隔梁的相同，但由于其外侧(靠近墩台一侧)不好施焊，故焊接接头只设于内侧。相邻横隔梁之间的缝隙最好用水泥砂浆填满，所有外露钢板也应用水泥灰浆封盖。

特点：强度可靠，焊后立即承载，施工较困难。

2)螺栓连接。基本同 1)，使用螺栓与预埋钢板连接。螺栓连接施工简单，拼装迅速，但在动荷载下易松动。

3)扣环连接。扣环式湿接头的构造如图 2-3-3 所示。横隔梁在预制时在接缝处伸出钢筋扣环 A，安装时在相邻构件的扣环两侧再安装上腰圆形的接头扣环 B，在形成的圆环内插入短分布筋后就现浇混凝土封闭接缝，接缝宽度为 0.2～0.5 m。这种连接构造伸出钢筋扣环 A，按腰圆接头扣环 B，插短分布钢筋，浇筑混凝土(0.2～0.5 m)。

4)企口铰接。企口铰接连接主要用于翼板连接，只能承受剪力(图 2-3-4)。

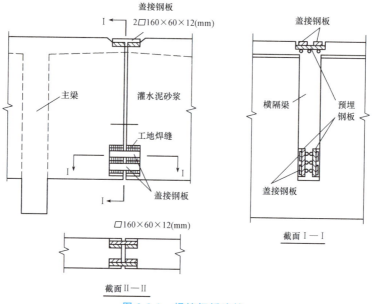

图 2-3-2　焊接钢板连接

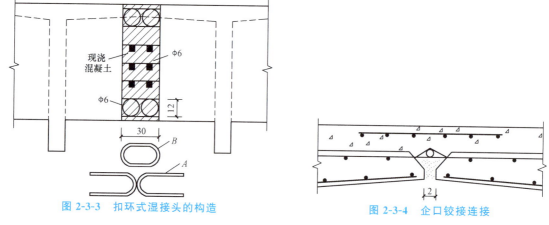

图 2-3-3　扣环式湿接头的构造

图 2-3-4　企口铰接连接

(三)装配式预应力混凝土简支梁桥的构造与特点

1. 构造布置及其尺寸

(1)主梁。

1)主梁间距:与钢筋混凝土 T 形梁类似,1.8~2.3 m 合适。标准图为 2.2 m,预制梁为 1.6 m,现浇梁有 0.6 m 湿接头。

2)主梁高度:等截面简支梁,高跨比可在 1/25~1/14 内选取。随着跨径增大取较小值,随梁数减少取较大值,中等跨径一般可取 1/18~1/16。

(2)马蹄。马蹄的作用及其施加原因如下:

1)预应力混凝土简支 T 形梁的梁肋,下部通常要加宽做成马蹄形,以便钢束的布置和

钢筋绑扎方法

预应力混凝土 T 梁钢筋可拼装实体教学模型

承受很大的预应力。

2）在靠近支点处腹板要加厚至与马蹄同宽，为了配合钢丝束的起弯，在梁端能布置钢束锚头和安放千斤顶，加宽范围最好为一倍梁高左右。

3）腹板厚度沿纵向发生变化，马蹄部分也逐渐加高，形成了典型的变截面 T 形梁。

根据马蹄特点做成的预应力 T 形梁构造如图 2-3-5 所示。

马蹄尺寸规定如下：

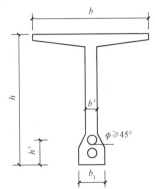

$h = (1/18 \sim 1/16)l$

$h' = (0.15 \sim 0.2)h$，坡度 $\phi \geqslant 45°$

$b = 1.8 \sim 2.3$ m

$b' = 0.14 \sim 0.18$ m

$b_1 = (2.0 \sim 3.0)b'$

马蹄区管道保护层厚度 $\geqslant 6$ cm。

马蹄面积不宜少于全截面面积的 10% ~ 20%。

图 2-3-5　预应力 T 形梁构造

（3）横隔梁。布置与钢筋混凝土 T 形梁桥基本相同，将横梁延伸至马蹄处，梁高较大时，为了减轻自重，将横梁挖空。

2. 配筋特点

装配式预应力混凝土简支梁中的配筋包含纵向预应力筋和非预应力筋，其中非预应力筋包括架力筋、箍筋、水平分布钢筋、承受局部应力的钢筋和其他构造钢筋。其配筋特点如下：

（1）纵向预应力筋的布置。

1）直线布置：直线预应力筋布置，适合先张法施工。预应力筋布置在索界以下，放张时梁端上部容易开裂。

2）曲线布置：

①通长布置——全部锚于梁端，可以减少摩擦损失，但梁端受预应力较大。

②分段或通长布置——部分锚于梁端，部分锚于梁顶，此方法摩擦损失增大，但能缩短预应力筋的长度，且能提高抗剪能力。

这两种方式应用较广泛。

3）直线＋曲线布置：

①通长布置——全部锚于梁端，可以减少摩擦损失，但梁端受预应力较大。

②分段布置——部分锚于梁端，部分锚于横隔板。

只要在索界内布置钢索（指钢筋束的重心线），即能满足全梁所有截面的正截面抗裂性和预施应力阶段截面上缘不出现拉应力的要求。

预应力筋在跨中横截面内的布置原则：中心尽量靠下；尽量相互靠拢；腹板中线处适量布置。

纵向预应力筋的锚固：锚固位置局部应力集中，锚具在两端的布置因遵循分散、均匀、对称的原则并配置一定的加强钢筋，后张法构件张拉力一般较大，还需设置钢套筒和钢垫板。

在梁端锚固区的应力非常集中，在锚具附近不仅有很大的压应力，还有很大的拉应力。因此，为防止锚具附近混凝土裂缝，必须配置足够的钢筋予以加强。

构造措施：锚固区（约等于梁高的范围）内设置，加强钢筋网（10 cm×10 cm），螺旋筋

（Φ8），钢垫板（$h \geqslant 16$ mm）。

（2）非预应力筋的布置（图 2-3-6）。

如图 2-3-6(a)所示，当梁中预应力筋在两端不便弯起时，为了防止张拉阶段在梁端顶部可能开裂而布置的受拉钢筋。

如图 2-3-6(b)所示，对于自重比恒载与活载小得多的梁，在预加力阶段，跨中部分上翼缘可能会开裂而破坏，因而也可以在跨中部分的顶部设非预应力的纵向受力钢筋。这种钢筋在运营阶段还能加强混凝土的抗压能力，在破坏阶段则可能提高梁的安全度。

如图 2-3-6(c)所示，在跨中部分下翼缘内设置非预应力筋，多半是在全预应力梁中为了加强混凝土承受预加应力的能力。

如图 2-3-6(d)所示，对于部分预应力梁，也往往利用通长布置在下翼缘的纵向钢筋来补足极限强度的需要。并且，这种钢筋对于配置不黏结的预应力筋的梁能起到分布裂缝的作用。

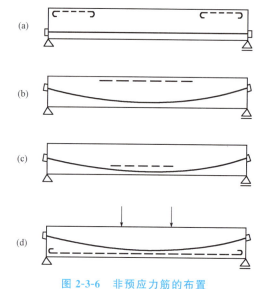

图 2-3-6　非预应力筋的布置

(a)梁端顶部受拉钢筋；(b)梁中纵向受力钢筋；
(c)梁下翼缘非预应力钢筋；(d)深下翼缘通长纵向钢筋

课后思考题

1. 简述装配式简支梁桥的横截面形式及特点。
2. 简述装配式钢筋混凝土简支梁的截面构造。
3. 简述装配式预应力混凝土简支梁的截面构造。

任务四　简支梁桥计算

任务描述

某桥梁为其确定合理的行车道板内力、主梁梁肋内力、横隔梁内力、挠度和预拱度的情况，明确其内力计算步骤和方法。

简支梁桥计算（一）

知识链接

一、行车道板的计算

(一)行车道板的类型

整体现浇式矩形板包括单向板和双向板。装配式 T 形梁可分为悬臂板和铰接悬臂板。

梁格构造和桥面板的支承形式如图 2-4-1 所示。

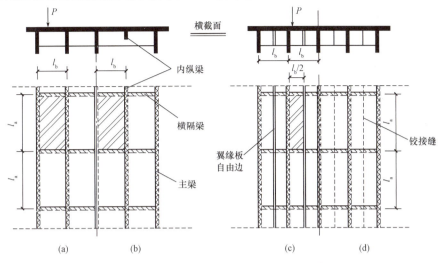

图 2-4-1 梁格构造和桥面板的支承形式

(a)单向板；(b)双向板；(c)悬臂板；(d)铰接悬臂板

(1)单向板[图 2-4-1(a)]：一块四边支承的矩形板，当长边 l_a 与短边 l_b 之比大于和等于 2 时，荷载的绝大部分沿短跨方向传递，此时可将其视为单由短跨承受荷载的单向受力板（简称单向板）。设计时，在短跨方向配置受力筋，而在长跨方向只要适当配置一些分布钢筋即可。

(2)双向板[图 2-4-1(b)]：对于长短边之比小于 2 的四边支承的矩形板，荷载将沿短跨和长跨两方向传递，称为双向板。设计需按两个方向的内力分别配置受力钢筋。由于用钢量稍大，构造较复杂，目前已很少采用。

(3)悬臂板[图 2-4-1(c)]：对于常见的长边与短边之比大于和等于 2 的装配式 T 形梁桥，当翼缘板的端边为自由边(实际是三边支承的板)时，可以像边梁外侧的翼缘板一样，作为沿短跨一端嵌固而另一端为自由端的悬臂板来分析。

(4)铰接悬臂板[图 2-4-1(d)]：对于常见的长边与短边之比大于和等于 2 的装配式 T 形梁桥，当相邻翼缘板在端部互相做成铰接接缝时，可将行车道板视作一端嵌固一端铰接的铰接悬臂板进行计算。

单向板、悬臂板、铰接悬臂板在 T 形梁中的布置情况如图 2-4-1 所示。

(二)车轮荷载在行车道板上的分布

由于板的计算跨径相对于轮压的分布宽度来说不是很大，故在计算中应将轮压作为分布荷载来处理，以免造成较大的计算误差，节约桥面板的材料用量。

近似地将车轮与桥面的接触面看作 $a_1 \times b_1$ 矩形，荷载在铺装层内的扩散按 45°进行（图 2-4-2）。

作用与混凝土桥面板顶面的矩形荷载压力的边长为

沿纵向：
$$a_2 = a_1 + 2H$$

沿横向：
$$b_2 = b_1 + 2H$$

93

对于车辆荷载，P 取后轴轴载 140 kN。当一个车轮作用于桥面板上时的局部分布荷载为 $p=\dfrac{P}{2a_1b_1}$。

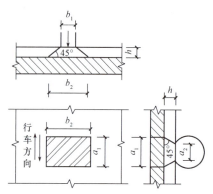

图 2-4-2　车辆荷载在桥面板上的分布

(三)行车道板的有效工作宽度

行车道板的受力和变形属于空间问题，在两个方向均存在内力和变形。空间问题求解过于烦琐，不便于工程应用，为此可以按一定的方法将空间问题按平面计算问题加以简化求解。对于单向板，弯矩主要产生在短边方向，可以将板简化为短边方向的梁来加以计算（梁的计算跨度为 L_b）。简化时，确定梁的受力"宽度"是简化过程确保安全的关键。如果单纯按板的宽度 L_a 作为梁的计算宽度，将意味着板在宽度方向上均匀受力，计算结果将偏于不安全。主要是按数值大的进行设计，所计算的荷载也大，那么数值小那边将承受不住此荷载的作用。

在跨度为 L_b，板宽为 L_a 的单向板上，只由 a 范围内的板来承受荷载作用，其余位置的板宽不提供受力的能力。

取一个宽度为 a 的"板条"作为简化梁的受力宽度，以获得板的最大代表弯矩，即宽度为 a 的梁，在荷载作用下产生的应力，能代表荷载作用在板上的最大应力。宽度 a 称为有效宽度。按此简化计算出的内力和配筋结果，可以直接应用于整个板的受力（图 2-4-3）（考虑到荷载在 L_a 方向上是移动的）。

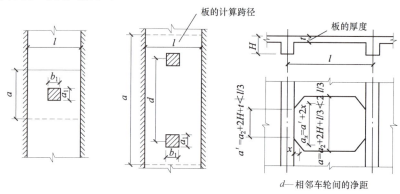

图 2-4-3　板的有效工作宽度及支承

荷载有效分布宽度(板的有效工作宽度)的确定：根据有效宽度的定义可知，荷载在板的跨中截面产生的总弯矩 M 等于单位板宽弯矩沿板的宽度方向积分，即有效宽度与最大单位板宽弯矩的乘积。由此可以确定板的有效宽度。

行车道板的有效宽度与支承条件、荷载性质、荷载位置有关。单向板考虑跨间、支承和靠近支承三种情况；悬臂板主要考虑悬臂某处和悬臂最外侧两种情况。

(1)两端嵌固单向板。

1)车轮(荷载)位于板的中央地带。

①单个荷载作用：

$$a = a_1 + \frac{l}{3} = a_2 + 2H + \frac{l}{3} \geqslant \frac{2l}{3}$$

②多个荷载作用：

$$a = a_1 + d + \frac{l}{3} = a_2 + 2H + d + \frac{l}{3} \geqslant \frac{2l}{3} + d$$

2)荷载位于板的支承边处。

$$a' = a_1 + t = a_2 + 2H + t \geqslant \frac{l}{3}$$

3)荷载靠近板的支承边处。

$$a_x = a' + 2x = a_2 + 2H + t + 2x$$

(2)悬臂板。

1)悬臂板的荷载有效分布宽度 a。

①车轮在悬臂某处：

$$a = a_1 + 2b' = (a_2 + 2H) + 2b'$$

②车轮在悬臂最外侧：

$$a = a_1 + 2l_0 = (a_2 + 2H) + 2l_0$$

2)悬臂板最大弯矩。车轮荷载靠板的边缘布置如图 2-4-4 所示。

①每米板宽的恒载弯矩：

$$M_{sg} = -\frac{1}{2}gl_0^2$$

式中　l_0——悬臂板的长度。

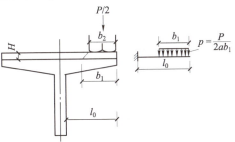

图 2-4-4　悬臂板计算图示

②每米宽悬臂板在根部的活载弯矩：

当 $b_1 \geqslant l_0$ 时

$$M_{sP} = -(1+\mu)\frac{1}{2}pl_0^2 = -(1+\mu)\frac{P}{4ab_2} \cdot l_0^2$$

当 $b_1 < l_0$ 时

$$M_{sP} = -(1+\mu) \cdot pb_2\left(l_0 - \frac{b_2}{2}\right) = -(1+\mu)\frac{P}{2a} \cdot \left(l_0 - \frac{b_2}{2}\right)$$

每米板宽的支点最大弯矩：

$$M_s = M_{sP} + M_{sg}$$

3)铰接悬臂板内力。

①最不利布载：轮荷载对中布置在铰接处，如图 2-4-5 所示。

②最大弯矩：在悬臂根部，铰内剪力为零。

a. 每米宽悬臂板在根部的活载弯矩：

$$M_{sP} = -(1+\mu)\frac{P}{4a}\left(l_0 - \frac{b_2}{4}\right)$$

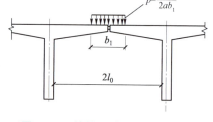

图 2-4-5　铰接悬臂板计算图示

b. 每米板宽的恒载弯矩：

$$M_{sg} = -\frac{1}{2}gl_0^2$$

c. 每米板宽的支点最大负弯矩：

$$M_s = M_{sP} + M_{sg}$$

(四)行车道板内力组合

行车道板内力组合，见表 2-4-1。

表 2-4-1　行车道板内力组合计算表

承载能力 极限状态	结构重力对结构的承载能力不利	$S_{ud} = \sum\limits_{i=1}^{m} 1.2S_{自重} + 1.4S_{汽} + 0.80 \times 1.4S_{人}$
	结构重力对结构的承载能力有利	$S_{ud} = \sum\limits_{i=1}^{m} S_{自重} + 1.4S_{汽} + 0.80 \times 1.4S_{人}$
正常使用 极限状态	短期效应组合	$S_{sd} = \sum\limits_{i=1}^{m} S_{自重} + 0.7S_{汽(不计冲击力)} + 1.0S_{人}$
	长期效应组合	$S_{sd} = \sum\limits_{i=1}^{m} S_{自重} + 0.4S_{汽(不计冲击力)} + 0.4S_{人}$

【例 2.1】　计算图 2-4-6 所示的 T 形梁翼板所构成的铰接板内力。设计荷载为公路—Ⅰ级，桥面铺装为 2 cm 厚沥青混凝土（重度为 23 kN/m³）和平均厚 9 cm 的混凝土垫层（重度为 24 kN/m³），梁翼板的相对密度为 25 kN/m³。

解：(1)结构自重及其内力（按纵向 1 m 宽的板条计算）。

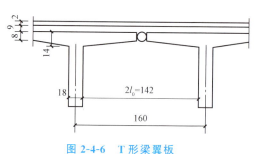

图 2-4-6　T 形梁翼板

1)延米板上的恒载 g（表 2-4-2）。

表 2-4-2　板的结构自重 g

沥青表面处治 g_1	$0.02 \times 1.0 \times 23 = 0.46$(kN/m)
C25 混凝土垫层 g_2	$0.09 \times 1.0 \times 24 = 2.16$(kN/m)
T 形梁翼板自重 g_3	$(0.08 + 0.14) \times 1.0 \times 25/2 = 2.75$(kN/m)
合计	$g = \sum g_i = 5.37$ kN/m

2)每米宽板条的恒载内力为

$$M_{\min, g} = \frac{1}{2} g l_0^2 = -\frac{1}{2} \times 5.37 \times 0.71^2 = -1.35 (\mathrm{kN \cdot m})$$

$$Q_{Ag} = g \cdot l_0 = 5.37 \times 0.71 = 3.81 (\mathrm{kN})$$

（2）汽车车辆荷载产生的内力为

$$a_1 = a_2 + 2H = 0.20 + 2 \times 0.11 = 0.42 (\mathrm{m})$$

$$b_1 = b_2 + 2H = 0.60 + 2 \times 0.11 = 0.82 (\mathrm{m})$$

荷载对于悬臂根部的有效分布宽度（图 2-4-7）：

$$a = a_1 + d + 2l_0 = 0.42 + 1.4 + 2 \times 0.71 = 3.24 (\mathrm{m})$$

作用于每米宽板条上的弯矩为

$$\begin{aligned} M_{\min, p} &= -(1 + \mu) \frac{P}{4a} \left(l_0 - \frac{b_1}{4} \right) \\ &= -1.3 \times \frac{140 \times 2}{4 \times 3.24} \times \left(0.71 - \frac{0.82}{4} \right) \\ &= -14.18 (\mathrm{kN \cdot m}) \end{aligned}$$

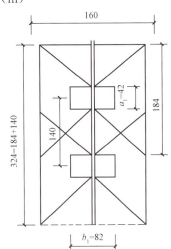

作用于每米宽板条上的剪力为

$$Q_{Ap} = (1 + \mu) \frac{P}{4a} = 1.3 \times \frac{140 \times 2}{4 \times 3.24} = 28.09 (\mathrm{kN})$$

（3）内力计算。承载能力极限状态内力基本组合：

$$\begin{aligned} M_{ud} &= 1.2 M_{Ag} + 1.4 M_{Ac} \\ &= 1.2 \times (-1.35) + 1.4 \times (-14.18) \\ &= -21.47 (\mathrm{kN \cdot m}) \end{aligned}$$

图 2-4-7　板的有效工作宽度

$$Q_{ud} = 1.2 Q_{Ag} + 1.4 Q_{Ap} = 1.2 \times 3.81 + 1.4 \times 28.09 = 43.90 (\mathrm{kN})$$

行车道板的设计内力为

$$M_{ud} = -21.47 \ \mathrm{kN \cdot m}, \ Q_{ud} = 43.90 \ \mathrm{kN}$$

正常使用极限状态频遇值效应组合

$$M_{ud} = M_{Ag} + 0.7 M_{Ac} = (-1.35) + 0.7 \times (-14.18) \div 1.3 = -8.99 (\mathrm{kN \cdot m})$$

$$Q_{ud} = Q_{Ag} + 0.7 Q_{Ap} = 3.81 + 0.7 \times 28.09 \div 1.3 = 18.94 (\mathrm{kN})$$

二、主梁梁肋的计算

根据荷载性质的不同，主梁梁肋计算包含两部分内容：一是恒载计算，即将主梁自重考虑成均布荷载作用，其恒载的大小就等于体积×密度；二是活载计算，对于活载作用于主梁上内力，即应用空间计算原理，主要确定荷载横向分布系数，根据分布系数确定活载作用情况下的主梁内力。

简支梁桥计算（二）

（一）结构重力内力计算

1. 恒载计算方法

（1）一般简支梁桥：将横梁、人行道、铺装层、栏杆等恒载均摊到各根主梁；

（2）组合式简支梁桥：按施工组合情况，分阶段计算；

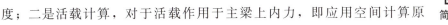

(3)预应力简支梁桥：分阶段得到计算荷载 g 后，按《材料力学》公式计算内力 M、Q。

恒载内力计算内容包含以下两部分：

(1)小跨径简支梁桥：跨中截面的最大弯矩、支点截面剪力、跨中截面剪力。

(2)较大跨径简支梁桥：还需计算 1/4 跨径截面弯矩和剪力；如有截面变化处，还应计算截面变化处的内力。

2. 结构内力计算的步骤

(1)拟订截面形式及截面尺寸；

(2)恒载集度(均布荷载)；

(3)恒载内力(材料力学方法)。

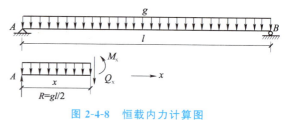

图 2-4-8 恒载内力计算图

其中恒载内力包含弯矩和剪力的计算如图 2-4-8 所示。

恒载弯矩计算：

$$M_x = \frac{gl}{2}x - gx \cdot \frac{x}{2} = \frac{gx}{2}(l-x)$$

恒载剪力计算：

$$Q_x = \frac{gl}{2} - gx = \frac{g}{2}(l-2x)$$

【例 2.2】 计算图 2-4-9 所示边主梁的结构自重内力。

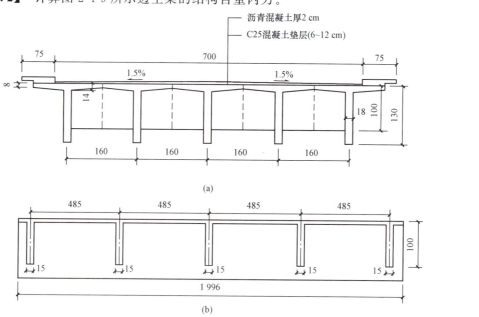

图 2-4-9 边主梁构造

解：(1)荷载计算。

1)主梁：

$$g_1 = \left[0.18 \times 1.30 + \frac{0.08+0.14}{2} \times (1.6-0.18)\right] \times 25 = 9.76 (\mathrm{kN/m})$$

2）横隔梁。

①边主梁。

$$g_2 = \left(1.00 - \frac{0.08 + 0.14}{2}\right) \times \frac{1.6 - 0.18}{2} \times \frac{0.15 + 0.16}{2} \times 5 \times 25/19.50 = 0.63(\text{kN/m})$$

②中主梁。

$$g_2' = 2 \times 0.63 = 1.26(\text{kN/m})$$

3）桥面铺装层。

$$g_3 = \left[0.02 \times 7.00 \times 23 + \frac{1}{2} \times (0.06 + 0.12) \times 7.00 \times 24\right]/5 = 3.67(\text{kN/m})$$

4）栏杆和人行道。

$$g_4 = 5 \times 2/5 = 2.00(\text{kN/m})$$

5）合计。

①边主梁。

$$g = \sum g_i = 9.76 + 0.63 + 3.67 + 2.00 = 16.06(\text{kN/m})$$

②中主梁。

$$g = \sum g_i = 9.76 + 1.26 + 3.67 + 2.00 = 16.69(\text{kN/m})$$

（2）边（中）主梁自重产生的内力（表 2-4-3）。

表 2-4-3　边（中）主梁内力计算表

截面 x	剪力 Q/kN	弯矩 M/kN·m
$x=0$	$Q = \dfrac{16.06}{2} \times 19.5 = 156.6$ (162.7)	$M = 0$ (0)
$x=l/4$	$Q = \dfrac{16.06}{2} \times 19.5 - 2 \times \dfrac{19.5}{4} = 78.3$ (81.4)	$M = \dfrac{16.06}{2} \times \dfrac{19.5}{4} \times \left(19.5 - \dfrac{19.5}{4}\right) = 572.5$ (595.0)
$x=l/2$	$Q = 0$ (0)	$M = \dfrac{1}{8} \times 16.06 \times 19.5^2 = 763.4$ (793.3)

（二）可变作用内力计算

1. 荷载的横向分布及计算

前面介绍恒载假设是均匀分配给各主梁承担，但活载不同。

车辆荷载作用在混凝土简支梁桥上，以两片 T 形梁为例，汽车荷载会导致主梁出现受力不均匀的情况，因此，这个不均匀情况就需要用横向分布系数来考虑。

由于实际结构的复杂性，对这种空间问题进行精确求解困难，且无必要。目前广泛采用的方法是将复杂的空间问题合理地简化成简单的平面问题来求解。在简化分析中，需要考虑将空间荷载转化为平面荷载：在公路桥梁设计中，通常用一个表征荷载横向分布程度的系数 m 与车辆轴重的乘积来表示转化后的平面荷载，其中系数 m 就称为荷载横向分布系数。

拟求梁 k 点截面内力，先求梁的荷载横向分布影响线，按横向最不利荷载位置对横向分布影响线加载，得到 m，并将荷载简化为 mP_1 和 mP_2 作用于梁上，m 为荷载横向分布系数，它表示某根主梁所承担的最大荷载（表示为轴重的倍数），如图 2-4-10 所示。

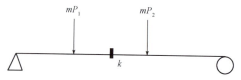

图 2-4-10 荷载横向分布系数简化计算图

对于多主梁桥，作用在桥上的车辆荷载如何在各主梁间进行分配，或者说各主梁如何分担车辆荷载，需要计算各梁的横向分布系数 m。工程中取最不利情况，按其中最大的 m 值对梁进行截面计算。

桥上荷载横向分布的规律与结构的横向连接刚度有密切关系。

m 与结构刚度的关系：系数 m 与结构刚度有密切联系，横向连接刚度越大，荷载横向分布作用越显著，各主梁负担也越趋均匀。对于结构刚度存在着以下三种情况：

(1)主梁与主梁间没有任何联系，横向分布系数 $m=1$；

(2)横隔梁的刚度接近无穷大，各梁的横向分布系数 $m=1/n$，n 为主梁数目；

(3)横向结构刚度并非无穷大，横向分布系数 m 介于 $1/n$ 与 1 之间。

对于第一种情况，移动荷载 P 作用于计算梁上，因其与其他梁无联系，所以此梁会发生相应的位移，此荷载大小仍为 P，因此横向分布系数为 1。

对于第二种情况，横向刚度无穷大的情况，在移动荷载 P 的作用下所有梁都会发生相应的位移，因各梁移动位移相同，所以每个梁均摊荷载，因此计算梁的荷载为 $1/3P$，横向分布系数 $m=1/3$。

对于第三种情况，横向刚度并非无穷大，每个梁都会发生相应的变形，计算梁的横向分布系数介于 1/3 和 1 之间。

梁桥根据其构造设计、施工特点不同，可能采用不同类型的横向结构。下面介绍几种常见的荷载横向分布计算方法。

(1)杠杆原理法。

1)基本假定。忽略主梁之间横向结构的联系，假设桥面板在主梁上断开，当作横向支承在主梁上的简支梁或悬臂梁。

计算主梁的最大荷载用反力影响线，即计算 m 的横向影响线，根据各种活载的最不利位置计算相应的 m。

荷载靠近主梁支点（跨内有无横隔梁的多梁式桥），集中荷载作用的端横隔梁；双主梁桥；横向联系很弱的无中横梁的桥梁（结果：中主梁偏大，边主梁偏小）；无横隔梁的装配式箱形梁桥 $m=1$。

根据图 2-4-11，用杠杆原理法进行横向分布系数计算。

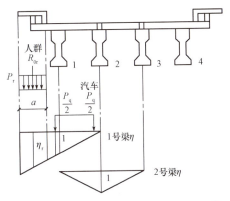

图 2-4-11　杠杆原理法计算横向分布系数

汽车荷载横向分布系数的计算公式为 $m_{0q} = \dfrac{\sum \eta_q}{2}$。

人群荷载横向分布系数的计算公式为 $m_{0r} = \eta_r$。

2）计算过程。欲求图 2-4-12 中 3 号梁荷载横向分布系数。

①假定桥面板简支。

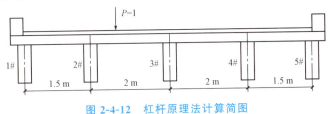

图 2-4-12　杠杆原理法计算简图

②绘制 3 号梁反力影响线（图 2-4-13）。

图 2-4-13　3 号梁反力影响线

③横向影响线加载。横向影响线加载时，根据《公路桥涵设计通用规范》（JTG D60—2015）规定，汽车荷载的横向轮距为 1.8 m，两列汽车车轮的横向最小间距为 1.3 m，车轮中线距离人行道缘石最少为 0.5 m。加载原则：荷载尽量位于要加载的梁的附近或之上，若将汽车荷载布置于 3 号梁两侧，如图 2-4-14 所示。

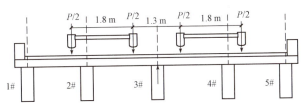

图 2-4-14　汽车荷载布置

④确定影响线上荷载坐标。汽车荷载施加方法如图 2-4-15 所示。

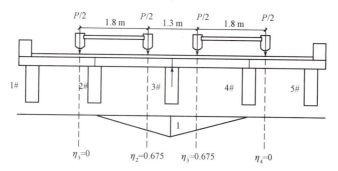

图 2-4-15　对应汽车荷载竖标值

此种情况确定汽车荷载横向分布系数为

$$m_{0q} = \frac{1}{2} \times (0.675 + 0.675) = 0.675$$

由此可知，3 号梁受到 67.5% 的轴重作用。

若将其中一个荷载作用于 3 号梁上，在满足距离要求的前提下，确定此种情况的横向分布系数如图 2-4-16 所示。

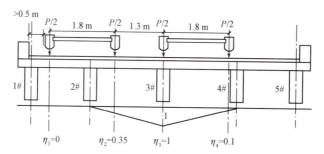

图 2-4-16　其中一个荷载作用于 3 号梁上汽车荷载竖标值

使用此种方法计算对应汽车荷载横向分布系数为

$$m_{0q} = \frac{1}{2} \times (0.35 + 1 + 0.1) = 0.725$$

由此可知，3 号梁受到最不利荷载作用情况应为 72.5% 的轴重作用。

【例 2.3】　如图 2-4-17 所示为一桥面净空为净 $-7\ m + 2 \times 0.75\ m$ 人行道的钢筋混凝土 T 形梁桥，共设 5 根主梁。试计算荷载位于支点处时 1 号梁、2 号梁、3 号梁相应于车辆荷载和人群荷载的横向分布系数。

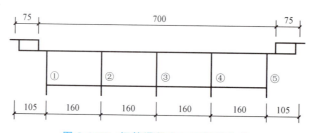

图 2-4-17　钢筋混凝土 T 形梁桥构造

解：(1)判断计算方法；(2)绘制 1 号梁、2 号梁和 3 号梁的荷载横向影响线；(3)在横向影响线上确定荷载沿横向最不利的布载位置；(4)计算横向分布系数。

车轮中线距离人行道缘石最少为 0.5 m。2 号梁作用时，必须要有荷载作用在横向影响线的峰值上，1 号梁的荷载分布情况对 2 号梁而言无荷载作用在峰值上，因此必须挪动荷载，将荷载移到峰值上即为图 2-4-18 情况。

$$m_{0q1}=\frac{0.875}{2}=0.438, \quad m_{0r1}=1.422$$

2 号梁的人行道荷载引起的是负反力，如果按负反力进行组合会减少 2 号梁的受力，所以 2 号梁人行道荷载的横向分布系数是 0。

$$m_{0q2}=\frac{1}{2}=0.5, \quad m_{0r2}=0$$

3 号梁的汽车荷载和人群荷载横向分布系数：

$$m_{0q3}=\frac{1+0.187\ 5}{2}=0.594, \quad m_{0r3}=0$$

(2)刚性横梁法。

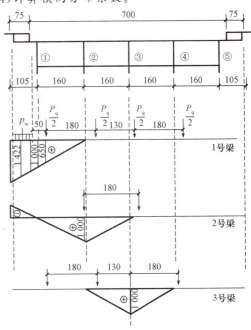

图 2-4-18　杠杆原理法计算横向分布系数

1)基本假定：横隔梁无限刚性。车辆荷载作用下，中间横隔梁像一根刚度无穷大的刚性梁一样，保持直线的形状，各主梁的变形类似于杆件偏心受压的情况。刚性横梁法又称为偏心压力法，其适用于具有可靠横向连接，且 $B/L \leqslant 0.5$（窄桥）。

中间横隔梁为刚度无穷大的刚性梁，保持直线状。各主梁对应的分项荷载分别为 w_1、w_2、w_3、w_4、w_5。在中间横隔梁刚度相当大的窄桥上，在沿横向偏心布置的活载作用下，总是靠近活载该主梁承担的荷载 w_1 最大(图 2-4-19)。

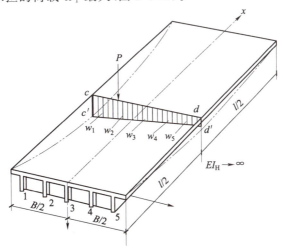

图 2-4-19　刚性横梁法简图

各主梁的变形(分配荷载)规律类似材料力学中杆件偏心受压时的截面应力分布情况。若桥面上作用一个偏心荷载,如图 2-4-20 所示。

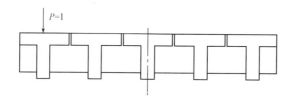

图 2-4-20　偏心荷载作用情况

对于横向刚度无穷大,横梁只发生转动变形,不发生挠曲,如图 2-4-21 所示。

横向刚度偏小时,横梁既要发生转动变形,也会产生挠曲变形,如图 2-4-22 所示。

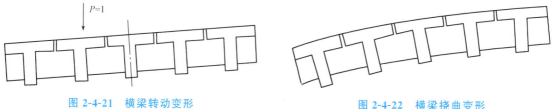

图 2-4-21　横梁转动变形　　　　　　　图 2-4-22　横梁挠曲变形

为此,刚性横梁法分为不考虑主梁抗扭刚度的偏心受压法和考虑主梁抗扭刚度的修正偏心受压法两种情况,这里仅介绍不考虑主梁抗扭刚度的偏心受压法计算过程。

2)不考虑主梁抗扭刚度的偏心受压法。作用一个偏心荷载 P,偏心距为 e,如图 2-4-23 所示。

图 2-4-23 可以等效为中心荷载 P 和扭矩 Pe 共同作用。

中心荷载 P 使得梁组均匀下沉,如图 2-4-24 所示。

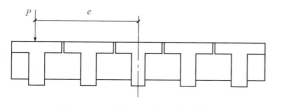

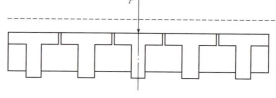

图 2-4-23　偏心距为 e 作用情况　　　　图 2-4-24　中心荷载 P 均匀下沉

扭矩 M_t 使梁绕轴心转动,如图 2-4-25 所示。

假定各主梁 I 不相等,分解为 $P=1$ 的中心荷载作用,两者叠加之后的结果偏心荷载可以用作用于桥轴线的中心荷载 $P=1$ 和偏心力矩 $M=1 \cdot e$ 来替代进行计算。

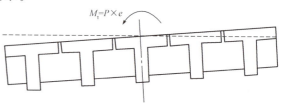

图 2-4-25　梁绕轴心转动

因此,刚性横梁法的计算应该包含两部分:一部分是中心荷载 $P=1$ 的作用;另一部分是偏心力矩 $M=1 \cdot e$ 的作用(图 2-4-26)。

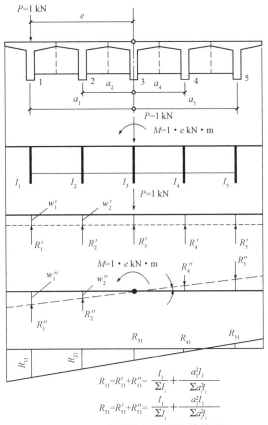

$$R_{11} = R'_{11} + R''_{11} = \frac{I_1}{\sum I_i} + \frac{a_1^2 I_1}{\sum a_i^2 I_i}$$

$$R_{51} = R'_{51} + R''_{51} = \frac{I_1}{\sum I_i} + \frac{a_1^2 I_1}{\sum a_i^2 I_i}$$

图 2-4-26　刚性横梁法的计算简图

①中心荷载 $P=1$ 的作用。各主梁产生同样的挠度：$\omega'_1 = \omega'_2 = \cdots = \omega'_n$。

简支梁跨中荷载与挠度的关系，如图 2-4-27 所示。

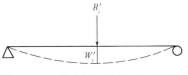

图 2-4-27　简支梁荷载与挠度关系图

$$\omega'_i = \frac{R'_i l^3}{48 E I_i}, \qquad R'_i = \alpha I_i \omega'_i$$

由静力平衡条件，得

$$\sum_{i=1}^{n} R'_i = \alpha \omega'_i \sum_{i=1}^{n} I_i = 1$$

因此，有 $\alpha \omega'_i = \dfrac{1}{\sum\limits_{i=1}^{n} I_i}$ ，又因 $R'_i = \alpha I_i \omega'_i$

因此，中心荷载 $P=1$ 在各主梁间的荷载分布为

$$R'_i = \frac{I_i}{\sum\limits_{i=1}^{n} I_i}$$

若各主梁的截面均相同，则

$$R'_1 = R'_2 = \cdots = R'_n = \frac{1}{n}$$

②偏心力矩 $M = 1 \cdot e$ 的作用。桥的横截面产生绕中心点的转角，各主梁产生的竖向挠度 $w''_i = a_i \tan\varphi$。

根据主梁的荷载挠度关系 $R''_i = \alpha I_i w''_i$。

则有 $R''_i = \alpha \tan\varphi a_i I_i$，令 $\beta = \alpha \tan\varphi$。

根据力矩平衡条件可得

$$\sum_{i=1}^{n} R''_i \cdot a_i = \beta \sum_{i=1}^{n} a_i^2 I_i = 1 \cdot e$$

则有

$$\beta = \frac{e}{\sum_{i=1}^{n} a_i^2 I_i}, \quad R''_i = \beta a_i I_i$$

若梁的截面相同，则

$$R''_{11} = \frac{a_1^2}{\sum_{i=1}^{n} a_i^2}$$

式中，R''_{11}，第一个脚标表示由于该荷载引起反力的梁号；第二个脚标表示荷载作用位置。

③偏心荷载 $P = 1$ 对各主梁的总作用。

设荷载位于 k 号梁上 $e = a_k$，则任意 1 号主梁荷载分布的一般公式为

$$R_{ik} = \frac{I_i}{\sum_{i=1}^{n} I_i} + \frac{a_i a_k I_i}{\sum_{i=1}^{n} a_i^2 I_i}$$

求 $P = 1$ 作用在 1 号梁上，边梁的荷载

$$R_{11} = \frac{I_1}{\sum_{i=1}^{n} I_i} + \frac{a_1^2 I_1}{\sum_{i=1}^{n} a_i^2 I_i}, \quad R_{51} = \frac{I_1}{\sum_{i=1}^{n} I_i} - \frac{a_1^2 I_1}{\sum_{i=1}^{n} a_i^2 I_i}$$

当多个荷载作用时，需要先计算荷载横向影响线，然后按最不利位置加载，求 m_{cq}、m_{cr}。

若各主梁截面尺寸相同按反力互等定律并引入符号 η（表示横向影响线纵坐标），$\eta_{ki} = R_{ki} = R_{ik}$。

1 号梁横向影响线的竖标：

$$\eta_{11} = R_{11} = \frac{I_1}{\sum_{i=1}^{n} I_i} + \frac{a_1^2 I_1}{\sum_{i=1}^{n} a_i^2 I_i}, \quad \eta_{15} = R_{51} = \frac{I_1}{\sum_{i=1}^{n} I_i} - \frac{a_1^2 I_1}{\sum_{i=1}^{n} a_i^2 I_i},$$

$$\eta_{11} = \frac{1}{n} + \frac{a_1^2}{\sum a_i^2}, \quad \eta_{15} = \frac{1}{n} - \frac{a_1^2}{\sum a_i^2}$$

有了荷载横向影响线，就可根据荷载沿横向的最不利位置计算相应的横向分布系数，再求得最大荷载。

【例 2.4】 计算跨径 $L=19.50$ m 的桥梁横截面如图 2-4-28 所示，试求荷载位于跨中时 1 号边梁在汽车荷载和人群荷载作用下的荷载横向分布系数。

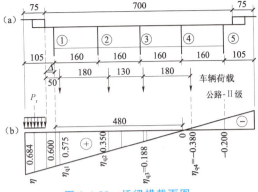

图 2-4-28　桥梁横截面图

解： (1)此桥在跨度内设有横隔梁，具有强大的横向连接刚性，且承重结构的长宽比为

$$\frac{l}{B}=\frac{19.50}{5\times 1.60}=2.4>2$$

故可按刚性横梁法来绘制横向影响线并计算横向分布系数。

(2)各根主梁的横截面均相等，梁数 $n=5$，梁间距为 1.60 m。

$$\sum_{i=1}^{5}a_i^2=a_1^2+a_2^2+a_3^2+a_4^2+a_5^2=(2\times 1.60)^2+1.60^2+0+(-1.60)^2+(-2\times 1.60)^2$$

$$=25.60(\text{m}^2)$$

(3)1 号梁在两个边主梁出的荷载横向影响线的竖标值为

$$\eta_{15}=\frac{1}{n}-\frac{a_1^2}{\displaystyle\sum_{i=1}^{n}a_i^2}=0.20-0.40=-0.20$$

(4)绘制 1 号梁横向影响线。

(5)确定汽车荷载的最不利位置。

(6)设零点至 1 号梁位的距离为 x：

$$\frac{x}{0.60}=\frac{4\times 1.60-x}{0.2}$$

解得 $x=4.80$ m。

设人行道缘石至 1 号梁轴线的距离为 Δ

$$\Delta=(7.00-4\times 1.60)/2=0.3(\text{m})$$

(7)1 号梁的活载横向分布系数可计算如下：

汽车荷载：

$$m_{cq}=\frac{1}{2}\sum \eta_q=\frac{1}{2}(\eta_{q1}+\eta_{q2}+\eta_{q3}+\eta_{q4})$$

$$=\frac{1}{2}\frac{\eta_{11}}{x}(x_{q1}+x_{q2}+x_{q3}+x_{q4})$$

$$=\frac{1}{2}\times\frac{0.60}{4.80}\times(4.60+2.80+1.50-0.30)$$

$$=0.538$$

人群荷载：

$$m_{cr}=\eta=\frac{\eta_{11}}{x}\cdot x_r=\frac{0.60}{4.80}\times\left(4.80+0.30+\frac{0.75}{2}\right)=0.684$$

求得 1 号梁的各种荷载横向分布系数后，就可得到各类荷载分布至该梁的最大荷载值。

3)考虑主梁抗扭刚度的修正偏心受压法。用偏压法计算 1 号梁荷载横向影响线坐标：

$$\eta_{1i} = \frac{I_1}{\sum\limits_{i=1}^{n} I_i} \pm \frac{ea_1 I_1}{\sum\limits_{i=1}^{n} a_i^2 I_i}$$

第一项由中心荷载 $P=1$ 引起，各主梁有挠度无转角，与主梁的抗扭无关；第二项由偏心力矩 $M = 1 \cdot e$ 引起，各主梁有挠度又有扭转，但公式中未计入主梁的抗扭作用，需对第二项进行修正。

考虑主梁抗扭刚度后任意 k 号梁的横向影响线竖标为

$$\eta_{ki} = \frac{I_k}{\sum\limits_{i=1}^{n} I_i} \pm \beta \frac{ea_k I_k}{\sum\limits_{i=1}^{n} a_i^2 I_i}$$

抗扭刚度系数为

$$\beta = \frac{1}{1 + \dfrac{Gl^2}{12E} \dfrac{\sum I_{Ti}}{\sum a_i^2 I_i}} < 1$$

β 与梁号无关，只取决于结构的几何尺寸和材料特性。

1 号梁的横向影响线竖标为

$$\eta_{1i} = \frac{I_1}{\sum\limits_{i=1}^{n} I_i} \pm \beta \frac{ea_1 I_1}{\sum\limits_{i=1}^{n} a_i^2 I_i}$$

简支梁桥，若主梁的截面相同，$I_i = I$，$I_{Ti} = I_T$，跨中荷载 $P = 1$ 作用在 1 号梁上，$e = a_1$，则

$$\eta_{11} = \frac{1}{n} + \beta \frac{a_1^2}{\sum\limits_{i=1}^{n} a_i^2}, \qquad \eta_{15} = \frac{1}{n} - \beta \frac{a_1^2}{\sum\limits_{i=1}^{n} a_i^2}$$

此时，有 $\beta = \dfrac{1}{1 + \dfrac{nl^2 G I_T}{12EI \sum a_i^2}}$。

比拟正交异性板法、横向铰接板法等为自学内容，这里不做介绍。重点掌握杠杆原理法和偏心受压法两种方法。

2. 主梁内力计算

(1)计算步骤：求横向分布系数 m；应用主梁内力影响线，将荷载乘 m 后，在纵向按最不利位置布载，求得主梁最大活载内力。

(2)计算方法：一般采用车道荷载进行计算，包含两种布载情况：一种是集中荷载布置情况 $S = (1 + \mu) \cdot \xi \cdot \sum m_i P_i y_i$；另一种是均布荷载布置情况。其中，均布荷载布载法还包含采用不变的 m_c 和支点截面剪力或靠近支点截面 Q（m 有变化），如图 2-4-29 所示。

公路桥梁的可变作用包括汽车荷载、人群荷载等几部分，求得可变作用的荷载横向分布系数后，就可以具体确定作用在一根主梁上的可变作用，然后用工程力学方法计算主梁的可

变作用效应。截面可变作用效应计算的一般计算公式为

$$S_汽 = (1+\mu) \cdot \xi \cdot (m_1 P_k y_k + m_2 q_k \Omega)$$

$$(2.4.1)$$

$$S_人 = m_2 q_人 \Omega \qquad (2.4.2)$$

式中　S——所求截面的弯矩或剪力；

　　　$(1+\mu)$——汽车荷载的冲击系数，按《公路桥涵设计通用规范》(JTG D60—2015)规定取值；

　　　ξ——多车道桥涵的汽车荷载横向折减系数，按《公路桥涵设计通用规范》(JTG D60—2015)规定取用；

　　　m_1——沿桥跨纵向与车道集中荷载 P_k 位置对应的荷载横向分布系数；

　　　m_2——沿桥跨纵向与车道均布荷载 q_k 所布置的影响线面积中心位置对应的荷载横向分布系数，一般可取跨中荷载横向分布系数 m_c；

　　　P_k——车道集中荷载标准值；

　　　q_k——车道均布荷载标准值；

　　　y_k——沿桥跨纵向与 P_k 位置对应的内力影响线最大坐标值；

　　　Ω——弯矩、剪力影响线面积。

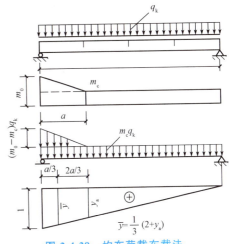

图 2-4-29　均布荷载布载法

利用式(2.4.1)和式(2.4.2)计算支点截面处的剪力或靠近支点截面的剪力时，还须计入由于荷载横向分布系数在梁端区段内发生变化所产生的影响，以支点截面为例，其计算公式为

$$Q_A = Q'_A + \Delta Q_A \qquad (2.4.3)$$

式中　Q'_A——由式(2.4.1)或式(2.4.2)按不变的 m_c 计算的内力值，即由均布荷载 $m_c q_k$ 计算的内力值；

　　　ΔQ_A——靠近支点处荷载横向分布系数变化而引起的内力增(或减)值。

ΔQ_A 的计算(图 2-4-30)如下：

对于车道均布荷载情况，在荷载横向分布系数变化区段内所产生的三角形荷载对内力的影响，可用式(2.4.4)计算：

$$\Delta Q_A = (1+\mu) \cdot \xi \cdot \frac{a}{2}(m_0 - m_c) \cdot q_k \cdot \overline{y}$$

$$(2.4.4)$$

对于人群均布荷载情况，在荷载横向分布系数变化区段内所产生的三角形荷载对内力的影响，可用式(2.4.5)计算：

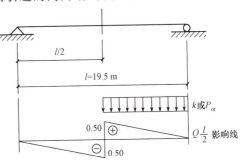

图 2-4-30　支点剪力力学计算模型

$$\Delta Q_A = \frac{a}{2}(m_0 - m_c) \cdot q_r \cdot \overline{y} \qquad (2.4.5)$$

式中　a——荷载横向分布系数 m 过渡段长度；

　　　q_r——侧人行道顺桥向每延米的人群荷载标准值；

　　　$\bar{y}$——m 变化区段附加三角形荷载重心位置对应的内力影响线坐标值。

式中其余符号意义同前。

下面通过一个计算实例来说明可变作用效应的计算方法。

【例 2.5】 以图 2-4-31 所示的标准跨径为 20 m 的五梁式装配式钢筋混凝土简支梁桥为实例，计算边主梁在公路－Ⅱ级和人群荷载作用下的跨中截面最大弯矩、最大剪力及支点截面的最大剪力。荷载横向分布系数可按表 2-4-4 中的备注栏参阅有关例题。

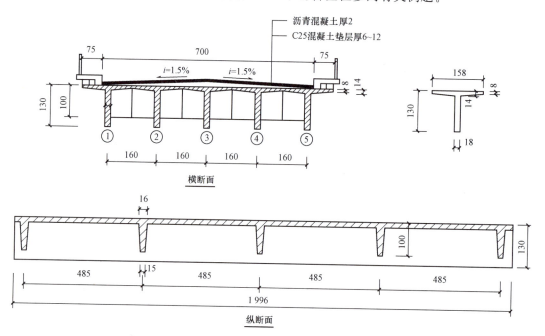

图 2-4-31　装配式钢筋混凝土简支梁桥一般构造(单位：cm)

解：(1)荷载横向分布系数汇总(表 2-4-4)。

表 2-4-4　荷载横向分布系数

梁号	荷载位置	公路－Ⅱ级	人群荷载	备注
边主梁	跨中 m_c	0.538	0.684	按"偏心压力法"计算
	支点 m_0	0.438	1.422	按"杠杆原理法"计算

(2)计算跨中截面车辆荷载引起的最大弯矩。

按式(2.4.1)计算，其中简支梁桥基频计算公式为 $f = \dfrac{\pi}{2l^2}\sqrt{\dfrac{EI_c}{m_c}}$，对于单根主梁：

混凝土弹性模量 E 取 3×10^{10} N/m²，主梁跨中截面的截面惯性矩 $I_c = 0.066\ 146$ m⁴，主梁跨中处的单位长度质量 $m_c = 0.995 \times 10^3$ kg/m。

$$f = \frac{\pi}{2l^2}\sqrt{\frac{EI_c}{m_c}}$$

$$= \frac{3.14}{2 \times 19.5^2} \times \sqrt{\frac{3 \times 10^{10} \times 0.066\,146}{0.995 \times 10^3}}$$

$$= 5.831(\mathrm{Hz})$$

根据冲击系数计算公式确定 $\mu = 0.176\,7\ln f - 0.015\,7 = 0.296$，$(1+\mu) = 1.296$，双车道不折减，$\xi = 1$，计算弯矩时，$P_k = 0.75 \times \left[180 + \dfrac{360-180}{50-5} \times (19.5-5)\right] = 178.5(\mathrm{kN})$，$q_k = 7.875\ \mathrm{kN/m}$，按跨中弯矩影响线，计算得出弯矩影响线面积为

$$\Omega = \frac{1}{8}l^2 = \frac{1}{8} \times 19.5^2 = 47.53(\mathrm{m}^2)$$

沿桥跨纵向与 P_k 位置对应的内力影响线最大坐标值 $y_k = \dfrac{l}{4} = 4.875$。

故得

$$M_{\frac{l}{2},\,q} = (1+\mu) \cdot \xi \cdot (m_1 P_k y_k + m_c \cdot q_k \cdot \Omega)$$

$$= 1.296 \times 1 \times (0.538 \times 178.5 \times 4.875 + 0.538 \times 7.875 \times 47.53)$$

$$= 867.72(\mathrm{kN} \cdot \mathrm{m})$$

(3)计算跨中截面人群荷载引起的最大弯矩

$$M_{\frac{l}{2},\,r} = m_{cr} \cdot q_r \cdot \Omega = 0.684 \times (3.0 \times 0.75) \times 47.53 = 73.15(\mathrm{kN} \cdot \mathrm{m})$$

(4)计算跨中截面车辆荷载引起的最大剪力。鉴于跨中剪力影响线的较大坐标位于跨中部分，可采用全跨统一的荷载横向分布系数 m_c 进行计算。

计算剪力时，$P_k = 1.2 \times 178.5 = 214.2(\mathrm{kN})$

影响线的面积

$$\Omega = \frac{1}{2} \times \frac{1}{2} \times 19.5 \times 0.5 = 2.438(\mathrm{m})$$

故得

$$Q_{\frac{l}{2},\,q} = 1.296 \times 1 \times (0.538 \times 214.2 \times 0.5 + 0.538 \times 7.875 \times 2.438)$$

$$= 88.07(\mathrm{kN})$$

(5)计算跨中截面人群荷载引起的最大剪力

$$Q_{\frac{l}{2},\,r} = m_c \cdot q_r \cdot \Omega$$

$$= 0.684 \times (3.0 \times 0.75) \times 2.438$$

$$= 3.75(\mathrm{kN})$$

(6)计算支点截面车辆荷载引起的最大剪力。绘制荷载横向分布系数沿桥跨方向的变化图和支点剪力影响线如图 2-4-32 所示。荷载横向分布系数变化区段的长度：$a = \dfrac{1}{2} \times 19.5 - 4.85 = 4.9(\mathrm{m})$。

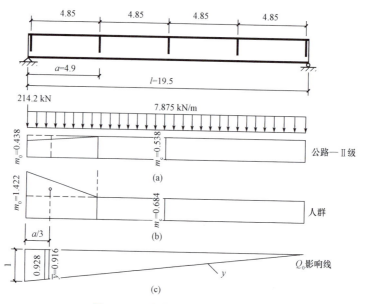

图 2-4-32 支点剪力力学计算模型

对应于支点剪力影响线的最不利车道荷载布置和荷载的横向分布系数图如图 2-4-32 所示。m 变化区段内附加三角形荷载重心处的剪力影响线坐标 $\overline{y}=1 \times \left(19.5-\dfrac{1}{3} \times 4.9\right)/$ 19.5＝0.916，影响线面积 $\Omega=\dfrac{1}{2} \times 19.5 \times 1=9.75(\text{m})$。因此，按式(2.4.1)计算，则得

$$
\begin{aligned}
Q'_{0q} &= (1+\mu) \cdot \xi \cdot (m_1 P_k y_k + m_c q_k \Omega) \\
&= 1.296 \times 1 \times (0.438 \times 214.2 \times 1.0 + 0.538 \times 7.875 \times 9.75) \\
&= 175.13(\text{kN})
\end{aligned}
$$

附加剪力由式(2.4.4)计算：

$$
\begin{aligned}
\Delta Q'_{0q} &= (1+\mu) \cdot \xi \cdot \frac{a}{2}(m_0 - m_c) \cdot q_k \cdot \overline{y} \\
&= 1.296 \times 1 \times (0.438 - 0.538) \times 7.875 \times 0.916 \times 4.9/2 \\
&= -2.29(\text{kN})
\end{aligned}
$$

由式(2.4.3)，公路—Ⅱ级作用下，边主梁支点的最大剪力为

$$
Q_{0q} = Q'_{0q} + \Delta Q_{0q} = 175.13 - 2.29 = 172.84(\text{kN})
$$

(7)计算支点截面人群荷载引起的最大剪力。由式(2.4.2)和式(2.4.5)可得人群荷载引起的支点剪力为

$$
\begin{aligned}
Q_{0r} &= m_c \cdot q_r \cdot \Omega + \frac{a}{2}(m_0 - m_c) q_r \cdot \overline{y} \\
&= 0.684 \times (3.0 \times 0.75) \times 9.75 + \frac{1}{2} \times 4.9 \times \\
&\quad (1.422 - 0.684) \times (3.0 \times 0.75) \times 0.916 \\
&= 18.73(\text{kN})
\end{aligned}
$$

三、横隔梁内力计算

(一)横梁的作用与受力特点

(1)横梁的作用：加强结构的横向联系，保证全结构的整体性。

(2)受力特点：横隔梁受力接近于弹性地基梁；中横隔梁受力最大，故可偏安全地依据中横隔梁的弯矩和剪力进行配筋与强度验算；用偏心压力法(或刚性横梁法)计算横隔梁内力。

(二)横隔梁内力影响线(横向)

(1)力学模型：将桥梁的中横隔梁近似地视作竖向支承在多根弹性主梁上的多跨弹性支承连续梁，如图 2-4-33 所示。

(2)计算原理：在单位荷载 $P=1$ 作用下，任意截面 r 的内力。

荷载 $P=1$，在 r 的左侧：

$$M_r = R_1 \cdot b_1 + R_2 \cdot b_2 - 1 \cdot e = \sum^{左} R_i b_i - e \left.\right\}$$

$$Q_r = R_1 + R_2 - 1 = \sum^{左} R_i - 1 \left.\right\}$$

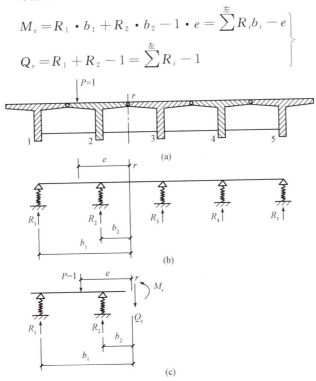

图 2-4-33　横隔梁计算图示

荷载 $P=1$，在 r 的右侧：

$$M_r = R_1 \cdot b_1 + R_2 \cdot b_2 = \sum^{右} R_i b_i \left.\right\}$$

$$Q_r = R_1 + R_2 = \sum^{右} R_i \left.\right\}$$

横向最不利加载，如图 2-4-34 所示。

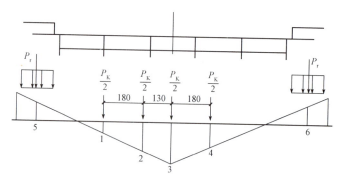

图 2-4-34 横向最不利加载图

根据桥面宽度，确定横隔梁在汽车荷载或人群荷载作用下的内力影响系数为

$$\eta_1 + \eta_2 + \cdots + \eta_n = \sum \eta$$

(三)作用在横隔梁上的计算荷载(纵向)

使用杠杆原理法求得影响线，加载汽车荷载或人群荷载求截面内力，如图 2-4-35 所示。

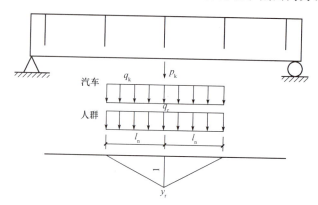

图 2-4-35 杠杆原理法求得影响线加载

纵向一列汽车车道荷载轮重分布给该横隔梁的计算荷载为

$$P_{0q} = \frac{1}{2}(q_k\Omega + P_k y_1) = \frac{1}{2}q_k l_a + \frac{1}{2}P_k y_1$$

人群：$P_{0r} = q_r l_a = q_r\Omega$

(四)横隔梁内力计算

用上述的计算荷载在横隔梁某截面的内力影响线上按最不利位置加载，就可求得横隔梁在该截面上的最大(或最小)内力值：

$$S = (1+\mu) \cdot \xi \cdot P_{0q} \sum \eta$$

汽车荷载计冲击和车道折减，横隔梁与普通的连续梁一样，在其跨中位置承受最大正弯矩，支点截面存在负弯矩和较大的剪力。因此，设计时应计算弯矩和剪力，横梁的自重与活载相比较小，一般可忽略。

四、挠度、预拱度的计算

一座桥梁如果发生过大的变形就会出现裂缝,裂缝的出现首先会给人一种不安全的感觉,它不但会导致行车困难而且容易使桥面铺装层和结构的辅助设备遭致损坏,严重者甚至危及桥梁的安全。

因此,必须计算梁的变形来确保结构具有足够的刚度。其中,梁的变形是指构件的竖向挠度。

桥梁挠度按产生的原因分为以下两部分内容:

(1)恒载挠度:不表征结构的刚度特性,可通过施工时预设的反向挠度或称预拱度来加以抵消,使竣工后的桥梁达到理想的线型。

(2)活载挠度:使梁引起反复变形,变形的幅度(挠度)越大,可能发生的冲击和振动作用也越强烈,对行车的影响也越大。

在桥梁设计中需要通过验算活载挠度来体现结构的刚度特性。

(一)挠度

《公路桥涵设计通用规范》(JTG D60—2015)规定,对于钢筋混凝土及预应力混凝土梁式桥,用可变荷载频遇值计算的上部结构长期的跨中最大竖向挠度,不应超过 $l/600$,l 为计算跨径;对于悬臂体系,悬臂端点的挠度不应超过 $l'/300$,l' 为悬臂长度。此挠度为不计冲击力时的值。

钢筋混凝土梁桥的变形计算公式为

$$f_c = \eta_\theta \cdot \frac{5}{48} \cdot \frac{M_s l^2}{B}$$

式中　η_θ——挠度长期增长系数,当采用 C40 以下混凝土时,取为 1.60;当采用 C40～C80 混凝土时,取为 1.45～1.35,中间强度等级可按直线内插取用,计算预应力混凝土简支梁预加力反拱值时,取为 2.0。

钢筋混凝土构件的刚度计算公式为

$$B = \frac{B_0}{\left(\dfrac{M_{cr}}{M_s}\right) + \left[\left(1 - \dfrac{M_{cr}}{M_s}\right)^2\right]\dfrac{B_0}{B_{cr}}}$$

式中,$B_0 = 0.95E_c I_0$;$B_{cr} = E_c I_{cr}$;$M_{cr} = \gamma f_{tk} W_0$;$\gamma = \dfrac{2S_0}{W_0}$。

预应力混凝土构件的刚度计算应分为全预应力混凝土和 A 类预应力混凝土构件 $B = 0.95E_c I_0$,允许开裂的 B 类预应力混凝土构件 $M_{cr} = (\sigma_{pc} + \gamma f_{tk})W_0$。

(二)预拱度

预拱度是指跨中的反向挠度,为了消除恒载挠度而设置。其值取等于全部恒载和一半可变荷载频遇值所产生的竖向挠度值。跨中预拱度的计算公式为

$$\Delta = -\left(f_g + \frac{1}{2}f\right)$$

预拱度的要求应从以下两个方面考虑:

(1)钢筋混凝土受弯构件:当由荷载短期效应组合并考虑荷载长期效应影响产生的长期

挠度不超过计算跨径的 $l/1\ 600$ 时，可不设预拱度。

（2）预应力混凝土受弯构件：

1）当预加应力产生的长期反拱值大于按荷载短期效应组合计算的长期挠度时，可不设预拱度；

2）当预加应力的长期反拱值小于按荷载短期效应组合计算的长期挠度时应设预拱度，其值应按该项荷载的挠度值与预加应力长期反拱值之差采用。

课后思考题

1. 计算图 2-4-36 所示 T 形梁翼板所构成铰接悬臂板的设计内力。桥面铺装为 20 mm 厚的沥青混凝土面层（重度为 23 kN/m^3）和平均厚 90 mm 的 C25 混凝土面层（重度为 24 kN/m^3）。T 形梁翼板钢筋混凝土的重度为 25 kN/m^3。

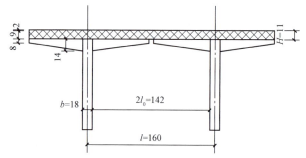

图 2-4-36 铰接悬臂行车道板（单位：cm）

2. 图 2-4-37 所示为一桥面宽度为净 $9+2\times1.5$ m 人行道的钢筋混凝土 T 形梁桥，共设 5 根主梁。试求荷载位于支点处时 1 号和 2 号主梁相应于汽车荷载与人群荷载的横向分布系数。

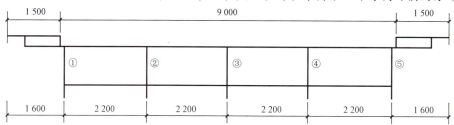

图 2-4-37 钢筋混凝土 T 形梁桥

任务五　梁桥支座

任务描述

为某梁桥选择合适的支座类型，并确定合理的支座布置。

梁桥支座概述

一、常用支座的定义、作用及类型

(一)支座的定义

桥梁支座是连接桥梁上部结构和下部结构的重要结构部件，位于桥梁和垫石之间，它能将桥梁上部结构承受的荷载和变形(位移和转角)可靠地传递给桥梁下部结构，是桥梁的重要传力装置。

(二)支座的作用

(1)传递上部结构支承反力；

(2)保证结构满足设计所要求的变形。

(三)支座的类型

1. 简易支座

为了防止墩台顶部前缘与上部结构相抵，通常应将墩台顶部的前缘削成斜角，并且最好在板或梁端底部及墩台顶部内增设 $1\sim2$ 层钢筋网予以加强。

(1)适用环境：铁路：$l_b<4\sim5$ m；公路：$l_b<10$ m。

(2)构造：几层油毛毡或石棉($h\geqslant1$ cm)。

(3)特点：构造简单，变形性能差。

2. 橡胶支座

橡胶支座具有构造简单、加工方便、造价低、结构高度小、安装方便、使用性能良好等优点。另外，它能方便地适应任意方向的变形，故特别适用于宽桥、曲线桥和斜交桥。橡胶的弹性还能削减上、下部结构所受的动力作用，对抗震十分有利。在当前，橡胶支座已经得到了越来越广泛的使用。

根据前面介绍的橡胶支座的类型，还包括板式橡胶支座、聚四氟乙烯滑板式橡胶支座、球冠圆板式橡胶支座和盆式橡胶支座四类，从这四个方面分别进行介绍。

(1)板式橡胶支座。

1)适用条件：30 m 以下中、小桥梁最常用的支座形式之一，主要用于混凝土梁。

2)活动机理：不均匀压缩实现转角 θ 变位；剪切变形实现水平位移 Δ。

目前常用的板式橡胶支座，根据材料可以选用三种橡胶支座的形式，分别为氯丁橡胶(适用于 $t\geqslant-25$ ℃的地区)、天然胶和三元乙丙胶(适宜温度为 $-45\sim+60$ ℃)。

根据有无加劲层又包含无加劲层的纯橡胶支座，即之前介绍的板式橡胶支座形式，只有一层纯橡胶，承载能力小，只用于小跨径桥；有加劲层的板式橡胶支座，支承反力 $100\sim10\,000$ kN，平面尺寸为 12×14、14×18、15×20 (cm²)等，厚度为 14 mm(两层钢 $2.5\times2+5+2\times2$)开始；形状为矩形、圆形(斜桥或圆柱形墩)。

(2)聚四氟乙烯滑板式橡胶支座。聚四氟乙烯滑板式橡胶支座是于普通板式橡胶支座上按照支座尺寸大小黏附一层厚为 $1.5\sim4$ mm 的聚四氟乙烯板而成。

（3）聚四氟乙烯滑板式橡胶支座。除具有普通板式橡胶支座的优点外，还能利用聚四氟乙烯板与梁底不锈钢钢板之间的低摩擦系数，使桥梁上部构造的水平位移不受限制。

1）构造：普通板式橡胶支座＋聚四氟乙烯板（2～4 mm）梁底设不锈钢钢板。

2）适用：较大跨度简支梁桥、桥面连续的桥梁和连续梁桥；顶推施工滑板。

（4）球冠圆板式橡胶支座。

1）构造：球冠圆板式橡胶支座是一种改进后的圆形板式支座，其中间层橡胶和钢板布置与圆形板式橡胶支座完全相同，而在支座顶面用纯橡胶制成的球形表面，球面中心橡胶最大厚度为4～10 mm。

2）适用：球冠圆板橡胶支座传力均匀，可明显改善或避免支座底面产生偏压、脱空等不良现象，特别适用于纵横坡度较大（3%～5%）的立交桥及高架桥。

（5）盆式橡胶支座。

1）构造组成：由上下支座板、密封胶圈、四氟滑板、中间支座板、密封环、橡胶块等组成。

2）活动机理：利用设置在其中的橡胶块达到对上部结构具有承压和转动的功能，利用聚四氟乙烯板和不锈钢钢板之间的平面滑动来适应桥梁的水平位移要求。

3）类型：固定支座、多向活动支座和单向活动支座。

（6）板式橡胶支座的特点如下：

1）橡胶处于有侧限受压状态承载能力高（1 000～50 000 kN）。

2）聚四氟乙烯板和不锈钢钢板之间摩擦系数小水平位移量大（＋40～＋250 mm）。

3）转动灵活（40′）特别适用于大跨径桥梁。

3. 特殊功能的支座

另外，针对特殊功能还设计出具有特殊功能支座的形式。

（1）球形钢支座。

1）构造：由上下支座滑板、不锈钢位移板、聚四氟乙烯滑板（平面、球面各一块）等部件组成。

2）适用：具有受力均匀、转动量大，特别适用于曲线桥和宽桥，由于球形钢支座不再使用橡胶承压、不存在橡胶变硬或老化等不良影响，因此也特别适用于低温地区。

目前，球形支座已在国内独柱支承连续弯板结构、独柱支承的连续弯箱梁结构及大跨度斜拉桥中获得广泛应用。

（2）拉力支座。

1）构造：板式支座的基础上设置拉力螺栓，将支座顶板和下滑板连接在一起，支座下滑板和底板及锚固加板之间设不锈钢钢板和聚四氟乙烯滑板，以便支座可以纵向滑动。

2）适用：拉力较小的连续梁桥、悬臂梁桥、斜桥、宽悬臂翼缘箱梁桥及小半径曲线桥。

（3）抗震支座。

1）构造作用：将结构或部件与可能引起破坏的地震底面运动分离开来，以大大减小传递到上部结构的地震力和能量。

2）类型：减隔震支座、抗震型球形钢支座、铅芯橡胶支座、高阻尼橡胶支座。

二、支座的布置

(一)支座布置的原则

梁桥支座的布置应符合梁桥的结构形式和荷载特点。不同类型的梁桥，其支座布置方式也不同。例如，简支梁桥的支座布置应该在梁的两端，而连续梁桥的支座布置应该在梁的中间和两端。另外，梁桥的荷载特点也会影响支座的布置。如果梁桥承受的是动态荷载，支座的布置应该更加密集，以保证梁桥的稳定性。

梁桥支座的布置应考虑地基的承载能力和稳定性。梁桥的支座是直接承载梁桥荷载的部分，因此，支座的布置必须考虑地基的承载能力和稳定性。如果地基承载能力不足，支座的布置应该更加密集，以减小单个支座的荷载；如果地基不稳定，支座的布置应该更加均匀，以保证梁桥的稳定性。

梁桥支座的布置应考虑施工和维护的便利性。梁桥支座的布置应该尽可能简单，以便施工和维护。例如，支座的布置应该避免在梁桥的拱顶或斜拉索的位置，以免影响施工和维护。另外，支座的布置应该考虑支座的维护和更换，以便在需要时进行维护和更换。

梁桥支座的布置要求非常重要，它直接关系到梁桥的稳定性和安全性。在梁桥设计和施工中，应根据梁桥的结构形式和荷载特点、地基的承载能力和稳定性，以及施工和维护的便利性等因素，合理布置梁桥支座，以保证梁桥的稳定性和安全性。

桥梁支座的布置主要与桥梁的结构形式有关。通常，在布置支座时需要考虑以下基本原则：

(1)上部结构是空间结构时，支座应能同时适应桥梁顺桥向(x方向)和横桥向(y方向)的变形；

(2)支座必须能可靠地传递垂直和水平反力；

(3)支座应使由于梁体变形所产生的纵向位移、横向位移和纵、横向转角应尽可能不受约束；

(4)铁路桥梁通常必须在每联梁体上设置一个固定支座；

(5)当桥梁位于坡道上，固定支座一般应设置在下坡方向的桥台上；

(6)当桥梁位于平坡上，固定支座宜设置在主要行车方向的前端桥台上；

(7)固定支座宜设置在具有较大支座反力的地方；

(8)在同一桥墩上的几个支座应具有相近的转动刚度；

(9)连续梁可能发生支座沉陷时，应考虑制作高度调整的可能性。

总之，桥梁支座的布置原则是既要便于传递支座反力，又要使支座能充分适应梁体的自由变形。

(二)支座布置的形式

前面介绍了支座的类型，再来了解支座的布置情况。

(1)坡桥。

1)适用：宜将固定支座布置在高程低的墩台上。

2)构造：为避免桥跨下滑，影响车辆行驶，在设置支座的梁底面增设局部的楔形构造。

（2）简支梁桥。对于简支梁桥，宜布置一个固定支座、一个活动支座；对于多跨简支梁，一般将固定支座布置在桥台上。

（3）连续梁桥及桥面连续的简支梁桥。连续梁桥一般在每联上设置一个固定支座，并宜将固定支座设置在靠近温度中心，以使全梁的纵向变形分散在梁的两端，其余墩台上均设置活动支座。

（4）悬臂梁桥。悬臂梁桥的锚固孔一侧布置固定支座，一侧布置活动支座，其连接应用挂梁，挂孔支座布置与简支梁相同。

三、支座的计算与选择

在进行桥梁支座的设计时，首先必须求得每个支座上所承受的竖向力和水平力及需适应的位移和转角。然后，据此选定支座的各部尺寸并进行强度、稳定等各项验算。

(一)支座反力的确定

（1）竖向力：作用于支座上的竖向力有结构重力产生的反力、活载的支点反力及其他影响力。当支座可能会出现上拔力（负反力）时，应分别计算支座的最大竖向力和最大上拔力。

（2）水平力：作用于支座上的水平力包括纵向水平力和横向水平力。正交桥的支座一般仅需计算纵向水平力。对斜桥和弯桥，还需要计算离心力或风力所产生的横向水平力；对铁路桥梁，还需要计算由列车横向摇摆力所产生的横向水平力。

支座上的纵向水平力包括由列车或汽车荷载的制动力（牵引力）、风力、支座摩阻力或温度变化、支座变形所引起的水平力及其他原因（如桥梁纵坡）产生的水平力。

(二)板式橡胶支座的设计计算

1. 确定支座的平面尺寸

对橡胶板：

$$\sigma = \frac{N}{A} = \frac{N}{a \times b} \leqslant [\sigma_j]$$

式中　$[\sigma_j]$——平均容许压应力，$S > 8$ 时，$[\sigma_j] = 10\ 000\ \text{kPa}$；$5 \leqslant S \leqslant 8$ 时，$[\sigma_j] = 7\ 000 \sim 9\ 000\ \text{kPa}$。

支座形状系数：$S = \dfrac{ab}{2t(a+b)}$（矩形）；$S = \dfrac{d}{4t}$（圆形）。

2. 确定支座的厚度

支座厚度 h = 橡胶片总厚度 $\sum t$ + 薄钢板总厚（关键在于 $\sum t$），已知纵向水平位移，则

$$\tan\gamma = \frac{\Delta}{\sum t} \leqslant [\tan\gamma], \quad \sum t \geqslant 2\Delta_g$$

$$\left. \begin{aligned} \sum t &\geqslant 1.43(\Delta_g + \Delta_p) \\[2mm] \Delta_g &= \sum t \cdot \gamma_T = \sum t \frac{\tau_T}{G'} = \frac{H_T \sum t}{2G \cdot ab} \end{aligned} \right\}$$

$$\sum t \geqslant 2\Delta_g$$

$$\sum t \geqslant \frac{\Delta_g}{0.7 - \dfrac{H_T}{2G \cdot ab}}$$

同时,考虑工作稳定性:$\sum t \leqslant 0.2a$。

$[\tan\gamma]$为橡胶片容许剪切角的正切,可取用 $0.5 \sim 0.7$,不计活载制动力时用 0.5;计及活载制动力时取用 0.7,则上式可写成 $\sum t \geqslant 2\Delta_g$;$\sum t \geqslant 1.43(\Delta_g + \Delta_p)$。

Δ_D 由上部结构温度变化、桥面纵坡等因素,引起支座顶面相对于底面的水平位移。当跨径为 L 的简支梁桥两端采用等厚橡胶支座时,因温度变化每个支座承担的水平位移可取简支梁向温度变形的一半,即 $\Delta_D = 0.5\alpha \cdot \Delta_t \cdot l$。

Δ_t 由制动力引起在支座顶面相对于底面的水平位移,可按下式计算:

$$\Delta_t = \frac{H_T \sum t}{2GA}$$

式中　H_T——活载制动力在一个支座上的水平力;

　　　　G——橡胶的剪切模量;

　　　　A——橡胶支座的面积。

3. 验算支座的偏转情况

$$\delta = \frac{1}{2}(\delta_1 + \delta_2) = \frac{R_{ck} \sum t}{E_e ab} + \frac{R_{ck} \sum t}{E_b ab}, \qquad \theta = \frac{1}{a}(\delta_1 - \delta_2)$$

$$\xrightarrow{\delta_1 \geqslant 0} \delta = \frac{R_{ck} \sum t}{E_e ab} + \frac{R_{ck} \sum t}{E_b ab} \geqslant \frac{a\theta}{2}$$

式中　E_e、E_b——支座抗压弹性模量、橡胶弹性体体积模量。

《公路桥涵设计通用规范》(JTG D60—2015)规定:

$$\delta \leqslant 0.07 \sum t$$

4. 验算支座的抗滑移稳定性

橡胶支座一般直接搁置在墩台与梁底之间,在它受到梁体传来的水平力后,应保证支座不滑动,也即支座与混凝土之间要有足够大的摩阻力来抵抗水平力,故应满足下式:

不计入汽车制动力时:

$$\mu N_G \geqslant 1.4Gab \frac{\Delta_g}{\sum t}$$

计入汽车制动力时:

$$\mu(N_G + N_{p,\ min}) \geqslant 1.4Gab \frac{\Delta_g}{\sum t} + H_T$$

(三)支座的选用

GJZ300×400×47(CR):公路桥梁矩形、平面尺寸为 $300\ mm \times 400\ mm$,厚度为

47 mm 的氯丁橡胶支座。

GYZF4300×54(NR)：公路桥梁圆形、直径为 300 mm，厚度为 54 mm，带聚四氟乙烯滑板的天然橡胶支座。

盆式橡胶支座的类型如下：

(1)GPZ：我国中交公路规划设计院设计。

(2)TPZ-1：铁道部科学研究院设计。

(3)DX、SX、GD：表示单向、双向滑动支座及固定支座。

(4)GDZ：表示抗震型固定支座代号。

支座承载力大小的选择，应根据桥梁恒载、活载的支点反力之和及墩台上设置的支座数目来计算。

合适的盆式橡胶支座：最大反力不超过支座容许承载力的 5%，最小反力不低于容许承载力的 80%。规定最小反力的目的是保证支座具有良好的滑移性能，因为聚四氟乙烯板的摩擦系数与压力成反比，如果低于规定的数值，则摩擦系数将会增大。

支座选配时，一般不必过多担心支座的安全储备，例如，计算得到一个支座的最大反力为 4 100 kN，最小反力为 3 700 kN，那就选用承载力为 4 000 kN 的支座，这是因为 4 000 kN 支座的允许支反力变化范围是 3 200～4 200 kN，不要从更安全的角度考虑加大支座的承载力而选用 5 000 kN 的支座。因为 5 000 kN 支座最低合适的承载力是 4 000 kN，而最小支反力 3 700 kN 已小于此值，故不适宜选用。虽然规定最大反力不超过容许承载力的 5%，但支座实际的安全系数一般在 4 以上。

课后思考题

1. 支座的类型有哪些？
2. 支座布置的形式有哪些？

项目三

桥梁墩台

知识目标

1. 熟知桥梁墩台的组成及桥梁墩台的构造要求。
2. 掌握桥梁墩台的作用及其组合，并能够进行校核验算。

技能目标

1. 根据桥梁墩台的构造要求，能够理解不同桥梁墩台类型的适用情况。
2. 掌握桥梁墩台的作用及其作用组合，并能够进行基底压应力、偏心距和稳定性的验算。

素质目标

1. 通过理解桥梁墩台的组成及构造要求，感悟桥梁墩台建设与文化的交融，坚定文化自信，巩固专业思想，增强民族自豪感。
2. 结合高校课程思政的建设目标和要求，授课过程中强调学生的岗位职业道德和伦理道德的树立，要求学生熟悉并严格遵循桥梁设计、建设和使用中的道德责任，具有理论联系实际、实事求是的工作作风和科学严谨的工作态度。
3. 通过桥梁墩台设计方面知识的扩展学习，培养学生追求卓越的精神和刻苦务实的精神；立足学科与行业领域，从而成为具有国际视野、家国情怀、使命担当的社会主义接班人。

任务一　桥梁墩台构造

任务描述

设计桥梁墩台，选择合适的桥墩和桥台类型。

桥梁墩台构造

一、概述

桥梁墩台是桥梁结构的重要组成部分，它决定着桥跨结构在平面上和高程上的位置，承担着桥梁上部结构产生的荷载，并将荷载有效地传递给地基基础，起着承上启下的作用。

（1）桥墩——支承着相邻的两孔桥跨，居于全桥的中间部位。

（2）桥台——居于全桥的两端，它的前端支承着桥跨，后端与路基衔接，支挡台后路基填土并将桥跨与路基连接起来。

（一）组成

桥梁墩台承受的荷载由墩（台）帽、墩（台）身和基础组成，如图 3-1-1 所示。

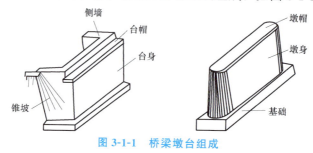

图 3-1-1　桥梁墩台组成

（二）承受的荷载

桥梁墩台承受的荷载包括上部结构传过来的竖向力、水平力和弯矩，以及地震作用、风荷载、流水压力等，如图 3-1-2 所示。

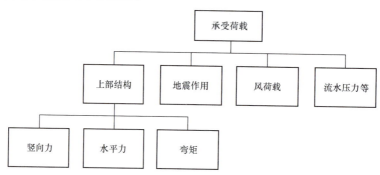

图 3-1-2　桥梁墩台承受的荷载

（三）分类

1. 按受力分

根据受力情况不同，桥梁墩台可分为刚性墩、柔性墩。

墩台的刚度是由墩台身刚度和支座的刚度合成的，一般在重力式墩台等刚度较大的墩台设置固定支座时，因其变形很小，可视为刚性墩台，余者均应按柔性墩台考虑。

多跨桥的两端设置刚性较大的桥台，中墩均为柔性墩，即墩体的整体刚度很小，在墩顶水平推力的作用下发生较大的水平位移。其优点是由于桥墩的水平推力是按各墩的刚度分配的，故分配到每个柔性墩上的水平推力很小。

2. 按构造分

按构造不同，桥墩可分为重力墩、空心墩、柱式墩和薄壁墩等，如图 3-1-3 所示。

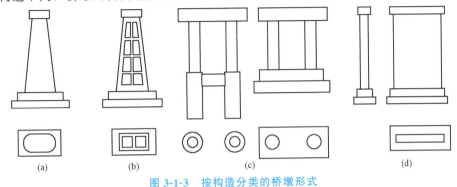

图 3-1-3　按构造分类的桥墩形式

(a)重力墩；(b)空心墩；(c)柱式墩；(d)薄壁墩

3. 按截面形式分

按截面形式不同，桥墩可分为矩形墩、圆形墩、圆端形墩和尖端形墩，如图 3-1-4 所示。

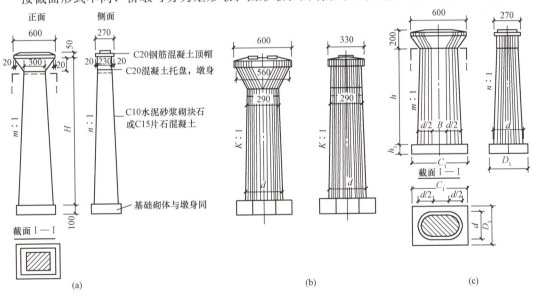

图 3-1-4　按截面形式分类的桥墩

(a)矩形墩；(b)圆形墩；(c)圆端形墩

二、桥墩构造

(一)实体重力式桥墩

实体重力式桥墩一般为采用混凝土或石砌的实体结构。墩身上设墩帽，下接基础。其特点是充分利用砌体材料的抗压性能，借自身的较大截面尺寸和质量承受竖直方向与水平方向的外力，具有坚固耐久、施工简易、取材方便、节约钢材等优点；缺点是砌体量大、外形粗大笨重，减少桥下有效孔径，增大地基负荷；当桥墩较高，地基承载力较低时尤为不利。重力式桥墩多采用简单的流线形截面形状，如圆端墩、尖端墩、圆角形墩等，以便桥下水流顺畅地绕过桥墩，减少阻水及墩旁冲刷。当水流方向变化不定或与桥梁斜交时，宜采用圆形墩。对受流冰影响的桥墩，应在上游端设破冰棱。非城市的旱桥及不受水流影响的桥墩，则宜采用便于施工的矩形截面。

重力式桥墩的构造主要是从墩帽、墩身和基础三个部分进行介绍。

1. 墩帽

墩帽是直接支承桥跨结构，应力较集中，因此，对大跨径的重力式桥墩，墩帽厚度一般不小于 0.4 m，中小跨梁桥也不应小于 0.3 m，并设有 50～100 mm 的檐口，如图 3-1-5 所示。

支座下墩帽内应布置一层或多层加强钢筋网，其平面分布范围取支座支承垫板面积的两倍，钢筋直径为 8～12 mm，网格间距为 50～100 mm（图 3-1-6）。

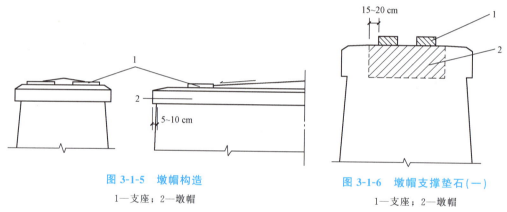

图 3-1-5　墩帽构造
1—支座；2—墩帽

图 3-1-6　墩帽支撑垫石(一)
1—支座；2—墩帽

墩帽的宽度可分为顺桥向和横桥向两个方向。

(1)顺桥向墩帽最小宽度 b [图 3-1-7(a)]。

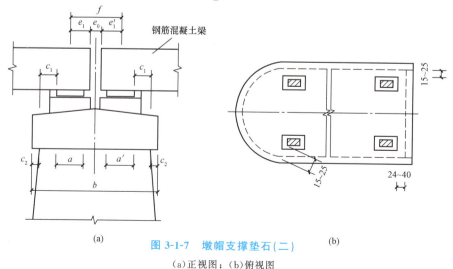

(a)　　　图 3-1-7　墩帽支撑垫石(二)　　　(b)

(a)正视图；(b)俯视图

$$b \geqslant f + \frac{a}{2} + \frac{a'}{2} + 2c_1 + 2c_2$$

式中　f——相邻两跨支座间的中心距。

$$f = e_0 + e_1 + e'_1 \geqslant \frac{a}{2} + \frac{a'}{2}$$

式中　e_0——伸缩缝宽，中小桥为 2～5 cm，大跨径桥梁可按温度变化及施工放样、安装构件可能出现的误差等决定；

　　a，a'——支座垫板顺桥向宽度；

　　c_1——出檐宽度，一般为 5～10 cm；

　　c_2——支座边缘到墩身边缘的距离，其值按表 3-1-1 规定的数值采用。

表 3-1-1　支座到台、墩身边的最小距离　　　　　　　　　cm

桥向 跨径	顺桥向	横桥向	
		圆弧形端头(自支座边角量起)	矩形端头
大桥	25	25	40
中桥	20	20	30
小桥	15	15	20

（2）横桥向墩帽最小宽度 B。

①T 形梁（图 3-1-8）。

B = 桥跨结构两外侧主梁中心距（B_1）+ 支座底板横向宽度（a_1）+ $2c_2$ + $2c_1$

②箱形梁（图 3-1-9）。

$$B = B_1（两边支座中心距）+ a_1 + 2c_1 + 2c_2$$

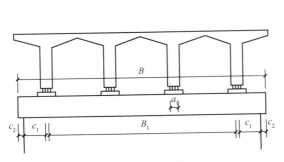

图 3-1-8　T 形梁

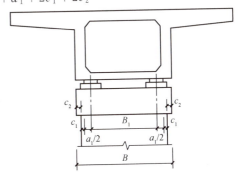

图 3-1-9　箱形梁

墩帽一般要用 C20 以上的混凝土浇筑，加配构造钢筋，小跨径桥非严寒地区可不设构造钢筋。构造钢筋直径一般取 8～12 mm，采用间距为 20 cm 左右的网格布置。支座下墩帽内应布置一层或多层加强钢筋网，其平面分布范围取支座支承垫板面积的两倍，钢筋直径为 8～12 mm，网格间距为 5～10 cm，墩帽钢筋布置如图 3-1-10 所示。对于小桥，也可用 M5 以上砂浆砌 MU25 以上料石做墩帽。

当桥面的横向排水坡不用桥面三角垫层调整时，可以在墩帽顶面从中心向两端横桥做成一定的排水坡，四周应挑出墩身 5～10 cm 作为滴水（檐口）。对一些宽桥或高墩桥梁，为了节省墩身砌体体积，常常将墩帽做成悬臂式或挑臂式。悬臂的长度和宽度根据上部结构的形式、支座的位置及施工荷载的要求确定，悬臂的受力钢筋需计算确定。一般要求，挑臂式墩帽的混凝土强度等级要高些，墩帽端部的最小高度为 0.3 m。

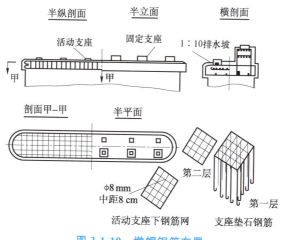

图 3-1-10　墩帽钢筋布置

2. 墩身

墩身是桥墩的主体部分，实体重力式桥墩如图 3-1-11 所示。

石砌桥墩应采用强度等级不低于 MU25 的石料，大、中桥用 M5 以上砂浆砌筑，小桥涵用不低于 M5 砂浆砌筑。混凝土桥墩多用 C15 或 C15 以上混凝土浇筑，并可掺入不多于 25% 的片石。混凝土预制块不低于 C20。用于梁式桥的墩身顶宽，小跨径桥不宜小于 80 cm，中跨径桥不宜小于 100 cm，大跨径桥的墩身顶宽视上部结构类型而定。墩身侧坡一般采用 30：1～20：1，小跨径桥桥墩不高时也可以不设侧坡，做成直坡。实体桥墩的截面形式有圆形、圆端形、尖端形、矩形、菱形等，如图 3-1-12 所示。其中，墩身材料一般采用不低于 C20 的片石混凝土浇筑，或用浆砌块石、浆砌料石砌筑，也可用混凝土预制块砌筑。

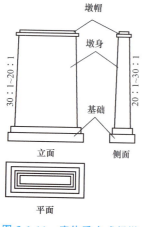

图 3-1-11　实体重力式桥墩

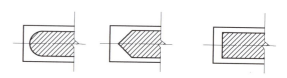

图 3-1-12　实体重力式桥墩的截面形式

圆形、圆端形、尖端形的导流性好，圆形截面对各方向的水流阻力和导流情况相同，适用于潮汐河流或流向不定的桥位。矩形桥墩主要用于无水的岸墩或高架桥墩。在有强流水或大量漂浮物的河道上（冰厚大于 0.5 m，流冰速度大于 1 m/s），桥墩的迎水端应做成破冰棱体的防撞墩形式（图 3-1-13）。破冰体可由强度较高的石料砌成，也可用强度等级高的混凝土辅以钢筋加固。

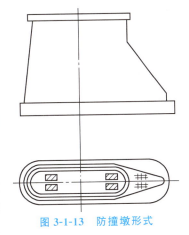

图 3-1-13　防撞墩形式

3. 基础

基础是桥墩与地基直接接触的部分，其类型与尺寸往往取决于地基条件，尤其是地基承载力。最常见的是刚性扩大基础，一般采用 C15 以上片石混凝土或浆砌块石筑成。基础的平面尺寸较墩身底面尺寸略大，四周各放大 20 cm 左右，基础可以做成单层，也可以做成 2～3 层台阶式。台阶的宽度以基础用材的刚性角控制。

(二)空心桥墩

在一些高大的桥墩中，为了减小砌体体积，节约材料，减轻自重，减少软弱地基的负荷，也可将墩身内部做成空腔体，即空心桥墩。

1. 分类

部分镂空实体桥墩中镂空的主要目的是在截面强度和刚度足以承担与平衡外力的前提条件下，减少砌筑工程数量，使结构更经济，但为保证上部结构荷载安全可靠地传递给墩身壁，应设置一定的实体过渡段。中心镂空桥墩是在重力式桥墩基础上镂空中心一定数量的砌体体积，旨在减少砌筑工程数量，使结构更经济，减轻桥墩自重，降低对地基承载力的要求。但镂空有一个基本前提，即保证桥墩截面强度和刚度足以承担与平衡外力，从而保证桥墩的稳定性。

薄壁空心桥墩为保证薄壁空心墩自身稳定，设置横隔梁。薄壁空心墩是用强度高、墩身壁较薄的钢筋混凝土构筑而成的空格形桥墩。其最大的特点是大幅度削减了墩身砌体体积和墩身自重，减小了地基负荷，因而适用于软弱地基桥墩。

2. 构造

空心桥墩包括横隔板，主要作用为增加整体刚度；检查口是为方便检查；通风口是为减少温差影响，如图 3-1-14 所示。

3. 截面形式

空心桥墩截面有圆形空心、双圆孔空心、圆端形空心。圆端形中间设置纵隔板；矩形空心、矩形中设隔板，如图 3-1-15 所示。

4. 适用条件

墩壁较薄，一般有船筏、漂流物、冰压力的河上不宜采用，可下实体上空心。圆形空心截面最好，可不设隔板，施工最方便，宜优先选用。当横向尺寸很宽、横向水平力大时，如双线铁路、公路、弯道桥等，可考虑圆端形或矩形带纵隔板。

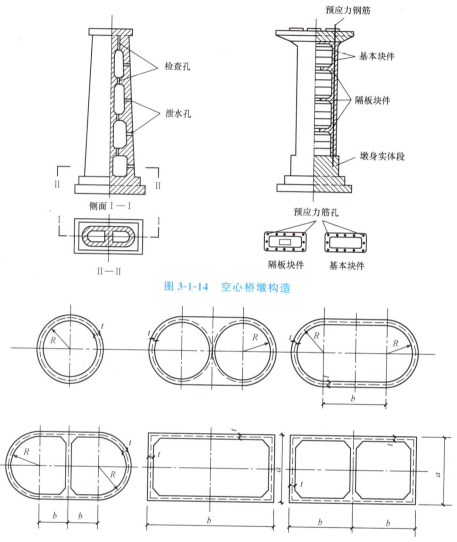

图 3-1-14　空心桥墩构造

图 3-1-15　空心桥墩截面形式

(三)桩(柱)桥墩

柱(桩)桥墩是由分离的两根或多根立柱(或桩柱)所组成的,主要部件有盖梁、墩柱、连接的系梁和基础。其外形美观、砌筑体积小、质量轻(图 3-1-16),一般用于桥跨径不大于 30 m,墩身不高于 10 m 的情况。

桩(柱)桥墩形式多样,图 3-1-16 所示为常用形式。其中,图 3-1-16(a)为灌注桩顶浇承台,然后再在承台上设立柱,或在浅基础上设立柱[图 3-1-16(b)],再在立柱上浇盖梁。图 3-1-16(c)、(d)、(f)、(g)型均为双柱式。其中,图 3-1-16(c)双柱间设哑铃式隔梁,图 3-1-16(d)为柱实体式的混合墩,图 3-1-16(f)和(g)型桩既作墩身,又作基础,在桩上浇盖梁。当采用大直径灌注桩时,水面以上部分可减小桩径,但在变径处需设置横系梁,图 3-1-16(e)为单柱式,适用于窄桥。

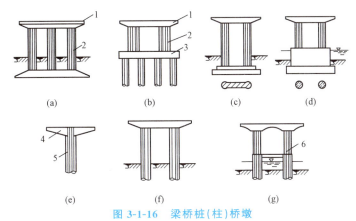

图 3-1-16　梁桥桩(柱)桥墩

(a)灌注桩顶浇承台；(b)设立柱的承台；(c)双柱间设哑铃式横梁；

(d)柱实体的混合墩；(e)单柱式；(f)、(g)既作墩身，又作基础，在桩上浇盖梁

1—盖梁；2—立柱；3—承台；4—悬臂盖梁；5—单立柱；6—横系梁

墩柱与桩的构造如图 3-1-17 所示。墩柱一般采用 C20～C30 的钢筋混凝土，直径为 0.6～1.5 m 的圆柱或方形、六角形柱。墩柱配筋由计算确定，纵向受力钢筋的直径应不小于 12 mm，纵向受力钢筋截面面积应不小于混凝土计算截面面积的 0.5%，当混凝土等级为 C50 及 C50 以上时不应小于 0.6%，同时一侧钢筋的配筋率不小于 0.2%；纵向受力筋净距应不小于 5 cm，且不应大于 35 cm，最小保护层厚度不小于 3 cm；箍筋直径不应小于纵向受力钢筋直径的 1/4，且不小于 8 mm，箍筋间距不应大于纵向受力钢筋直径的 15 倍、不大于构件短边尺寸(圆形截面采用 80% 直径)，也不大于 400 mm；在受力钢筋接头处，箍筋间距应不大于纵向钢筋直径的 10 倍或构件短边尺寸，也不大于 20 cm。

盖梁是柱式桥墩的墩帽，一般采用钢筋混凝土就地浇筑，混凝土强度等级采用 C20～C30，也有采用预制安装或预应力混凝土的。跨高比不大于 5 的盖梁宜采用

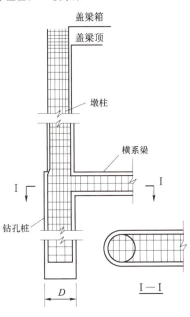

图 3-1-17　墩柱与桩的构造

强度等级较高的混凝土，应不低于 C25。盖梁截面内应设置箍筋，其直径不应小于 8 mm，间距不宜大于 20 cm。盖梁两侧应设纵向水平钢筋，其直径不宜小于 12 mm，间距不宜大于 20 cm。盖梁的横截面形状一般为矩形或 T 形。盖梁宽度 B 根据上部构造形式、支座间距和尺寸等确定。盖梁高度 H 一般为梁宽的 0.8～1.2 倍。盖梁的长度应大于上部结构两边梁(或边肋)间的距离，并应满足上部构造安装时的要求。设置橡胶支座的桥墩应预留更换支座所需位置，即支座垫石的高度依端横隔板底与墩顶面之间的距离以能安置千斤顶来确定，盖梁悬臂高度 h 不小于 30 cm。各截面尺寸与配筋需要通过计算确定。

为使桩柱与盖梁或承台有较好的整体性，桩柱顶一般应嵌入盖梁或承台 15～20 cm，露出桩柱顶的主筋可弯成与铅垂线约成 15° 倾斜角的喇叭形，伸入盖梁或承台。单排桩柱式墩

的主筋应与盖梁主筋连接。喇叭形主筋外围应设置直径不小于 8 mm 的箍筋，间距一般为 10~20 cm。为加强桩柱的整体性，柱式墩台的柱身间应设置横系梁，其截面高度和宽度可分别取桩(柱)径的 0.8~1.0 和 0.6~0.8。横系梁一般不直接承受外力，可不作内力计算，按横截面面积的 0.10% 配置构造钢筋即可，四角应设置直径不小于 16 mm 的纵向钢筋，构造钢筋伸入桩内与主筋连接，并设直径不小于 8 mm 的箍筋，箍筋间距不应大于横系梁的短边尺寸或 40 cm。

(四)柔性排架桥墩

柔性排架桥墩是由成排打入的单排或多排钢筋混凝土桩与顶端的钢筋混凝土盖梁连接而成的(图 3-1-18)。它是依靠支座摩阻力使桥梁上下部构成一个共同承受外力和变形的整体，多用于桥墩高小于 6~7 m 的多孔和跨径<16 m 的梁式桥。柔性排架桥墩的主要特点是上部结构传来的水平力(制动力、温度影响力等)按各墩台的刚度分配到各墩台，作用在每个柔性桥墩上的水平力较小，而作用在刚性墩台上的水平力很大，因此，柔性排架桥墩的截面尺寸得以减小，具有用料省、施工进度快、修建简便等优点；主要缺点是用钢量大。

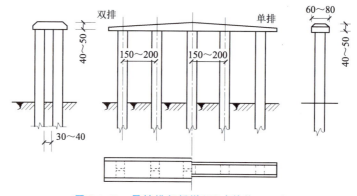

图 3-1-18 柔性排架桥墩(尺寸单位：cm)

柔性排架桥墩可采用单排或双排，桥墩高于 5 m 时宜采用双排。柔性排架桥墩一般采用矩形桩，其截面尺寸通常为 25 mm×35 mm、30 mm×35 mm 和 30 mm×40 mm 等，桩长不超过 14 m，桩间中距为 1.5~2.0 m。双排架的两排间距不大于 30~40 cm。桩顶盖梁单排架为 60~80 cm，高 40~50 cm。双排桩盖梁宽度视桩的尺寸和间距而定。

柔性排架桥墩由单排或双排的钢筋混凝土桩与钢筋混凝土盖梁连接而成。将上部结构传来的水平力(制动力、温度影响力等)传递到全桥的各个柔性墩台，或相邻的刚性墩台上，以减少单个柔性墩所受到的水平力，从而达到减小桥墩截面的目的。因此，柔性墩可以为单排桥墩、柱式桥墩或其他薄壁式桥墩。

柔性桥墩是桥墩轻型化的途径之一，一般布设在两端具有刚性较大桥台的多跨桥中，全桥除一个中墩设置活动支座外，其余墩台均采用固定支座，如图 3-1-19 所示。由于柔性墩在布置上只设一个活动支座，当桥孔数较多且桥较长时，柔性墩固定支座的墩顶位移量过大而处于不利状态，

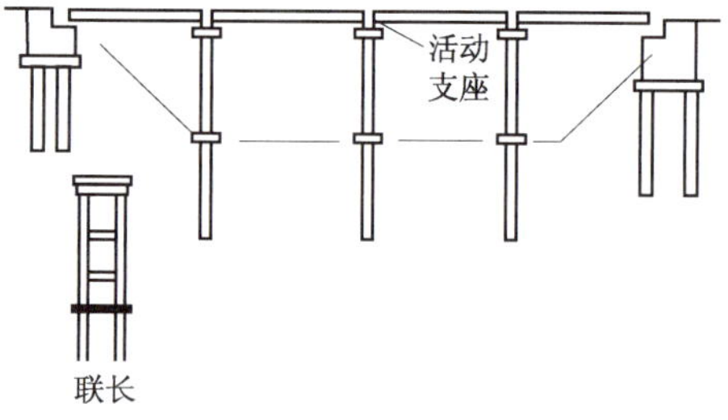

图 3-1-19 柔性墩的布置

活动支座的活动量也大，刚性桥台的支座所受的水平力也大。因此，多跨长桥采用柔性墩时宜分成若干联，每联设置一个刚性墩（台）。两个活动支座之间或刚性台与第一个活动支座间称为一联，如图 3-1-20 所示。

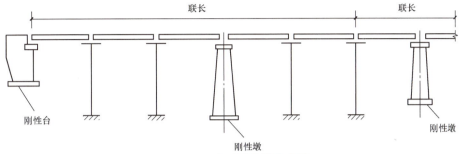

图 3-1-20　多跨柔性墩在布置

　　柔性排架桥墩多用于墩高为 5.0～7.0 m、跨径在 13 m 以下、桥长为 50～80 m 的中小型桥中，不宜用在山区河流或漂流物严重的河流。

（五）框架式桥墩

　　框架式桥墩是采用由构件组成的平面框架代替墩身，以支承上部结构，必要时可做成双层或更多层的框架支承上部结构，这类较空心墩更进一步的轻型结构，是以钢筋混凝土和预应力混凝土建成受力体系。框架式桥墩有纵向、横向 V 形（图 3-1-21），Y 形（图 3-1-22），X 形，倒梯形等墩身。

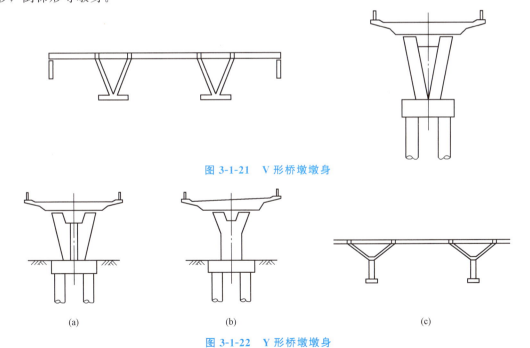

图 3-1-21　V 形桥墩墩身

(a)　　　　　　　　　　(b)　　　　　　　　　　(c)

图 3-1-22　Y 形桥墩墩身

　　V 形和 Y 形桥墩不仅具有优美的外形，还能缩短主梁跨径增大上部结构的跨越能力，减少桥墩数目，但施工比较复杂，需要设置临时墩和用钢脚手架来支承斜臂的重力。

(六)重力式拱桥桥墩

拱桥桥墩一般采用重力式。其平面形状基本上与桥梁重力式桥墩相同。实腹式拱桥桥墩在墩帽以上部分常做成与侧墙平齐[图 3-1-23(a)]，而空腹式拱桥桥墩在墩帽以上可以做成密壁式，也可用跨越式[图 3-1-23(b)]、立柱式[图 3-1-23(c)]和横墙式[图 3-1-23(d)]等。拱桥桥墩应在其顶面设置与拱轴线垂直的呈倾斜面的拱座，直接承受由拱圈传来的压力。拱座一般采用 C20 以上混凝土或 C40 以上块石砌筑。当桥墩两侧孔径相等时，拱座设置在桥墩顶部的起拱线标高上。由于其他原因墩两侧拱座标高不一致时，桥墩墩身可在推力小的一侧变坡，为了美观，变坡点可设在常水位以下(图 3-1-24)。

单向推力墩又称制动墩，如图 3-1-25 所示。其主要作用是在它的一侧的桥孔因某种原因遭到毁坏时，能承受住单侧拱的恒载水平推力，以保证其另一侧的拱桥不致遭到倾塌。重力式单向推力墩是将普通墩的尺寸加大，以承受单向恒载推力。

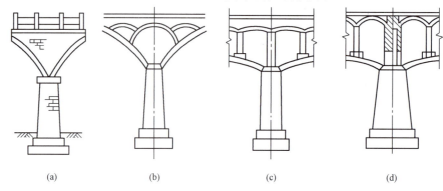

图 3-1-23　拱桥桥墩

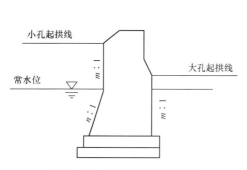

图 3-1-24　拱桥桥墩边坡变化

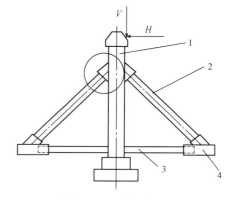

图 3-1-25　单向推力墩

1—立柱；2—斜撑；3—拉杆(用预应力)；4—基础板

当施工时为了拱架的多次周转，或者当缆索吊装设计的工作跨径受到限制时，为了能按桥台与某墩之间，或者按某两个桥墩之间作为一个施工段进行分段施工，在此情况下也要设置能承受部分恒载单向推力的制动墩。

拱桥桥墩的形式有斜撑墩、悬臂墩、重力式。斜撑墩是在两侧对称地增设钢筋混凝土斜撑和水平拉杆，用来提高抵抗水平推力。其只用于桥不太高、旱地情况。

图 3-1-26 所示为兰江桥。兰江桥于 1974 年建成，位于浙江省兰溪市，跨越兰江。主桥为 10 孔、净跨为 36 m、拱矢度为 1/6 的 4 肋 3 波外悬两个半波的双曲拱。双曲拱支承于桥墩的悬臂端部，悬臂长为 5.4 m。桥墩中距为 50.6 m，车道宽为 8 m，两侧各设 1.5 m 人行道，主桥长为 505.68 m。预应力混凝土箱形悬臂墩的悬臂由预制块件装配而成，用电热张拉法对高强度钢筋施加预应力。双曲拱肋组成桁架悬拼安装。东岸引桥采用曲线半径为 20 m、由 36 孔Ⅱ形梁和 2 孔空心板梁形成盘道的曲线桥梁，西岸引桥为 12 孔 15 m 双曲拱。基础根据地质不同情况，分别采用了明挖基础、装配式沉井、重力式沉井及桩基等。

图 3-1-26　兰江桥

(七)桥墩防撞

流冰对桥墩的危害主要表现在大面积流冰对桥墩的撞击力和大面积流冰堆积现象，以及流冰对桥墩的磨损，应在迎水方向设置破冰棱体，如图 3-1-27 所示。

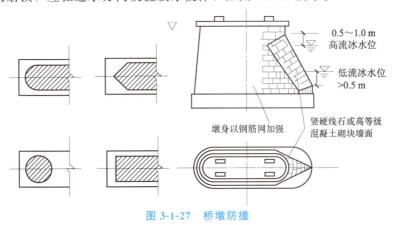

图 3-1-27　桥墩防撞

航运繁忙的河道，桥墩在设计中不但要有一定抵抗船舶冲击荷载的能力，还要考虑采用缓冲装置和保护系统，预防或改变船只冲击荷载的方向或减少对桥墩的冲击荷载，不使其破坏。

三、桥台构造

桥台按其形式可分为重力式桥台、轻型桥台、埋置式桥台、框架式桥台和组合式桥台。
桥台的作用如下：
(1)桥梁两端的支柱，将梁以上的荷载传递给地基。
(2)承受路基填土的水平推力。

(3)保证与桥台相连的路基稳定。

（一）重力式桥台

重力式桥台也称实体式桥台，它主要靠自重来平衡后的土压力。桥台台身多数由石砌、片石混凝土或混凝土等砌体材料建造，并采用就地建造施工方法。因其台身由前墙和两个侧墙构成的 U 形结构而得名（图 3-1-28）。

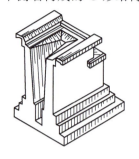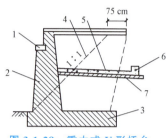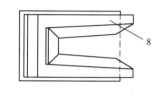

图 3-1-28　重力式 U 形桥台

1—台帽；2—前墙；3—基础；4—锥形护坡；5—碎石；6—盲沟；7—夯实黏土；8—侧墙

图 3-1-28 中前墙顶部设置台帽，以放置支座和安设上部构造。前墙除支承上部结构外，还承受路堤填土的水平压力。侧墙用以连接路堤并抵挡路堤填土向两侧的压力，当其尺寸满足规范要求时，可按 U 形整体截面验算截面强度，否则按独立挡土墙验算。

桥台两侧设有锥形护坡，锥形的坡度一般由纵向（顺路堤方向）为 1：1 逐渐变至横向为 1：1.5。锥坡的平面形状为 1/4 椭圆。锥坡用土夯筑而成，其表面用片石砌筑。锥坡下缘一般与桥台前墙的下缘相齐。

重力式桥台具有构造简单，适用于填土高度在 10 m 以下或跨度稍大的桥梁的优点；缺点是体积和自重大，对地基要求高。

拱桥的 U 形桥台由台帽、台身和基础三部分组成。U 形桥台的台身是由前墙和平行于行车方向的两侧翼墙构成，其水平截面呈 U 形。U 形桥台常采用锥形护坡与路堤连接，锥坡的坡度根据坡高、地形等确定。U 形桥台的优点、缺点与梁式桥中的 U 形桥台相同，在结构构造上除在台帽部分有所差别外，其余部分也基本相同。

（二）轻型桥台

钢筋混凝土轻型桥台，其构造特点是利用钢筋混凝土结构的抗弯能力来减少砌体体积而使桥台轻型化，主要用于公路桥。

轻型桥台从结构上可分为八字形、一字形、带耳墙轻型桥台和薄壁轻型桥台。

1. 八字形和一字形

在两桥台间基础顶设钢筋混凝土支撑梁以防止桥台向跨中移动，有八字形（图 3-1-29）和一字形（图 3-1-30），适用于小跨度桥。八字形桥台为两边翼墙与桥台设缝分离，翼墙与水流方向呈 30°角。

2. 带耳墙轻型桥台

轻型桥台若地形许可，也可做成耳墙式。其主要由台身、耳墙和边柱三部分组成，如图 3-1-31 所示。

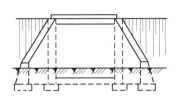

图 3-1-29　八字形桥台

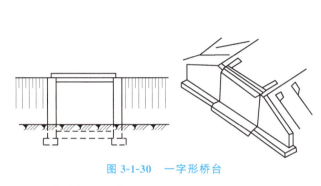

图 3-1-30　一字形桥台

图 3-1-31　带耳墙轻型桥台

3. 薄壁轻型桥台

薄壁轻型桥台由扶壁式挡土墙和两侧薄壁侧墙构成(图 3-1-32),减轻了自重,节省了砌筑工程量。

薄壁轻型桥台常用的形式有悬臂式、扶壁式、撑墙式及箱式等,如图 3-1-33 所示。其适用于填土不高、地基承载力不高的小跨径公路桥梁,混凝土及钢筋用量较大。

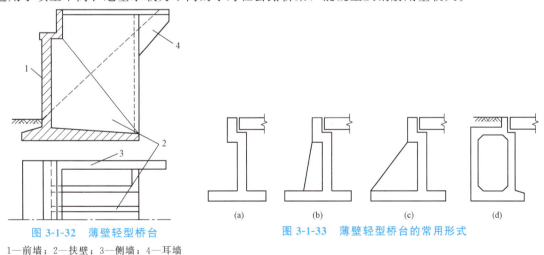

图 3-1-32　薄壁轻型桥台

1—前墙；2—扶壁；3—侧墙；4—耳墙

图 3-1-33　薄壁轻型桥台的常用形式

(三)埋置式桥台

埋置式桥台是将台身埋在锥形护坡中,只露出台帽,仅由台帽两端的耳墙与路堤衔接,适用于路堤填土高度超过 6~8 m 的情况。其构造形式有直立式和后倾式(图 3-1-34)。后倾式是台身后倾,使重心落在基底截面的形心之后以平衡台后填土的倾覆力矩。埋置式桥台的共同缺点是由于护坡伸入桥孔，压缩了河道，或者为了不压缩河道，就要适当增加桥长。

立柱式埋置桥台[图 3-1-35（a）]、框架式埋置桥台[图 3-1-35（b）]和桩式埋置桥台[图 3-1-35（c）]，这三种桥台均比重力式桥台轻巧，能节约大量砌体工程量。

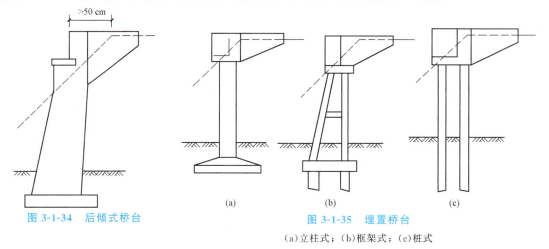

图 3-1-34　后倾式桥台

图 3-1-35　埋置桥台

（a）立柱式；（b）框架式；（c）桩式

（四）框架式桥台

框架式桥台结构本身存在着斜杆，能够产生水平分力以平衡土压力，加之基底较宽，又通过系梁连成一个框架体（图 3-1-36）。

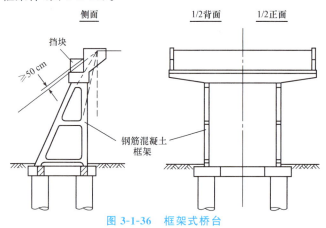

图 3-1-36　框架式桥台

框架式桥台埋置于土中，所受的土压力较小，适用于地基承载力较低、台身较高、跨径较大的梁桥。

构造形式有双柱式、多柱式、墙式、半重力式和双排架式、板凳式等。

（五）组合式桥台

桥台本身主要承受桥跨结构传来的竖向力和水平力，而台的土压力由其他结构来承受，形成组合式桥台，如图 3-1-37 所示。

组合式桥台由台身和后座两部分组成。台身基础承受竖向力，一般采用桩基或沉井基础；拱的水平推力则主要由后座基底的摩阻力及台后的土侧压力来平衡。

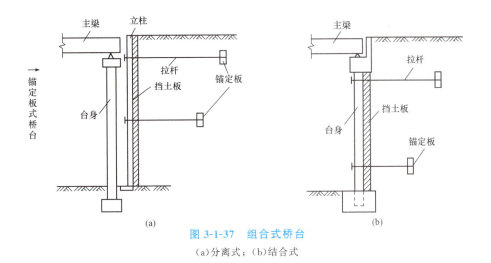

图 3-1-37　组合式桥台
(a)分离式；(b)结合式

课后思考题

1. 简述桥墩的类型及构造要求。
2. 简述桥台的类型及构造要求。

任务二　桥梁墩台计算

任务描述

确定桥梁墩台的作用及其组合情况，并进行桥梁墩台的验算。

桥梁墩台计算

知识链接

一、作用及其组合

(一)桥梁墩台的作用

桥梁墩台承受的荷载类型主要是永久荷载、基本可变荷载、其他可变荷载、偶然荷载四种。

(1)永久荷载：恒载、土重和侧向土压力、预应力(组合式桥墩)、混凝土收缩及徐变的影响力、水的浮力。

(2)基本可变荷载：汽车荷载、汽车冲击力、离心力、汽车荷载引起的侧向土压力、人群荷载、挂车或履带车荷载及其引起的土侧压力

(3)其他可变荷载：风荷载、汽车制动力、流水压力、冰压力、支座摩阻力、温度变化影响力(超静定结构)。

(4)偶然荷载：船只或漂流物撞击力、施工荷载、地震作用、涌潮。

恒载可分为下部恒载和上部恒载两种。其中，下部恒载包含地面或水面以上自重，水下

和土中自重，这部分可根据地基土的性质考虑；上部恒载主要由桥梁支座反力确定。

1. 水浮力

（1）原理：自由水能传递静水压力，结合水不能传递静水压力。原则上结合实际情况，按不利状况考虑。

（2）规范：透水性地基，验算稳定，采用设计高水位的浮力，验算地基应力，仅考虑低水位浮力或不考虑；不透水性地基，不考虑浮力作用。

2. 侧向土压力

（1）对象：桥台。

（2）原理：库仑土压力理论。

（3）方法：根据桥台位移及压力传播方式决定是主动、被动、静止土压力。

（4）例子：梁式桥台承受后台滑动土体所产生的侧压力，使桥台发生向河心的位移，所以按主动土压力计算。

3. 汽车荷载冲击力

（1）对象：墩台。

（2）方向：竖直向下。

（3）轻型桥墩：在计算汽车荷载时计入冲击力。

（4）重力式桥墩：冲击力作用消减快，可不考虑。

4. 汽车荷载制动力

（1）对象：墩台。

（2）方向：纵桥向，与汽车行进方向一致。

（3）计算：计算公式见相关规范，将制动力移至支座中心计算。

5. 流水压力

（1）方向：横桥向。

（2）分布：假定河底流速为零，呈倒三角分布。

6. 冰压力

（1）对象：严寒地区，有冰棱河流或水库。

（2）竖向：冰层水位升降对桥梁墩台产生的作用力。

（3）水平向：静压力、整体推移静压力、河流流冰动压力。

7. 地震对墩台的危害

地震对墩台的危害包括地震力、地基土液化、引道、岸体滑坡。

8. 荷载组合

荷载组合是考虑荷载组合的最不利原则，根据荷载实际发生的可能性并结合所验算的内容，采用纵横分别考虑的方法对桥梁墩台的荷载作用进行组合。

（二）荷载组合

桥梁墩台所受的各项荷载中，除恒载外，其他各项荷载的数值是变化的且不一定同时发生。因此在设计桥梁墩台时，就需要针对不同的验算项目，确定各种可能的最不利荷载组合，对桥梁墩台加以验算，确保设计安全。在荷载组合中，车辆活载起着支配作用。

在重力式桥墩计算中，一般需验算墩身截面的强度、墩身截面的合力偏心距及桥墩的纵向及横向稳定性。

（1）强度：

$$\sigma = \frac{N}{A} \pm \frac{M_x}{W_x} \pm \frac{M_y}{W_y}$$

式中　N——作用于基底轴向力；

　　　A——截面面积；

　　　W_x——$x-x$ 截面抗弯截面模量；

　　　W_y——$y-y$ 截面抗弯截面模量；

　　　M_x，M_y——$x-x$ 和 $y-y$ 截面的弯矩。

（2）合力偏心距：

$$e = \frac{M}{N}(M_x \text{ 或 } M_y \text{ 或 } M = \sqrt{M_x^2 + M_y^2})$$

影响合力偏心距数值的主要是轴力和弯矩，按可能轴力最小、弯矩最大进行荷载布置。

（3）稳定性：

$$KN \leqslant N_{cr}$$

$$N_{cr} = \alpha\beta \frac{1}{1 + \dfrac{\alpha\beta}{1.1A_0R_a}}$$

式中　$\alpha = \dfrac{0.1}{0.2 + e_0/h} + 0.16$；

　　　$\beta = \dfrac{4mE_0I_d}{l_0^2}$；

　　　l_0——墩台计算长度；

　　　m——变截面影响系数；

　　　A_0——截面面积；

　　　R_a——截面抗压强度；

　　　E_0——材料弹性模量；

　　　I_d——截面惯性矩；

　　　e_0——截面偏心距；

　　　h——截面在弯曲平面的高度；

　　　K——稳定系数；

　　　N_{cr}——临界力。

为此，可拟订以下几种可能的荷载组合：

（1）按在桥墩各截面上可能产生的最大竖向力的情况进行组合。它用来验算墩身强度、基底最大应力和稳定性。因此，应在相邻两跨满布活载的一种或几种，以使墩身或基底产生最大压应力。

（2）按桥墩各截面在顺桥向可能产生的最大偏心距和最大弯矩的情况进行组合。它用来验算墩身强度、基底应力、偏心及桥墩的稳定性。因此，应在跨径较大的一孔上布置活载的一种或几种，以及可能产生的制动力、纵向风力、支座摩阻力等。

（3）按桥墩各截面在横桥向可能产生最大偏心距和最大弯矩的情况进行组合。它是用来验算横桥向的墩身强度、基底应力、偏心及桥墩的稳定性。因此，对于公路桥墩应注意将活载偏于桥面的一侧布置，另外，还应考虑其他荷载如横向风力、流水压力等。

由此对于桥墩的荷载组合应包括：墩身截面强度考虑桥墩在竖向承受最大荷载的组合；作用在墩身截面合力偏心距考虑桥墩在顺桥向承受最大水平荷载的组合；墩身的稳定性考虑桥墩承受最大横桥向的偏载、最大竖向荷载。

桥台的荷载组合也与桥墩一样，依据不同的验算项目进行各种可能的荷载组合。由于活载既可布置在桥跨结构上，也可布置在台后，在确定荷载最不利组合时，通常按台后布置活载而桥上无活载（最大水平力和最大后端弯矩组合），桥上满布活载（最大前端弯矩），桥上、台后同时布置活载（最大竖向力组合）等几种不利情况，分别进行组合与验算，如图 3-2-1 所示。

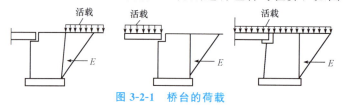

图 3-2-1　桥台的荷载

由此可得桥台的荷载组合情况如下：

（1）最大弯矩组合：桥跨车辆荷载＋温度下降＋制动力＋台后土侧压力；

（2）最大负弯矩组合：台后破坏棱体车辆荷载＋温度下降＋台后土侧压力；

（3）最大竖向力组合：全部车辆荷载＋温度下降＋制动力＋台后土侧压力。

二、桥梁墩台计算

桥梁墩台的设计过程：首先选定桥梁墩台形式及拟订各部分尺寸；然后确定各项外力并进行最不利荷载组合，选取验算截面和验算内容；计算各截面的内力，进行配筋和验算。

桥梁墩台验算的目的是确定经济合理的尺寸，并保证其在施工和使用阶段的安全。

（一）桥墩计算

对于梁桥和拱桥重力式桥墩的计算，虽然在作用效应组合的内容上稍有不同，但是就某个截面而言，这些外力都可以合成为竖向和水平方向的合力（用 $\sum p_i$ 和 $\sum H_i$ 表示），以及绕该截面 $x-x$ 轴和 $y-y$ 轴的弯矩（用 $\sum M_x$ 和 $\sum M_y$ 表示），如图 3-2-2 所示，因此，它们的验算内容和计算方法基本相同。下面将叙述重力式桥墩的一般计算程序。

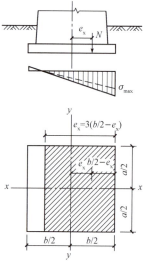

图 3-2-2　基底应力重分布

重力式桥墩计算内容包括截面承载能力极限状态验算、桥墩的稳定性验算、相邻墩台均匀沉降差、基础底面土的承载力和偏心距验算。

1. 截面承载能力极限状态验算

重力式桥墩主要用砌体材料建造，一般为偏心受压构件，其结构采用以概率论为基础的极限状态设计方法，采用分项系数的设计表达式进行计算，在不利作用效应组合下，桥墩各控制截面的作用效应设计值应小于或等于结构的抗力效应设计值，以方程表示为 $\gamma_0 S \leqslant R$。

墩台截面的强度验算包括验算截面的选取、验算截面的内力计算、承载能力极限状态验算、截面偏心验算。

(1)验算截面的选取。验算截面通常选取墩身的基础顶面与墩身截面突变处。

对于悬臂式墩帽的墩身，应对与墩帽交界的墩身截面进行验算。

(2)验算截面的内力计算。按照各种组合分别对各验算截面计算其竖向力、水平力和弯矩(顺桥向和横桥向)，得到相应的纵向力、水平力和弯矩。

(3)承载能力极限状态验算。按轴心或偏心受压构件验算墩身各截面的承载能力。对于砌体截面和混凝土截面，其承载力验算应按《公路桥涵设计通用规范》(JTG D60—2015)的规定计算。如果不满足要求时，就应修改墩身截面尺寸、重新验算。

(4)截面偏心验算。截面偏心验算可分为梁式桥和拱式桥两种情况。

1)梁式桥。桥墩承受偏心受压荷载时，各验算截面在各种组合下的偏心距：

$$e = \frac{\sum M}{\sum N}$$

式中　$\sum M$——对基底截面中心的弯矩总和；

　　　$\sum N$——对基底截面中心的轴向力总和。

均不应超过《公路桥涵设计通用规范》(JTG D60—2015)中的限值。如果超过时，可按下式确定截面尺寸：

$$\gamma_0 N_d \leqslant \varphi \frac{A f_{tmd}}{\dfrac{Ae}{W} - 1}$$

式中　γ_0——材料或砌体的安全系数；

　　　N_d——验算截面的轴向力设计值；

　　　f_{tmd}——受拉边边缘的弯曲抗拉极限强度；

　　　φ——竖向力的偏心影响系数；

　　　A——验算截面的面积；

　　　W——验算截面的抗弯截面模量；

　　　e——竖向力偏心距。

2)拱式桥。当拱桥相邻两孔的推力不相等时，要验算拱座截面的抗剪强度，按下式计算：

$$\gamma_0 V_d \leqslant A f_{vd} + \frac{1}{1.4} \mu_f N_k$$

式中　V_d——验算截面处的剪力组合设计值(kN)；

　　　μ_f——基础底面(圬工)与地基土之间的摩擦系数，取 0.7；

　　　f_{vd}——砌体或混凝土抗剪强度设计值；

N_k——与受剪截面垂直的压力标准值；

γ_0——材料或砌体的安全系数；

A——验算截面的面积。

2. 桥墩的稳定性验算

桥墩的稳定性验算包含抗倾覆稳定性验算和抗滑动稳定性验算两种。

（1）抗倾覆稳定性验算。

$$\sum P_i \cdot (s - e_i) - \sum (H_i \cdot h_i) = 0$$

式中 P_i——不考虑其分项系数和组合系数的作用标准值组合或偶然作用（地震除外）标准值组合引起的竖向力（kN）；

e_i——竖向力对验算截面重心的力臂（m）；

H_i——不考虑其分项系数和组合系数的作用标准值组合或偶然作用（地震除外）标准值组合引起的水平力（kN）；

s——在截面重心与合力作用点的连接线上，自截面重心至验算倾覆轴的距离（m）；

h_i——水平力 H_i 对验算截面中心的力臂（m）。

由此可见，抵抗倾覆的稳定系数可按下式验算：

$$k_0 = \frac{M_稳}{M_倾} = \frac{s \sum P_i}{\sum (P_i e_i) + \sum (H_i h_i)} = \frac{s}{e_0}$$

（2）抗滑动稳定性验算。抵抗滑动的稳定系数 k_c，按下式验算：

$$k_c = \frac{\mu \sum P_i + \sum H_{ip}}{\sum H_{ia}}$$

式中 μ——圬工基础底面与地基土之间的摩擦系数，无实测资料时对黏土（流塑~坚硬）、粉土可取 0.25，砂土（粉砂~砾砂）可取 0.30~0.40，碎石土（松散~密实）可取 0.40~0.50，软岩（极软岩~较软岩）可取 0.40~0.60，硬岩（较硬岩~坚硬岩）可取 0.60~0.70；

$\sum P_i$——竖向力总和（包括水的浮力）；

$\sum H_{ip}$——抗滑稳定水平力总和；

$\sum H_{ia}$——滑动水平力总和。

3. 相邻墩台均匀沉降差

当墩台建筑在地质情况复杂，土质不均匀及承载力较差的地基上，以及相邻跨径差别很大而需计算沉降差或跨线桥净高需预先考虑沉降量时，均应计算其沉降。

对于坐落在多层土上的墩台基础，其最终沉降量可用分层总和法计算。

《公路桥涵设计通用规范》（JTG D60—2015）规定，相邻墩台均匀沉降差（不包括施工中的沉降），不应使桥面形成大于 2‰ 的纵坡。

对于超静定结构，桥梁墩台间的均匀沉降差除应满足桥面纵坡要求外，还应满足结构的受力要求。

4. 基础底面土的承载力和偏心距验算

基础底面土的承载力和偏心距验算包括基底土的承载力验算和基底偏心距验算两部分。

(1)基底土的承载力验算。当设置在基岩上的桥墩基底的合力偏心距超出核心半径时，其基底的一边将会出现拉应力，由于不考虑基底承受拉应力，故需按基底应力重分布重新验算基底最大压应力。其验算公式如下：

顺桥方向 $p_{max} = \dfrac{2N}{ac_x} \leqslant \gamma_R[f_a]$；

横桥方向 $p_{max} = \dfrac{2N}{bc_y} \leqslant \gamma_R[f_a]$。

式中 N——作用于基础底面合力的竖向分力；

a、b——横桥向和顺桥向基础底面积的边长；

γ_R——地基承载力容许值抗力系数，根据地基不同的受荷阶段取值；

$[f_a]$——计入基地埋置深度影响的修正后地基承载力容许值；

c_x——顺桥方向验算时，基底受压面积在顺桥方向的长度，取 $c_x = 3\left(\dfrac{b}{2} - e_x\right)$，$e_x$ 为合力在 x 轴方向的偏心距；

c_y——横桥方向验算时，基底受压面积在横桥方向的长度，取 $c_y = 3\left(\dfrac{a}{2} - e_y\right)$，$e_y$ 为合力在 y 轴方向的偏心距。

抗倾覆和抗滑动稳定系数在设计时应超过下列限定值，见表 3-2-1。

表 3-2-1 抗倾覆和抗滑动稳定系数表

作用组合	验算项目	稳定系数
结构自重、土重及侧压力、浮力、汽车、人群的标准值效应组合	抗倾覆 k_0	1.5
	抗滑动 k_c	1.3
同上，但计入其他作用或偶然作用(地震除外)标准值效应组合	抗倾覆 k_0	1.3
	抗滑动 k_c	1.2
施工阶段作用标准值效应组合	抗倾覆 k_0	1.2
	抗滑动 k_c	

(2)基底偏心距验算。为了使恒载基底应力分布比较均匀，防止基底最大压应力与最小压应力相差过大，导致基底产生不均匀沉陷和影响桥墩的正常使用，故在设计时，应对基底合力偏心距加以限制。在基础纵向和横向，其计算的荷载偏心距 e_0 应满足表 3-2-2 的要求。

表 3-2-2 荷载偏心距 e_0

荷载情况	地基条件	合理偏心距	备注
墩台仅承受永久作用标准值效应组合	非岩石地基	$e_0 \leqslant 0.1\rho$	拱桥、刚构桥梁墩台，其合力作用点尽量保持在基底重心附近
		$e_0 \leqslant 0.75\rho$	
墩台承受作用标准值效应组合或偶然作用(地震作用除外)标准值效应组合	非岩石地基	$e_0 \leqslant \rho$	应考虑应力重分布，且符合抗倾覆稳定系数
	较破碎~极破碎岩石地基	$e_0 \leqslant 1.2\rho$	
	完整、较完整岩石地基	$e_0 \leqslant 1.5\rho$	

(二)桥台计算

桥台台身承载能力、基底承载力、偏心及桥台稳定性验算和桥墩相同。如果 U 形桥台两侧墙宽度不小于同一水平截面前墙全长的 40%，桥台台身截面验算应将前墙和侧墙作为整体考虑其受力。否则，台身前墙应按独立的挡土墙进行验算。

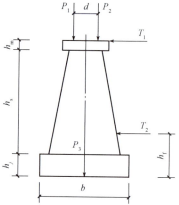

图 3-2-3　重力式桥墩受力图

【例 3.1】　一重力式桥墩受力如图 3-2-3 所示(支座在墩帽上对称布置，基底平面尺寸：长边 a 为 10 m，短边 b 为 4 m)。图中 $P_1 = 800$ kN，$P_2 = 1\ 000$ kN，$P_3 = 4\ 000$ kN，$T_1 = 60$ kN，$T_2 = 10$ kN，$d = 0.5$ m，$h_m = 0.35$ m，$h_s = 5.5$ m，$h_j = 0.75$ m，$h_f = 1.4$ m，试计算该墩：

(1)基底最大压应力 P_{max}；

(2)基底偏心距 e_0；

(3)基底稳定性验算 k_0、k_g。

解：(1)$N = P_1 + P_2 + P_3 = 800 + 1\ 000 + 4\ 000 = 5\ 800(\text{kN})$

$$M = P_1 \times \frac{d}{2} - P_2 \times \frac{d}{2} + T_1 \times (h_m + h_s + h_j) + T_2 \times h_f$$

$$= 800 \times \frac{0.5}{2} - 1\ 000 \times \frac{0.5}{2} + 60 \times (0.35 + 5.5 + 0.75) + 10 \times 1.4$$

$$= 360(\text{kN} \cdot \text{m})$$

$$A = a \times b = 10 \times 4 = 40(\text{m}^2)$$

$$W = \frac{ab^2}{6} = \frac{10 \times 4^2}{6} = 26.67(\text{m}^3)$$

$$P_{max} = \frac{N}{A} + \frac{M}{W} = \frac{5\ 800}{40} + \frac{360}{26.67} = 158.5(\text{MPa})$$

(2)$e_0 = \dfrac{M}{N} = \dfrac{360}{5\ 800} = 0.062(\text{m})$

(3)$k_0 = \dfrac{b}{2e_0} = \dfrac{4}{2 \times 0.062} = 32.22 > 1.5$

$$k_g = \frac{\mu \sum P}{\sum T} = \frac{0.3 \times 5\ 800}{(60 + 10)} = 24.86 > 1.3$$

因此，满足要求。

课后思考题

1. 简述桥梁墩台的作用及组合情况。

2. 简述桥墩计算的步骤。

项目四

桥梁施工

卓越的精神和刻苦务实；立足学科与行业领域，从而成为具有国际视野、家国情怀、使命担当的社会主义接班人。

任务一　桥梁施工方法选择

任务描述

　　为桥梁选择合适的基础施工方法，合适的桥墩、桥台施工方法，桥梁上部结构的施工方法。

桥梁施工方法选择

知识链接

一、桥梁基础工程施工方法

　　本任务主要从基础的四种形式来对基础工程施工方法进行介绍。基础的四种形式分别为扩大基础、桩基础、沉井基础和地下连续墙形式的基础。本书提到的管柱基础属于桩基础中的一种形式。

(一)扩大基础

　　扩大基础也叫作明挖扩大基础，即直接基础，就是在原有地面直接开挖，修筑基础的一种基础类型。

　　(1)定义：扩大基础以石砌、混凝土或钢筋混凝土建造。

　　(2)构造形式：砌体材料砌筑的刚性扩大基础和钢筋混凝土材料浇筑的柔性基础。

　　(3)平面形状：圆形、圆端形、矩形、八角形、T形和U形等。

　　(4)厚度：除要求保证地基有足够承载力外，还要求基础底面低于冲刷线和土壤冻结线，以保证桥梁不受冲刷和冻害影响。

　　(5)特点：在现场直观确认支承地基的情况下进行施工，因而施工质量可靠；施工时噪声、振动和对地下污染等建设公害较少；与其他类型基础相比，施工所需操作空间较小；多数情况下，造价省、工期短；易受冻胀和冲刷影响。

　　扩大基础主要适用于地质条件比较好的中、小桥梁工程中，而且也逐步用于一些大桥，并在施工技术上有所发展。

　　扩大基础的施工流程如图4-1-1所示。

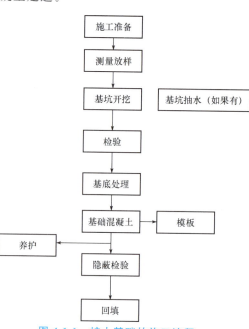

图4-1-1　扩大基础的施工流程

基坑开挖是施工中的一项主要工作，而在开挖过程中必须解决挡水和止水的问题。明挖基础施工的难易程度与地下水处理的难易有关。

(二)桩基础

桩基础是桥梁基础中常用的形式。

适用条件：荷载较大，地基上部土层软弱，适宜的持力层位置较深时；河床受冲刷较大，河道不稳定或冲刷深度不易计算准确时；采用刚性扩大基础困难大，其他方案在技术经济上不合理时。

桩基础由若干根桩与承台两部分组成。每根桩的全部或部分沉入地基，桩在平面排列上可成为一排或几排，所有桩的顶部由承台连成一个整体，在承台上再修筑墩台。

桩基础可分为沉入桩、灌注桩和管柱基础三种。

1. 沉入桩

沉入桩所用的基桩主要为预制的钢筋混凝土桩和预应力混凝土桩。常用的有实心方桩和空心管桩两种，如图 4-1-2 所示。

沉入桩桩体质量可靠，沉入工序简单，易于水上施工，施工噪声和振动公害大，但是受工地运输条件限制，不易穿透较厚的土层。

图 4-1-2　沉入桩

2. 灌注桩

灌注桩直接在所设计的桩位上开孔，其截面为圆形，成孔后在孔内加放钢筋笼，灌注混凝土而成。

灌注桩按其成孔方法不同，可分为钻孔灌注桩、沉管灌注桩、人工挖孔灌注桩、爆扩灌注桩等。

由于具有施工时无振动、无挤土、噪声小、宜于在城市建筑物密集地区使用等优点，灌注桩在施工中得到较为广泛的应用。

钻孔桩的直径一般为 0.8～1.0 m。桩身混凝土强度等级不低于 C15，水下部分不低于 C20。桩内的钢筋笼的主筋直径不小于 14 mm，并不少于 8 根。即使按照内力计算不需要配筋时，也应在桩顶 3～5 m内设置构造钢筋。

钻孔灌注桩的特点如下：

(1)与沉入桩中的锤击法相比，施工噪声和振动要小得多；

(2)能建造比预制桩的直径大得多的桩；

(3)在各种地基上均可使用；

(4)施工质量的好坏对桩的承载力影响很大；

(5)因为混凝土是在泥水中灌注的，因此混凝土质量较难控制。

3. 管柱基础

直径较大的空心圆形桩称为管柱，用管柱修建的桩基础，又称管柱基础。管柱基础一般适用于深水、无覆盖层、厚覆盖层、岩面起伏等桥址条件。管柱可以穿越各种土质覆盖层或溶洞，支承于较密实的土上或新鲜岩面上。一般采用预应力混凝土管柱或钢管柱。

在马鞍山长江公路大桥的设计中曾对沉入管柱用于悬索桥锚碇基础进行了开发研究工作，方案之一是采用 $18 \times \phi 6\ m$ 的管柱呈梅花形排列，结构和布置如图 4-1-3 所示。

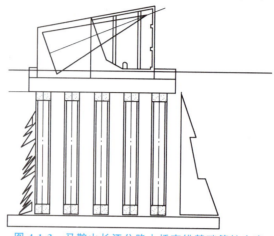

图 4-1-3　马鞍山长江公路大桥南锚基础管柱方案

4. 沉井基础

沉井是一种四周有壁、下部无底、上部无盖、侧壁下部有刃脚的筒形结构物，通常用钢筋混凝土制成。它通过从井孔内挖土，借助自身质量克服井壁摩阻力下沉至设计标高，再经混凝土封底并填塞井孔，便可成为桥梁墩台的整体式深基础，如图 4-1-4 所示。

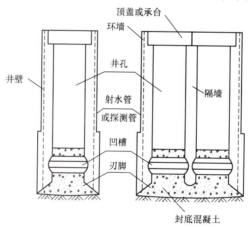

图 4-1-4　沉井基础

沉井基础是以沉井法施工的地下结构物和深基础的一种形式，是先在地表制作成一个井筒状的结构物（沉井），然后在井壁的围护下通过从井内不断挖土，使沉井在自重作用下逐渐下沉，达到预定设计标高后，再进行封底，构筑内部结构。

沉箱基础是沉箱形似有顶盖的沉井。在水下修筑大桥时，若用沉井基础施工有困难，则改用气压沉箱施工，并用沉箱做基础，如图 4-1-5 所示。它是一种较好的施工方法和基础形式，水下作业较方便。

图 4-1-5　沉箱基础

沉井基础的特点是埋深大、整体性强、稳定性好，能承受较大的竖向作用和水平作用。沉井井壁既是基础的一部分，又是施工时的挡土和挡水结构物，施工工艺也不复杂。这种结构形式在桥梁基础中得到广泛使用，随着施工技术的提高，还将得到应用与发展。

5. 地下连续墙

基础工程在地面上采用一种挖槽机械，沿着深开挖工程的周边轴线，在泥浆护壁条件下，开挖出一条狭长的深槽，清槽后，在槽内吊放钢筋笼，然后用导管法灌注水下混凝土筑成一个单元槽段，如此逐段进行，在地下筑成一道连续的钢筋混凝土墙壁，作为截水、防渗、承重、挡水结构，如图 4-1-6 所示。

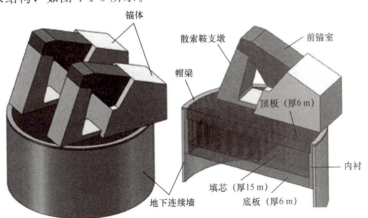

图 4-1-6　地下连续墙

地下连续墙施工时振动小、噪声低，非常适用于在城市施工。墙体刚度大，是深基坑支护工程中必不可少的挡土结构。防渗性能好，由于墙体接头形式和施工方法的改进，使地下连续墙接近不透水，适用于多种地基条件。地下连续墙对地基的适用范围很广，从软弱的冲积地层到中硬的地层、密实的沙砾层，各种软岩和硬岩等所有的地基都可以建造地下连续墙。

地下连续墙可用作刚性基础。目前，地下连续墙不再单纯作为防渗防水、深基坑围护墙，而且越来越多地用地下连续墙代替桩基础、沉井或沉箱基础，承受更大荷载。用地下连续墙作为土坝、尾矿坝和水闸等水工建筑物的垂直防渗结构，是非常安全和经济的。其占地少，可以充分利用建筑红线以内有限的地面和空间，充分发挥投资效益；工效高、工期短、质量可靠、经济效益高。在一些特殊的地质条件下（如很软的淤泥质土，含漂石的冲积层和超硬岩石等），施工难度很大；如果施工方法不当或施工地质条件特殊，可能出现相邻墙段不能对齐和漏水的问题。地下连续墙如果用作临时的挡土结构，比其他方法所用的费用要高。在城市施工时，废泥浆的处理比较麻烦。

桥梁基础的选择与地基自然环境、地基地质条件、施工难易度、施工成本都有密切关系。而且，在一个桥梁建设中，综合以上考虑，可能会有多种施工形式结合的地基出现。

二、桥梁下部结构施工方法

（一）承台

承台一般设置在旱地或浅河水面的桥梁基础上，以加强各桩基础的共同受力。

（1）浅承台施工：可采取明挖基坑、挡板围堰后开挖基坑等方法进行施工。

（2）深水承台施工：可供选择的施工方法通常有钢板桩围堰、钢管桩围堰、双壁钢围堰及套箱围堰等。

承台施工顺序为基坑开挖、桩头凿除、桩身检测、钢筋绑扎、模型安装和混凝土浇筑。

（二）墩（台）身

墩（台）身的施工方法根据其结构形式的不同各异。

对结构形式较简单、高度不大的中、小桥梁墩台身，通常采取传统的方法，立模（一次或几次）现浇施工。

对高墩及斜拉桥、悬索桥的索塔，则有较多可供选择的方法，其施工方法的多样化主要反映在模板结构形式的不同。近年来，滑升模板、爬升模板和翻升模板等在高墩及索塔上应用较多。

其共同的特点是将墩身分成若干节段，从下至上逐段进行施工。

滑升模板的工作原理是以预先竖立在建筑物内的圆钢杆为支承，利用千斤顶沿着圆钢杆爬升的力量将安装在提升架上的竖向设置的模板逐渐向上滑升，其动作犹如体育锻炼中的爬竿运动。由于这种模板是相对设置的，模板与模板之间形成墙槽或柱槽。当灌注混凝土时，两侧模板就借助千斤顶的动力向上滑升，使混凝土在凝结过程中徐徐脱去模板，如图 4-1-7 所示。

爬升模板施工与滑动模板施工相似，如图 4-1-8 所示，不同的是支架通过千斤顶支承于

图 4-1-7　滑升模板

预埋在墩壁中的预埋件上。待浇筑好的墩身混凝土达到一定强度后，将模板松开，千斤顶上

顶，将支架连同模板升到新的位置。模板就位后，再继续浇筑墩身混凝土。如此往复循环，逐节爬升，每次各升高约 2 m。

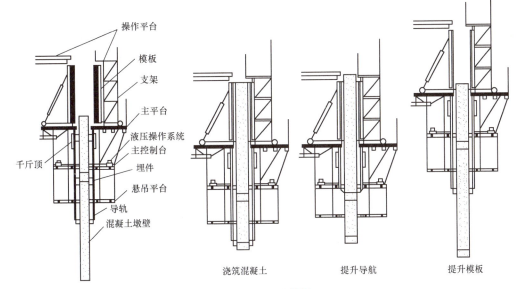

图 4-1-8　爬升模板

翻升模板施工是采用一种特殊钢模板，一般由三层模板组成一个基本单元，并配置有随模板升高的混凝土接料工作平台。当浇筑完上层模板的混凝土后，将最低层模板拆除翻上来拼装成第四层模板，以此类推，循环施工，翻升模板也能够用于有坡度的桥墩施工，如图 4-1-9 所示。

图 4-1-9　翻升模板

三、桥梁上部结构施工方法

桥梁上部结构的施工方法种类很多，主要可分为整体施工法和节段施工法。

支架现浇施工

(一)整体施工法

可以按照桥梁结构设计的体系，在结构的伸缩缝之间整体施工。当起重能力受到限制时，可在桥的横向按照原结构图式分割为预制梁，架设后装配成整体。因此，对于整体施工的桥梁，在施工中无体系转换的问题。

整体施工法包括在支架上就地浇筑施工法、预制装配施工法和整孔架设施工法。下面就从这三种方法进行分别介绍。

1. 就地浇筑施工法

就地浇筑施工是一种古老的施工方法，它是在桥孔位置搭设支架，并在支架上安装模板，绑扎及安装钢筋骨架，预留孔道，并在现场浇筑混凝土与施加预应力的施工方法。

就地浇筑施工法适用于旱地上的钢筋混凝土和预应力混凝土中小跨径连续架桥施工。这种施工法在立交桥中使用较多，如图 4-1-10 所示。

就地浇筑施工法的最重要一步就是搭设支架，对于支架搭设，也存在着不同的分类情况。按支架的构造形式，可分为满布式、柱式、梁式和梁柱式；按支架所使用的材料，可分为门式、扣件式、碗扣式、贝雷桁片、万能杆件等。

图 4-1-10　就地浇筑法

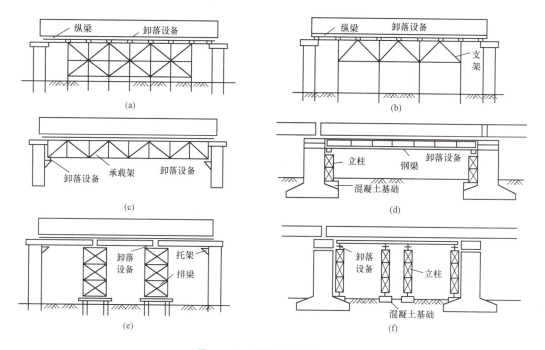

图 4-1-11　常见支架构造形式
(a)满布式；(b)柱式；(c)、(d)梁式；(e)、(f)梁柱式

图 4-1-11 中(a)为满布式；(b)为柱式；(c)、(d)为梁式；(e)、(f)为梁柱式。满布式支架按构件形式，有扣件式和碗扣式两种，如图 4-1-12 所示。

(a)   (b)

图 4-1-12   满布式支架

(a)扣件式钢管脚手架；(b)碗扣式脚手架

贝雷架又称贝雷片、贝雷梁或桁架，如图 4-1-13 所示，最先在第二次世界大战时由一名英国工程兵发明，以解决战争期间桥梁快速架设的需要，故以他的名字命名。贝雷架于1965 年定型生产，在我国得到了很大发展，广泛应用于国防战备、交通工程、市政水利工程，是我国应用最为广泛的组装式承重构件。其具有结构简单、运输方便、架设快捷、载重量大、互换性好、适应性强的特点。

万能杆件组件无标准尺寸，而贝雷架组件有标准尺寸，万能杆件的组装能满足更多的搭设要求，但相对来说，搭设速度较慢。龙凤大道道路工程万能杆件支架，如图 4-1-14 所示。

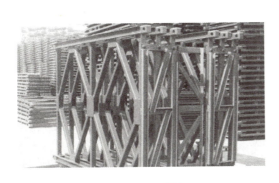

图 4-1-13   贝雷架   图 4-1-14   龙凤大道道路工程万能杆件支架

就地浇筑施工法的特点如下：

(1)桥梁整体性好，施工平稳、可靠，不需要大型起重设备；

(2)施工中无体系转换；

(3)预应力混凝土梁桥结构简化，施工方便；

(4)需要大量支架；

(5)施工工期长、费用高，需要较大的施工场地，施工管理复杂。

2. 预制装配施工法

预制装配施工法是在工厂或运输方便的桥址附近设置预制场，预制梁后采用一定的架设方法进行安装，最后横桥向连成整体。预制装配法适用于钢筋混凝土和预应力混凝土简支板、梁桥的施工，且跨径不超过 50 m。

穿巷式架桥机为预制装配法安装施工的一种方法，如图 4-1-15 所示。

穿巷式架桥机的特点如下：

(1)构件预制质量和尺寸易控制；

(2)上下部结构平行作业、缩短施工工期；

(3)有效利用劳动力，降低工程造价；

(4)安装时构件已有存放一段时间的混凝土龄期，可减小混凝土收缩、徐变引起的变形，使施工中预应力损失较小；

(5)不需大量模板、无需支架，不影响桥下交通；

图 4-1-15　穿巷式架桥机

(6)需要大型起吊运输设备。

3. 整孔架设施工法

整孔架设施工法是使用超大型的起吊、运输设备将一孔预制梁整体架设安装的方法，适用于利用驳船和浮吊在深水的大江、湖泊和海湾上建桥时采用，大多用于中小跨径梁桥施工，随着技术的不断发展和施工设备的更新，其应用范围也将不断扩大。图 4-1-16 所示为郑西铁路客运专线整孔箱梁架设。

海上长桥整孔箱梁运架技术及装备，如图 4-1-17 所示。该成果是结合我国首座外海跨海大桥——东海大桥施工取得的科技成果。在我国海上长桥的施工中首创了具有自主知识产权的跨径 70 m 整孔预制、先简支后连续架设工法；研制的集运输、架设功能于一体的专用起重船获国家专利；起重船采用中心起吊方式，具有可靠的操控性与良好的动力定位性；起重架自行倒伏及自动复位系统，方便进入长江等内河作业区域作业；研制的箱梁全方位水平状态调整控制系统，保证了运、架梁过程中梁体的安全和工程质量。该成果已在杭州湾大桥的施工中得到应用，产生了良好经济和社会效益。该成果获 2005 年度国家科技进步二等奖。

图 4-1-16　郑西铁路客运专线整孔箱梁架设

图 4-1-17　海上长桥整孔箱梁运架技术及装备

(二)节段施工法

采用节段施工法的共同特点是梁体分节段进行，经过若干施工过程后，形成设计的结构体系，故一般施工过程中有体系转换问题，使施工阶段的受力状态与运营状态不一致，如图 4-1-18 所示。

图 4-1-18　节段施工

节段施工法包含悬臂施工法、逐孔施工法、移动模架法和顶推施工法。

1. 悬臂施工法

悬臂施工法是在桥墩两侧对称逐段施工，使悬臂不断接长，直至合龙，与串糖葫芦、堆码积木类似。其可分为悬臂拼装法和悬臂灌注法。

(1)悬臂拼装法。悬臂拼装法是将梁体按节段预制，从桥墩两侧依次对称安装节段块件，张拉预应力筋，使悬臂不断接长，直至合龙。

(2)悬臂灌注法。悬臂灌注法又称无支架平衡伸臂法或挂(吊)篮法，是以已经完成的墩顶节段(0 号块)为起点，通过挂篮的前移对称地向两侧跨中逐段灌注混凝土，并施加预应力悬出循环作业方法。

悬臂灌注法施工顺序为先在墩顶上安装托架，托架上支承模板，进行 0 号梁段混凝土的灌注；在 0 号梁达到强度后拼组挂篮，两侧灌注 1 号梁段；依次方法悬臂灌注各个对称梁段，保持平衡，直至合龙。

悬臂灌注法特点如下：

1)施工期间可不影响桥梁通航；

2)逐段施工不需要大型起吊设备，仅用几个挂篮即可完成梁部施工；

3)每墩有两个工作面平行作业，几个墩可同时施工，有利于缩短工期；

逐孔悬挂拼装法

4)梁段施工都在挂篮上完成，能保证施工的连续性和施工质量；

5)节段施工都是重复作业，所需人员少，能较快熟练掌握施工技术，提高工效。

2. 逐孔施工法

逐孔施工法是中等跨径预应力混凝土梁桥常采用的一种施工方法，它使用一套设备从桥梁的一端逐孔施工。采用逐孔施工的主要特点在于施工能连续操作。桥越长，施工设备的周转次数越多，其经济效益越高。

逐孔施工法主要有预制梁的逐孔施工法、移动支架法、移动模架法。

(1)预制梁的逐孔施工法。预制梁的逐孔施工法是将连续梁分为若干梁段，预制时对梁段先施加一部分预应力，以承受自重，然后逐孔安装施工，如图 4-1-19 所示。其主要有简支—连续、悬臂—连续等施工方法。

(2)移动支架法。移动支架法是将梁先预制成若干节段，适用临时支架将预制节段组拼成梁，张拉预应力索筋并与完成的梁连接成整体后，移动临时支架逐孔施工，也称为组拼预制节段逐孔施工法。移动支架逐跨施工法指的是采用可在桥墩上纵向移动的支架及模板，在其上逐跨拼装水泥混凝土梁体预制件或现浇水泥混凝土，并逐跨施加预应力的施工方法，如图 4-1-20 所示。

图 4-1-19　预制梁的逐孔施工法

图 4-1-20　移动支架法

3. 移动模架法

移动模架法是使用一孔支架和模板现场灌注混凝土，当混凝土达到设计强度后，张拉预应力索筋，移动支架、模板逐孔施工，也称为逐孔现浇施工法。移动模架法属于逐孔施工方法中的一种，如图 4-1-21 所示。

移动模架施工法的特点如下：

1）施工中不影响通行、通航；

2）施工环境好、质量易保证；

3）机械化程度高，模板可多次循环使用；

4）施工中的接头可设在受力较小的部位；

5）一次性设备投资较大，施工技术操作较复杂；

6）宜在跨径小于 60 m 的大、中经济跨径的长桥上应用。

4. 顶推施工法

预应力混凝土连续梁桥顶推法施工是沿桥纵轴方向，在桥台后设置预制场浇筑梁段，达到设计强度后，施加预应力，向前顶推，空出底座继续浇筑梁段，随后施加预应力与先一段梁连接，直至将整个桥梁梁段浇筑并顶推完毕，最后进行体系转换而形成连续梁桥，如图 4-1-22 所示。

图 4-1-21　移动模架法

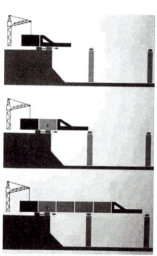

图 4-1-22　顶推施工法

1. 简述桥梁基础工程施工方法。
2. 简述桥梁上部整体施工和节段施工的区别。

任务二　桥梁施工测量

任务描述

在桥址处确定合理的桥位中心，进行合理的三角网布置，完成桥梁施工高程测量，确定桥梁墩台的位置，完成桥梁细部施工放样。

桥梁施工测量

知识链接

一、概述

施工测量的主要任务就是确定平面坐标和对应点位的高程。

桥梁施工测量的主要内容如下：

(1)桥位中线测量，主要控制桥轴线的长度和方向，用以定位桥墩、桥台的位置。

(2)桥梁三角网的布设，主要求出桥轴线长度及交会出墩台位置。

(3)高程测量。

二、桥位中线测量

桥轴线为桥位的中线。桥轴线长度指的是桥轴线上控制点的距离(图 4-2-1)。

桥轴线及其长度用来作为设计与测量墩台位置的依据。通过桥位轴线测量，保证桥梁中线长度和方向，确保墩台位置正确。两岸桥头和桥尾中线上埋设的控制桩。桥轴线及其长度是为保证墩台间的相对位置正确，并使其与相邻线路在平面位置上正确衔接。

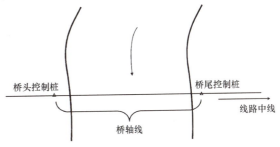

图 4-2-1　桥轴线及其长度

(一)预估桥轴线长度的精度

桥轴线精度取决于桥长、上部结构制造和架设误差。

(1)钢筋混凝土简支梁和钢板梁及短跨($l \leqslant 64$ m)简支钢桁梁、连续及长跨($l > 64$ m)简支钢桁梁精度计算公式。

设墩台中心点位放样的极限误差为 Δ_D(通常取 $\Delta_D = 10$ mm)，中误差为 $\Delta_D/2$，则相邻

二墩台中心的跨距中误差为

$$m_l = \pm \frac{\Delta_D}{2}\sqrt{2} = \pm \frac{\Delta_D}{\sqrt{2}}$$

设全桥共有 N 跨，则桥轴线长度的中误差为

$$m_L = m_l\sqrt{N} = \pm \frac{\Delta_D}{\sqrt{2}}\sqrt{N}$$

（2）钢板梁及短跨($l \leqslant 64$ m)简支钢桁梁。考虑梁长制造误差和固定支座安装误差 δ 的共同影响，单跨钢板梁和单跨简支钢桁梁的长度中误差为

$$m_l = \pm \frac{1}{2}\sqrt{\left(\frac{l}{5\,000}\right)^2 + \delta^2}$$

当桥梁为 N 跨时，则桥轴线长度 L 的中误差为

$$m_L = \pm\sqrt{m_{l_1}^2 + m_{l_2}^2 + \cdots + m_{l_N}^2}$$

（3）连续及长跨($l > 64$ m)简支钢桁梁。由 n 个节间构成的单联或单跨梁，设节间拼装的极限误差为 Δ_l(通常取 $\Delta_l = \pm 2$ mm)，则由于梁体拼装误差和固定支座安装误差 δ 的共同影响，每联(跨)长度的中误差为

$$m_l = \pm \frac{1}{2}\sqrt{n\Delta_l^2 + \delta^2}$$

当桥梁为 N 跨时，则桥轴线长度 L 的中误差为

$$m_L = \pm\sqrt{m_{l_1}^2 + m_{l_2}^2 + \cdots + m_{l_N}^2}$$

【例 4.1】 某三联三跨连续梁桥，每跨支座间距离为 128 m，由长 16 m 的 8 个节间组成，每联 24 个节间，固定支座安装极限误差为 ± 7 mm，试计算全桥桥轴线中误差。

解：单联中误差为

$$m_l = \pm \frac{1}{2}\sqrt{n\Delta_l^2 + \delta^2} = \pm \frac{1}{2}\sqrt{24 \times 2^2 + 7^2} = \pm 6.02(\text{mm})$$

全桥桥轴线中误差为

$$m_L = \pm\sqrt{m_{l_1}^2 + m_{l_2}^2 + \cdots + m_{l_N}^2} = m_l\sqrt{3} = \pm 10.43(\text{mm})$$

【例 4.2】 某钢桁架梁桥如图 4-2-2 所示，9 孔 3 联，每孔 10 节，每节桁架上下弦杆长度为 16 m；联与联之间支座中心距为 2 m。支座制造误差为 ± 5 mm，构件制造误差为 $l/5\,000$ mm。

图 4-2-2　钢桁架梁桥

解：全桥总长 $L = 9 \times 10 \times 16 + 2 = 1\,442(\text{m})$

每联极限误差：

$$\Delta\delta = \pm\sqrt{\delta_1^2 + N \cdot n\left(\frac{s}{5\,000}\right)^2 + \delta_2^2}$$

全桥极限误差：

$$\Delta D = \pm \sqrt{3}\,\delta$$

每联极限误差：

$$\Delta\delta = \pm\sqrt{\delta_1^2 + N \cdot n\left(\frac{s}{5\,000}\right)^2 + \delta_2^2} = \pm\sqrt{5^2 + 3 \times 10 \times \left(\frac{16\,000}{5\,000}\right)^2 + 5^2} = \pm 18.9(\text{mm})$$

全桥极限误差：

$$\Delta_{\mathrm{D}} = \pm\sqrt{3}\,\delta = \pm\sqrt{3} \times 18.9 = \pm 33(\text{mm})$$

相对中误差：

$$\frac{m_{\mathrm{D}}}{D} = \frac{33}{2 \times 1\,444\,000} = \frac{1}{87\,515}$$

(二)桥轴线长度的测量方法

桥轴线长度的测量方法如下：

(1)直接测定法：光电测距法、直接丈量法。

(2)间接测定法：三角网法。

1. 光电测距法

目前，光电测距法已广泛地代替钢尺量距。用测距仪进行墩、台定位同样必须对测距仪进行检定。

测设时，测距仪应架在桥轴线的控制桩上，墩台中心处安置反光镜，根据当时测得的气压、温度和斜距，进行气象改正及倾斜改正得到平距。

若是用全站仪测距，则仪器直接显示的是平距，与应有的距离进行比较，若相差很大，则移动反光镜再次测设；若相差不大，用钢尺量出其差值数来确定墩台的中心位置。定出各墩台的中心位置后，最后应与对岸的轴线桩进行检核。

光电测距法的特点是精度高、操作快、计算方便、不受地形限制。

2. 直接丈量法

(1)利用经纬仪定向；

(2)测量桩顶间高差；

(3)钢尺丈量距离，取三次结果平均值；

(4)计算桥轴线长度。

桥轴线长度计算公式：

$$l_i = l'_i + \Delta l + \Delta t + \Delta h$$
$$L_i = l_1 + l_2 + l_3 + \cdots + l_n$$

评定丈量的精度的指标如下：

(1)桥轴线中误差：

$$M = \pm\sqrt{\frac{[VV]}{n(n-1)}}$$

(2)相对中误差：

$$\frac{M}{L}=\frac{1}{n}$$

(3)使用条件：在水面较窄，地势平坦时可使用。

(4)优点：设备简单。

(5)缺点：精度不能得到保证，且操作不方便。

现因光电测距仪的广泛使用，而逐步被弃用。

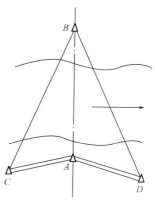

图 4-2-3　三角网法

3. 三角网法

(1)使用条件：深水大河，传统的测量方法。

(2)使用方法：如图 4-2-3 所示，将 AB 作为三角网的一条边，测量基线长度 AC、AD，用三角测量原理测量并解算。

三、桥梁三角网的布置

(一)布设需要

布设要点如下：

(1)三角点之间视野开阔，通视良好。

(2)三角点不被淹没，桩基牢固。

(3)三角网图形简单，桥轴线为三角形一边，并与基线相连。

(4)三角网边长为 0.5～1.5 倍河宽。

(5)布设两条基线，便于校核，长度为轴线 70%～80%。

布设目的是求出桥轴线长度及交汇出墩台位置。

(二)三角控制网示意图

根据桥梁跨越的河宽及地形条件，桥位平面控制可以采用三角测量、边角测量或 GPS 测量的方法建立，常用桥位控制网的图形为双三角形、大地四边形和双大地四边形(图 4-2-4)。图形的控制点数多、图形坚强、精度高，适用于大型、特大桥。

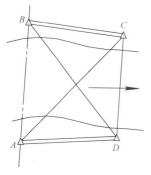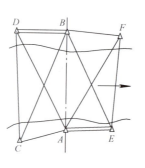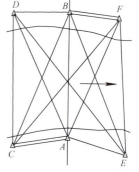

图 4-2-4　三角控制网

三角网测量精度应满足施工技术规范。

四、桥梁施工的高程测量

(一)布设高程控制点

布设水准基点时，均应考虑点的密度和高程控制的精度这两个方面的要求。测量基点由国家水准点引测复测后使用。

(二)水准基点

在桥址两岸布设一系列基本水准点(水准基点)和施工水准点，用精密水准测量联测，组成桥梁高程控制网。

水准基点是永久性的，必须十分稳固。除它的位置要求便于保护外，根据地质条件，可采用混凝土标石、钢管标石、管柱标石或钻孔标石。在标石上方嵌以凸出半球状的铜质或不锈钢标志。

(三)施工水准点

为了便于施工放样，可根据实际需要在施工地点附近设立若干个施工水准点。布设原则是方便施工、桩点稳定，不宜破坏。

(四)测量精度

高差偶然中误差：

$$M_\Delta = \pm \sqrt{\frac{1}{4n} \left[\frac{\Delta\Delta}{L} \right]}$$

水准测量的等级及精度要求，其他水准测量精度要求，可参考《公路桥涵施工技术规范》(JTG/T 3650—2020)中的有关条款规定。

五、桥梁墩台定位与轴线测量

在桥梁施工测量中，主要的工作是准确地测设出桥梁墩、台的中心位置，即所谓的墩、台中心定位，简称墩台定位。

桥梁墩台定位的方法(直线桥梁和曲线桥梁)主要是方向交会法、距离交会法、极坐标或直角坐标法。

(一)直线桥梁的墩台定位

直线桥梁墩台中心位于桥轴线上，根据桥轴线上控制点(A、B点)和墩台中心桩号，推算其间距，然后按照以下三种方法放样。

(1)直接丈量法；

(2)光电测距法；

(3)前方交会法。

1. 直接丈量法

直接丈量是根据计算出的距离，从桥轴线的一个端点开始，逐个测设出墩台中心，并附合于桥轴线的另一个端点上。若在限差范围之内，则依各端距离的长短按比例调整已测设出的距离。在调整好的位置上钉一小钉，即测设的点位。直接丈量法适用于无水或浅水河道直线桥梁的墩台测设。

2. 光电测距法

在桥轴线起点或终点架设仪器，并照准另一个端点。在桥轴线方向上设置反光镜，并前后移动，直至测量出的距离与设计距离相符，则该点即要测设的墩台中心位置。为了减少移动反光镜的次数，在测量出的距离与设计距离相差不多时，可用小钢尺测出其差数，以定出墩台中心的位置。

3. 前方交会法

(1)适用：如果桥墩位置无法直接丈量，也不便于架设反光镜，可采用前方交会法测设墩位。

(2)应用：前方交会法既可用于直线桥的墩台定位测量，也可用于曲线桥的墩台定位测量。

(3)方法：用前方交会法测设墩位，需要在河的两岸布设平面控制网，如导线、三角网、边角网、测边网等。

(4)基本原理：根据控制点坐标和墩台坐标，反算交会放样元素 α_i、β_i，在相应控制点上安置仪器并后视另一已知控制点，分别测设水平角 α_i、β_i，得到两条视线的交点，从而确定墩台中心的位置(图 4-2-5)。前方交会法又可分为异侧交会和同侧交会。

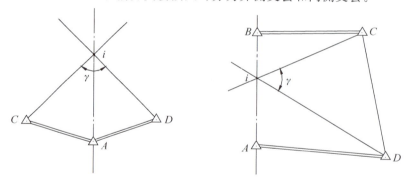

图 4-2-5 前方交会法的基本原理

4. 极坐标及直角坐标法

如图 4-2-6 所示，P_1、P_2、P_3、P_4 为纸上定线的某直线段欲放的临时点。在图上以附近的导线点 4、5 为依据，用量角器和比例尺分别量出 β_1、l_1、β_2、l_2 等放样数据。实地放点时，可用经纬仪和皮尺分别在 4、5 点按极坐标法定出各临时点的位置。

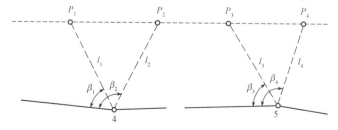

图 4-2-6 极坐标及直角坐标法

直角坐标法是将仪器安置于桥轴线点 A 或 B 上，瞄准另一轴线点作为定向，然后指挥棱镜安置在该方向上测设 AP 或 BP 的距离，即可定出桥墩中心位置 P 点。

(二)曲线桥梁的墩台定位

曲线桥的线路中线是曲线 $1'—2'—3'—4'$，每跨梁中心线的连线是折线 $1—2—3—4$，两者不能完全吻合(图 4-2-7)。

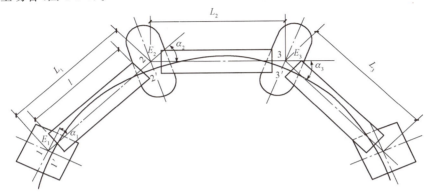

图 4-2-7　曲线桥

梁体中线的两端不位于路线中心线上，而向外侧移动距离 E，这样各孔梁体中线连接起来的折线基本与路线中线重合，该折线称为桥梁工作线。桥墩中心一般位于工作线转折角的顶点。注意路线测量精度。

墩台定位的方法如下：

(1)偏角法；

(2)长弦偏角法；

(3)交会法；

(4)全站仪坐标放样。

墩台定位与桥梁测量精度一致。

(三)墩台纵横轴线的测设

1. 直线桥

直线桥如图 4-2-8 所示。

(1)纵轴线：过墩台中心平行于线路方向的轴线 y。

(2)横轴线：过墩台中心垂直于线路方向的轴线 x。

(3)墩台的纵轴线：于线路的中线方向重合，不另测设。

(4)墩台的横轴线：在墩台中心置镜，自线路中线方向测设 $90°$。

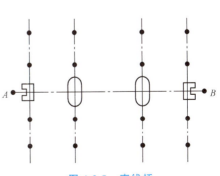

图 4-2-8　直线桥

2. 曲线桥

曲线桥如图 4-2-7 所示。

(1)墩台纵轴线：位于桥梁偏角 α 的分角线上。

(2)纵轴线测设：在墩台中心架设仪器，照准相邻的墩台中心，测设 $\alpha/2$ 角，即纵轴线的方向。

(3)横轴线测设：自纵轴线方向测设 90°，即横轴线方向。

六、桥梁细部施工放样

桥梁细部施工放样主要有基础放样、墩台细部放样及架梁时的测设工作。

(一)基础放样

基础放样包括明挖基础和桩基础两种形式。

1. 明挖基础

明挖基础是在墩台位置处挖出一个基坑，将坑底平整后，再灌注基础及墩身。

图 4-2-9 所示为边坡桩至墩、台轴线的距离 D：

$$D = b/2 + h \cdot m + l$$

式中 b——基础底边的长度或宽度；

$\quad\ \ h$——坑底与地面的高差；

$\quad\ \ m$——坑壁坡度系数的分母；

$\quad\ \ l$——基底每侧加宽度。

2. 桩基础

桩基础的构造如图 4-2-10 所示。它是在基础的下部打入基桩，在桩群的上部灌注承台，使桩和承台连成一体，再在承台以上灌筑墩身。基桩位置的放样以墩台纵、横轴线为坐标轴，按设计位置用直角坐标法测设；或根据基桩的坐标依极坐标的方法置仪器于任一控制点进行测设。后者更适用于斜交桥的情况。在基桩施工完成以后，承台修筑以前，应再次测定其位置，以做竣工资料。

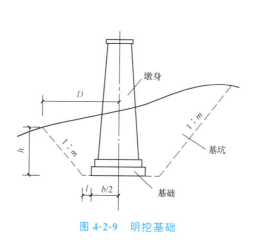

图 4-2-9 明挖基础

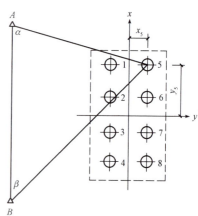

图 4-2-10 桩基础的构造

(二)墩台细部放样

墩台细部放样通常采用高程放样。

墩台施工中的高程放样，通常都在墩台附近设立一个施工水准点，根据这个水准点以水准测量方法测设各部的设计高程。

在基础底部及墩台的上部，由于高差过大，难以用水准尺直接传递高程时，可用悬挂钢尺的办法传递高程。

根据地面水准点 A 放样坑内水准点 B 的高程，可在坑边架设吊杆，杆顶吊一根零点向下的钢尺，尺的下端挂上重锤，在地面和坑内各安置一台水准仪，如图 4-2-11 所示。

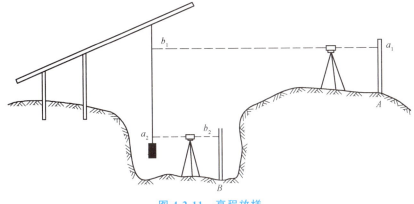

图 4-2-11　高程放样

(三)架梁时的测设工作

架梁是建造桥梁的最后一道工序。无论是钢梁还是混凝土梁，都是预先按设计尺寸做好，再运到工地架设。

架梁的测量工作主要是测设支座底板的位置，测设时也是先设计出它的纵、横中心线的位置。在墩台顶部的纵横轴线设出以后，即可根据它们的相互关系，用钢尺将支座底板的纵、横中心线设放出来。

课后思考题

1. 简述桥轴线长度的测量方法。
2. 简述直线桥梁墩台和曲线桥梁墩台的测量内容与方法。

任务三　桥梁墩台施工

任务描述

为桥梁墩台施工确定合理的施工方法，并明确不同施工方法的措施和注意事项。

桥梁墩台施工

一、混凝土墩台施工

混凝土墩台施工有两个主要的工序：一是制作与安装墩台模板；二是混凝土浇筑。

(一)墩台模板

墩台模板需要满足以下要求：足够的强度、刚度、稳定性；宜优先使用胶合板和钢模板；模板板面平整，接缝严密、不漏浆；拆装容易，施工方便安全。

墩台模板的类型如下：

(1)拼装式模板的板面平整、拆装容易、应用广泛。

(2)整体吊装模板的安装方便、施工安全快捷、模板刚性强、装拆方便。

(3)组合型钢模板的体积小、质量轻、运输方便、装拆简单、接缝紧密，适合在地面拼装，整体吊装。

(4)滑动、提升模板适合各种类型桥墩。

(二)混凝土浇筑施工要点

浇筑前的准备工作：将基础顶面冲洗干净→凿除表面浮浆→整修连接钢筋→检查模板。

(1)混凝土的运送采用墩台混凝土的水平与垂直运输相互配合方式。

如混凝土数量大，浇筑捣固速度快，可采用混凝土皮带运输机或混凝土输送泵。运输带速度应不大于 1.2 m/s，其最大倾斜角：当混凝土坍落度小于 40 mm 时，向上传送为 18°，向下传送为 12°；当坍落度为 40～80 mm 时，则分别为 15°与 10°。

(2)混凝土的灌注速度：为保证灌注质量，混凝土的配制、输送及灌注的速度不得小于

$$v \geqslant Sh/t$$

式中　v——混凝土配料、输送及灌注的容许最小速度；

　　　S——灌注的面积；

　　　h——灌注层的厚度；

　　　t——所用水泥的初凝时间(h)。

墩台是大体积砌体，为避免水化热过高，导致混凝土因内外温差引起裂缝，可采取如下措施：

(1)用改善集料级配、降低水胶比、掺加混合材料与外加剂、掺入片石等方法减少水泥用量；

(2)采用 C_3A(铝酸三钙)、C_3S(硅酸三钙)含量小、水化热低的水泥，如大坝水泥、矿渣水泥、粉煤灰水泥、低强度等级水泥等；

(3)减小浇筑层厚度，加快混凝土散热速度；

(4)混凝土用料应避免日光暴晒，以降低初始温度；

(5)在混凝土内埋设冷却管通水冷却。

水化热产生的裂缝如图 4-3-1 所示。

因此，为避免出现大面积的水化裂缝，进行大体积混凝土浇筑时通常都应进行分层分块浇筑。

分块时应注意的问题：当浇筑的平面面积过大，不能在前层混凝土初凝或能重塑前浇筑完成次层混凝土时，为保证结构的整体性，宜分块浇筑。

分块时应注意：各分块面积不得小于 50 m²；每块高度不宜超过 2 m；块与块间的竖向接缝面应与墩台身或基础平截面短边平行，与平截面长边垂直；上下邻层间的竖向接缝应错开位置做成企口，并应按施工接缝处理。

为了减少混凝土内部水化热，降低混凝土内外温差，避免混凝土开裂，在墩身混凝土内加设了 3 层冷却水管通水降温，每当混凝土的标高达到冷却水管位置时即开始通水降温。

铜陵桥主桥 5 号墩墩身圆弧段圆满浇筑完成，如图 4-3-2 所示。主桥 5 号墩墩身圆弧段采用两次浇筑，本次为第二次浇筑，浇筑高度为 4.5 m，总工程量为 967 m³。混凝土浇筑采用水平分层浇筑，分层厚度为 30 cm。

图 4-3-1 墩身水化热产生的裂缝　　　　图 4-3-2 铜陵桥主桥墩身施工

（三）墩台顶帽施工

墩台顶帽是用来支承桥跨结构的，其位置、高程及垫石表面平整度等，均应符合设计要求，以避免桥跨结构安装困难，或使顶帽、垫石等出现碎裂或裂缝，影响墩台的正常使用功能与耐久性。

墩台顶帽施工的主要工序如下：

（1）墩台帽放样：浇筑前应反复核实，以确保墩台帽中心、支座垫石等位置方向与水平标高等不出差错。

（2）墩台帽模板：浇筑混凝土应从墩台帽下 30～50 cm 处至墩台帽顶面一次浇筑，以保证墩台帽底有足够厚度的紧密混凝土。

（3）钢筋和支座垫板的安设：墩台帽上的支座垫板的安设一般采用预埋支座垫板和预留锚栓孔的方法。

墩台帽上的支座垫板的安设一般采用预埋支座垫板和预留锚栓孔的方法。前者须在绑扎墩台帽和支座垫石钢筋时，将焊有锚固钢筋的钢垫板安设在支座的准确位置上，即将锚固钢筋和墩台帽骨架钢筋焊接固定，同时将钢垫板做一木架，固定在墩台帽模板上。此法在施工时垫板位置不易准确，应经常检查与校正。后者须在安装墩台帽模板时，安装好预留孔模板，在绑扎钢筋时注意将锚接孔位置留出。此法安装支座施工方便，支座垫板位置准确。

二、装配式墩台施工

装配式墩台施工适用于山谷架桥、跨越平缓无漂流物的河沟、河滩等的桥梁，特别是在工地干扰多、施工场地狭窄，缺水与砂石供应困难地区，其效果更为显著。

装配式墩台具有结构形式轻便，建桥速度快，砌筑工程量省，预制构件质量有保证等优点。

装配式墩台施工包含砌块式墩台施工、柱式墩施工、后张法预应力混凝土装配墩施工、无承台大直径钻孔埋入空心桩墩施工。

(一)砌块式墩台施工

砌块式墩台的施工大体上与石砌墩台相同，只是预制砌块的形式因墩台形状不同而有很多变化，例如，1975 年建成的兰溪大桥，主桥墩身是采用预制的素混凝土过壳块分层砌筑而成(图 4-3-3)。壳块按其砌筑位置和具体尺寸分为五种型号，每种块件等高，均为 35 cm。块件单元重力为 900～1 200 N。每砌三层为一段落，该桥采用预制砌块建造桥墩式，不仅节约混凝土数量约 20%，节省木材 50 m³ 和大量铁件，而且砌缝整齐、外貌美观，更主要的是加快了施工速度，避免了洪水对施工的威胁。

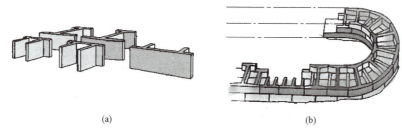

(a)   (b)

图 4-3-3　兰溪大桥预制砌块墩身施工示意

(a)空腹墩壳块；(b)空腹墩砌筑过程

(二)柱式墩施工

装配式柱式墩是将桥墩分解成若干轻型部件，在工厂或工地集中预制，再运送到现场装配成桥梁。装配式柱式墩有双柱式、排架式、板凳式和刚架式等。

施工工序包括预制构件、安装连接与混凝土填缝养护等。其中，拼装接头是关键工序，既要牢固、安全，又要结构简单、便于施工。

刚架式拼装墩和排架式拼装墩如图 4-3-4 所示。

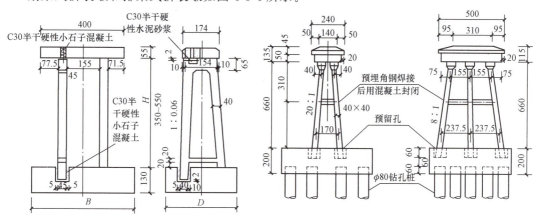

图 4-3-4　刚架式拼装墩和排架式拼装墩

170

常用的拼装接头的方式如下：

(1)承插式接头：将预制构件插入相应的预留孔内，插入长度一般为 1.2～1.5 倍的构件宽度，底部铺设 2 cm 砂浆，四周以半干硬性混凝土填充，常用于立柱与基础的接头连接。

(2)钢筋锚固接头：构件上预留钢筋或型钢，插入另一构件的预留槽内，或将钢筋互相焊接，再灌注半干硬性混凝土，多用于立柱与顶帽处的连接。

(3)焊接接头：将预埋在构件中的铁件与另一构件的预埋铁件用电焊连接，外部再用混凝土封闭。这种接头易于调整误差，多用于水平连接杆与主柱的连接。

(4)扣环式接头：相互连接的构件按预定位置预埋环式钢筋，安装时柱脚先坐落在承台的柱芯上，上下环式钢筋互相错接，扣环间插入 U 形短钢筋焊牢，四周再绑扎钢筋一圈，立模浇筑外围接头混凝土。要求上下扣环预埋位置正确，施工较为复杂。

(5)法兰盘接头：在相连接构件两端安装法兰盘，连接时用法兰盘连接，要求法兰盘预埋位置必须与构件垂直。接头处可不用混凝土封闭。

(三)后张法预应力混凝土装配墩施工

后张法预应力混凝土装配墩由基础、实体墩身、装配墩身组成。在基本块件中预留预应力孔道，进行后张法预应力的施工，如图 4-3-5 所示。

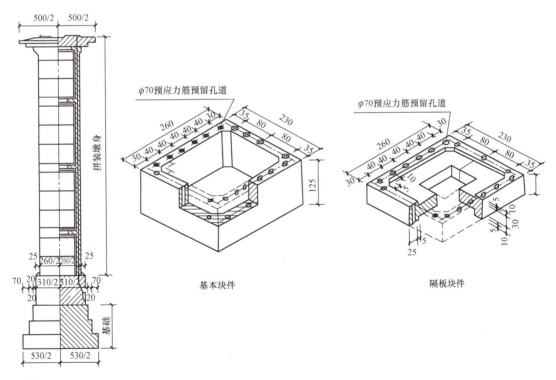

图 4-3-5　后张法预应力混凝土装配墩施工

安装构件关键如下：

(1)平：起吊平、构件顶面平、内外接缝要抹平。

(2)稳：起吊、降落、松钩要稳。

(3)准：构件尺寸、孔道位置、中线、预埋件。

(4)实：接缝，砂浆要密实。

(5)通：构件孔道。

(四)无承台大直径钻孔埋入空心桩墩施工

无承台大直径钻孔埋入空心桩墩工序：预钻孔→预制大直径钢筋混凝土桩墩节→吊拼桩墩节并用预应力后张连成整体→桩周填石压浆→桩底高压压浆→吊拼墩节→浇筑或组装盖梁等。

其特点是综合了预制桩质量的可靠性、钻孔成桩的工艺简便、成本低、适应性强等优点，摒弃了管柱桩技术设备复杂、成本高、不易穿透砂砾层、桩易偏位及钻孔灌注桩桩身质量难以保证等缺陷，集当今桩基先进施工技术之大成。

该项技术目前已在河南、湖南、江西、福建等广大区域内的桥梁工程中推广应用，并获得显著效益。

三、高桥墩施工

高桥墩施工包括实体墩、刚架薄壁墩、空心墩。

自20世纪70年代以后，较高的桥墩一般均采用空心墩。

高桥墩适用于公路或铁路通过深沟宽谷或大型水库，采用高桥墩，能使桥梁更为经济合理，不仅可以提高纵断面线形标准、缩短线路、节省造价，而且可以提高营运效益，减少日常维护工作。

之前的墩高纪录已经被打破。2004年12月14日，坐落在法国南部塔恩河谷的米约大桥正式竣工，它是当时世界上最高的桥。米约大桥因坐落在法国西南的米约市而得名，它是斜拉索式的长桥。尽管全长达2.46 km，但只用7个桥墩支撑，其中2、3号桥墩分别高达245 m和220 m，是当时世界上最高的两个桥墩。如果算上桥墩上方用于支撑斜拉索的桥塔，最高的一个桥墩则达到343 m，超过法国巴黎著名的埃菲尔铁塔23 m（图4-3-6）。

雅西高速上的腊八斤大桥（图4-3-7），全长为1 106 m，主桥为(105＋200×2＋105)m预应力混凝土悬浇连续刚构，桥高为230 m。其主墩高为182.6 m。

图 4-3-6 米约大桥

图 4-3-7 腊八斤大桥

高桥墩的施工设备与一般桥墩所用设备大体相同，但其模板另有特色，一般有滑动模板、爬升模板、翻升模板等几种，前面已经进行过介绍。

四、V形墩施工

V形墩施工的特点是结构轻盈、造型美观、力与美完美结合。它是用劲性材料（如型钢、钢管等）在桥位上先用无支架方法架设以形成V形骨架，然后围绕骨架浇筑混凝土，将劲性骨架作为混凝土的钢筋骨架，埋入混凝土（图4-3-8）。

广珠城轨小榄水道特大桥是V形刚构-拱组合桥，设计最高行车速度为200 km/h，是国内外同类型桥梁结构应用在高速铁路上跨度最大的桥梁，这座拱形桥采用的"先梁后拱"的施工方法也属国内少见。一般的钢拱桥都是先进行钢拱施工，以减少墩柱的承重，而小榄水道主桥是在主梁合龙后再安装钢拱。采用该种施工方法的原因在于钢拱的设计承重作用较小，80％的荷载都在两个V形墩上（图4-3-9）。

图 4-3-8　V形墩施工

图 4-3-9　广珠城轨小榄水道特大桥

两个V形墩在整个主桥工程中施工难度最大，原因在于V形墩两个斜腿施工时，根部的承台容易产生裂缝。为了克服这一难题，工程人员在两个斜腿的下面和内侧分别安装了临时支墩和临时拉索，以减轻施工时对承台造成的压力。

课后思考题

1. 简述混凝土墩台施工中大体积施工水化热反应需采取的措施。
2. 简述后张法预应力混凝土装配墩施工安装构件的关键工序。
3. 简述柱式墩施工拼装接头的形式。

任务四　梁桥施工

为梁桥施工选择合适的施工方法，明确各种施工方法的步骤和流程。

主梁制作工艺

知识链接

一、钢筋混凝土简支梁桥的制造工艺

梁桥施工的工艺流程包括支立模板、钢筋骨架成形、浇筑及振捣混凝土、养护及拆除模板。

(一)模板

模板按所采用的材料不同，可分为木模板、钢模板、钢木模板、胶合板模板、钢竹模板、塑料模板、玻璃钢模板、铝合金模板等。下面主要介绍木模板和钢模板。

1. 木模板

木模板的基本构造由紧贴于混凝土表面的壳板（又称面板）、支承壳板的肋木和立柱或横挡组成。壳板可竖直拼装或水平拼装。木模板基本构造如图 4-4-1 所示。

T 形梁木模板构造是在相邻横隔板之间的模板形成一个柜箱，每一对柜箱用顶部横木和穿通梁肋的螺栓拉杆来固定，并借助底的木楔进行装拆调整(图 4-4-2)。

图 4-4-1　木模板基本构造

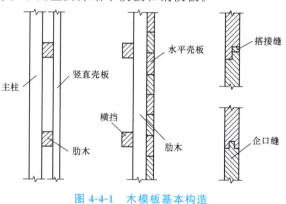

图 4-4-2　T 形梁木模板构造

空心板梁木制芯模板构造如图 4-4-3 所示。

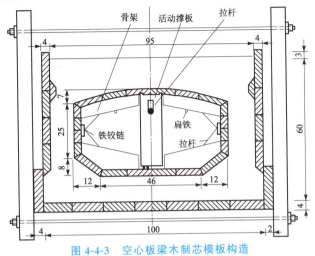

图 4-4-3 空心板梁木制芯模板构造

芯模是形成空心所必需的特殊模板，其结构形式关系到是否经济、方便拆装及周转率高等问题。木壳板的侧面装置铁铰链，使壳板可以转动。芯模的骨架和撑板每隔 70 cm 一道。撑板下端的半边朝梁端一侧用铰链与壳板连接，安装时借榫头钉紧，并在撑板上设直径为 20 mm 的拉杆。空心板梁的芯模还可以采用特制的充气橡胶管来完成。无论何种形式的模板，都要在壳板面上涂以隔离剂，以便脱模。

2. 钢模板

T 形梁钢模板和箱梁钢模板如图 4-4-4 所示。钢模板体系要求是尺寸准确、制作密贴，螺栓、拉杆、撑木牢固，涂抹脱模剂。

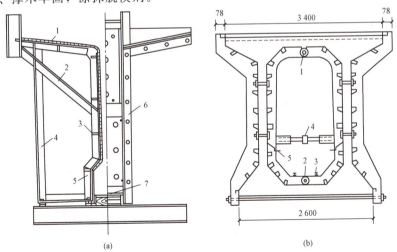

(a)   (b)

图 4-4-4 T 形梁钢模板和箱梁钢模板

(a) T 形梁钢模板

1—钢壳板；2—斜撑；3—水平肋；4—直撑；5—竖向肋；6—端模；7—底模

(b) 箱梁钢模板

1—上铰；2—下铰；3—轨道；4—伸缩杆；5—接缝箱梁钢模板

(二)钢筋加工

钢筋加工的工程包括钢筋整直、切断、除锈、弯制、焊接或绑扎成型等工序。

1. 钢筋加工的准备工作

对钢筋进行抽样检验，然后整直，整直过程中即完成除锈。电动调直机(或者手摇调直)如图 4-4-5 所示。

2. 钢筋的弯制和接头

下料后的钢筋可在工作平台上用手工或电动弯筋器按规定的弯曲半径弯制成型。钢筋的接头包括绑扎连接、焊接和机械连接。

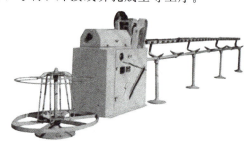

图 4-4-5　电动调直机

(1)绑扎连接。绑扎连接的条件是普通混凝土中直径不大于 25 mm 的钢筋。

设置在绑扎接头内力较小处，并错开布置，接头截面面积占钢筋总截面面积的百分率要符合要求。

绑扎连接长度要求应满足表 4-4-1 的规定。

表 4-4-1　受拉钢筋绑扎接头的搭接长度

钢筋类型	混凝土强度等级 C20	C25	高于 C25
HRB335	35d	30d	25d
HRB400	55d	50d	45d

钢筋接头应设置在内力较小处，并错开布置。绑扎连接的接头数量，在同一截面内，对受拉钢筋不宜超过受力钢筋的 1/4，对受压钢筋不宜超过受力钢筋的 1/2。接头相互之间的距离如不超过钢筋直径的 30 倍时，均视为在同一截面。

(2)焊接。焊接包括压焊(闪光对焊、电阻点焊、气压焊)和熔焊(电弧焊、电渣压力焊)。

焊接位置施工如图 4-4-6 所示。

闪光对焊的生产效率高、操作方便、节约钢材、焊接质量高、接头受力性能好等。电弧焊接要求两连接钢筋轴向一致；双面焊长度为 5d，单面焊长度为 10d(d 为钢筋直径)。闪光对焊包括连续闪光焊、预热闪光焊、闪光－预热闪光焊。应尽量采用焊接，以保证质量、提高效率和节约钢材。连续闪光焊适用于钢筋直径较小、钢筋级别较低的条件；在钢筋直径或级别超出规定时，如果钢筋端面较平整，则宜采用预热闪光焊。

搭叠式焊接的钢筋端部应预先折向一侧，使两接合钢筋在搭接范围内轴线一致，以减少偏心。电渣压力焊连接好以后的钢筋接头，如图 4-4-7 所示。利用焊接电流通过两根钢筋端面间隙，在焊剂层下形成电弧过程和电渣过程，产生电弧热和电阻热，熔化钢筋，加压完成的一种压焊方法。这种焊接方法比电弧焊节省钢材、工效高、成本低，但在供电条件差、电压不稳、雨季或防火要求高的场合应慎用。

图 4-4-6　焊接

图 4-4-7　电渣压力焊

焊接的施焊顺序宜由骨架的中间到两边，对称地向两端进行，并应先焊接下部后焊接上部，每条焊缝应一次成活，相邻的焊缝应分区对称地跳焊，不可顺方向连续施焊。

（3）机械连接。机械挤压套筒连接适用于高空作业的锥形螺纹钢筋连接施工（图 4-4-8）。

图 4-4-8　机械连接

3. 钢筋骨架的组成与安装

钢筋骨架可以焊接成型，也可以绑扎成型，但都必须保证骨架具有足够的刚度。钢筋骨架中包括纵向主筋、弯起筋或斜筋、箍筋、架立筋、分布钢筋等。焊接钢筋骨架应防止或减小焊接变形和应力。T 形梁钢筋骨架示意如图 4-4-9 所示。

一般的梁肋钢筋，先放箍筋，再安装下排主筋，后安装上排钢筋。在钢筋安装工作中为了保证达到设计及构造要求。

图 4-4-9　T 形梁钢筋骨架

（三）混凝土施工

混凝土施工包括混凝土的拌制、运输、浇筑、振捣、养护等。

1. 混凝土的拌制

混凝土的拌制可分为机械搅拌和商品混凝土两种。其中，机械搅拌又可分为自落式搅拌机、强制式搅拌机和混凝土搅拌站三种。

自落式搅拌机为材料自由下落方式的搅拌机。在自落式搅拌机中，搅拌筒以适当的速度旋转，材料也就随着搅拌筒不断回转着，并在其内固装有拌合叶片的拌合鼓内被拌和，叶片不断地将材料提升至一定的高度后，材料在自重作用下离开叶片自由坠落下来，这样反复地对材料进行搅拌，从而保证材料拌和的均匀性。

自落式搅拌机

强制式搅拌机的拌筒是固定不动的，而是由筒内转轴上的叶片旋转来搅拌材料（也有搅拌筒与叶片做相对旋转来强制拌和的），其搅拌作用是强烈的。

混凝土搅拌站主要由搅拌主机、物料称量系统、物料输送系统、物料储存系统和控制系统五大系统和其他附属设施组成。其生产效率比较高。

强制式搅拌机　　混凝土搅拌站

保证混凝土拌和均匀的重要条件是有足够的拌和时间。但注意拌和时间不能过长，否则会造成混凝土拌合物的分离现象。

混凝土最短搅拌时间见表 4-4-2。

表 4-4-2　混凝土最短搅拌时间

搅拌机类别	搅拌机容量/L	混凝土坍落度/mm		
		<30	30～70	>70
		混凝土最短搅拌时间/min		
自落式	≤400	2.0	1.5	1.0
	≤800	2.5	2.0	1.5
	≤1 200	—	2.5	1.5
强制式	≤400	1.5	1.0	1.0
	≤1 500	2.5	1.5	1.5

混凝土搅拌完毕后，应按要求检测混凝土拌合物的各项性能。混凝土拌合物的坍落度应在搅拌地点和浇筑地点分别取样检测，每一工作班或每一单元结构物不应少于两次。

2. 混凝土的运输

混凝土拌制完成后迅速从搅拌地点运往浇筑位置可采用泵送。其可分为水平运输、垂直运输和泵送混凝土三种情况。

水平运输在运距短时采用手推车、内燃翻斗车、轻便轨道车等，在运距长时采用混凝土搅拌运输车、汽车倾卸车、轨道牵引车。垂直运输需起重机配合吊斗。泵送混凝土是一种先进的运输方法，能同时满足水平和垂直运输的需要，可直接灌入模板；混凝土应有较大的流动性，泵机出口的坍落度宜在 60～90 mm 范围内（图 4-4-10）。

混凝土地泵是通过管道依靠压力输送混凝土的施工设备，它配有特殊的管道，可以将混凝土沿着管道连续地完成水平输送和垂直输送，是现有混凝土输送设备中比较理想的一种，它将预拌混凝土生产与泵施工相结合，利用混凝土搅拌运输车进行中间运转，可实现混凝土的连续泵送和浇筑。用于高楼、高速、立交桥等大型混凝土工程的混凝土输送工作

（图 4-4-11）。

图 4-4-10　泵送混凝土

图 4-4-11　混凝土地泵

3. 混凝土的浇筑

浇筑要点：做好准备（检查模板、钢筋和预埋体，做验收记录；防止离析措施及规定：滑槽、串筒、底开吊桶）。浇筑层厚度应满足表 4-4-3 的要求。

表 4-4-3　混凝土浇筑层厚度

振捣方式		浇筑层高度/cm
插入式、附着式振动器		30
表面振动	无筋或配筋稀疏的结构	25
	配筋较密的结构	15
人工捣固	无筋或配筋稀疏的结构	20
	配筋较密的结构	15

梁较高时应采用相应的厚度分层浇筑。厚度视振动器的能力而定，一般选用 15～30 cm；当采用人工振捣时，可选取 15～20 cm。对于又高又长的梁体，混凝土的供应量跟不上水平分层浇筑的进度时，可采用斜层浇筑，一般从梁的一段浇向另一端。采用斜层浇筑时，混凝土的倾斜角与混凝土的稠度有关，一般可用 20°～25°。

施工缝的位置应在混凝土浇筑之前确定，宜留置在结构受剪力和弯矩较小且便于施工的部位，并按下列要求处理：

(1)应凿除处理层混凝土表面的水泥砂浆和松弱层；

(2)经凿毛处理的混凝土面，应用水冲洗干净；

(3)施工缝为斜面时应浇筑成或凿成台阶状；

(4)施工缝处理后，须待处理层混凝土达到一定强度后才能继续浇筑混凝土。

4. 混凝土的振捣

混凝土的振捣可分为人工振捣和机械振捣两种。

(1)人工振捣适用于坍落度大、混凝土数量少或钢筋过密部位的场合。

(2)机械振捣适用于大规模混凝土浇筑，振捣设备有插入式振动器、附着式振动器和振动台等。

附着式振动器如图 4-4-12 所示。附着式振动器又称为平板振动器，是由机械所产生的振动作用，对物料产生振动使其逐渐密实的机器。

5. 混凝土的养护及模板拆除

混凝土养护的目的是为混凝土硬化创造必需的湿度、温度条件，防止水分过早蒸发或冻结，混凝土强度降低和出现收缩裂缝、剥皮、起砂等现象，确保混凝土质量。养护的关键是对在凝结硬化过程中的混凝土进行温度和湿度的控制。养护类型包括标准养护、自然养护和热养护。

标准养护是在室温为 20 ℃±2 ℃，湿度不小于 95％的标准养护室中养护 28 d。

自然养护是在构件上覆盖草袋、麻袋、稻草或砂子，经常洒水，以保持构件处于湿润状态。

室内蒸汽养护如图 4-4-13 所示。

热养护是为了加速混凝土的硬化过程，将其置于较高温度条件下进行硬化的养护，常用的热养护方法是蒸汽养护。

图 4-4-12　附着式振动器

图 4-4-13　室内蒸汽养护

混凝土拆模时的强度应符合设计的要求。侧模拆除时混凝土强度达到 2.5 MPa。底模拆除时混凝土强度大于设计强度的 70％。

6. 混凝土的冬期施工

冬期施工根据《公路桥涵施工技术规范》(JTG/T 3650—2020)规定，室外日平均气温连续 5 d 稳定低于 5 ℃，应按冬期施工处理。

混凝土冬期养护方法有蓄热法、蒸汽养护法、电热法、暖棚法和掺外加剂法等。鸭绿江界河公路大桥完成大体积混凝土浇筑，如图 4-4-14 所示。

进入冬季，东北的气温一直在零下，为了要浇筑已经完成了钢筋绑扎和模板安装的 60 m 现浇箱梁，项目部采取了多种保温措施。为了防止雪堆积在钢筋与模板中，下雪的时候，用彩条布把整个平面完全遮住，雪停后及时清除积雪。并用篷布把箱梁的支架和模板全部封闭起来。在浇筑混凝土期间，箱室采用 20 多个烤火器和暖风炮加温，模板翼板下用煤炉加温，工人 24 h 检测温度，

图 4-4-14　鸭绿江界河公路大桥冬期施工

混凝土始终保持在 10 ℃左右。同时，还对混凝土进行加热，运输过程中罐车也裹上了厚厚的棉被。通过一系列有效保温措施，保证了混凝土的质量，顺利地完成了极寒冰雪天气下大体积混凝土浇筑，不仅推进了施工进度，而且还为极寒冰雪大体积混凝土施工积累了宝贵经验。

二、预应力混凝土简支梁桥的制造工艺

(一)先张法预制工艺

先张法施工是在浇筑混凝土前在台座上或钢模上张拉预应力筋，并用夹具将张拉完毕的预应力筋临时固定在台座的衡量上或钢模上，然后进行非预应力筋的绑扎，支设模板，浇筑混凝土，养护混凝土至规定强度(一般不低于混凝土设计强度标准值的 75%)，保证预应力筋与混凝土之间有足够的黏结力时，放张或切断预应力筋，使预应力筋弹性回缩，通过混凝土与预应力筋之间的黏结力传递预应力，使之对钢筋混凝土构件受拉区的混凝土产生预压应力。

先张法(台座法)施工主要工艺流程：清理台座、刷隔离剂→预应力筋制作、非预应力筋骨架制作→穿预应力筋及安放非预应力钢筋骨架→安放预埋铁件→调整初应力→张拉预应力筋→安装模板→浇筑混凝土→养护混凝土→拆除模板→放张、切断预应力筋→构件起吊堆放→继续养护，如图 4-4-15 所示。

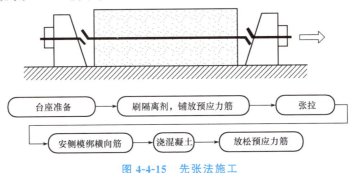

图 4-4-15　先张法施工

先张法可采用台座法、机组流水法和传送带法。采用台座法生产时，预应力筋的张拉、锚固，混凝土构件的浇筑、养护和预应力筋的放张等工序皆在台座上进行，预应力筋的张拉力由台座承受。用机组流水法和传送带法生产时，预应力筋的张拉力由钢模承受。先张法施工时，由于台座或钢模承受预应力筋张拉力的能力受到限制，并考虑到构件的运输条件，所以一般适用于生产中小型预应力混凝土构件，如预应力空心板、预应力屋面板、中小型预应力吊车梁等构件。因此，台座是先张法生产中的主要设备之一，要有足够的强度和稳定性。

1. 台座法预制

台座按构造形式不同，可分为墩式台座和槽式台座。

(1)墩式台座。墩式台座是靠自重和土压力来平衡张拉力所产生的倾覆力矩，并靠土壤的反力和摩擦力抵抗水平位移，也叫作重力式台座。台座由台面、承力架、横梁和定位钢板等组成(图 4-4-16)。

(2)槽式台座。当现场地质条件较差、台座又不是很长时，可采用槽式台座。槽式台座

与墩式台座不同之处在于预应力筋张拉力是由承力框架承受而得到平衡。槽式台座由台面、传力柱、横梁、横系梁等组成(图4-4-17)。传力柱和横系梁一般采用钢筋混凝土结构，其他部分与墩式台座相同。

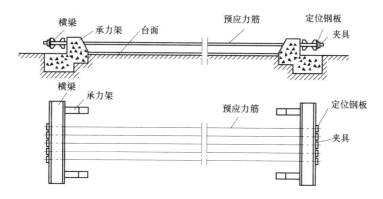

图 4-4-16　墩式台座

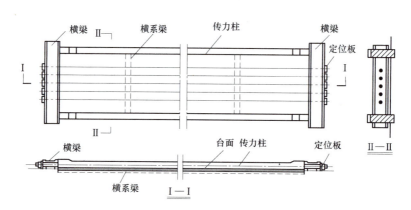

图 4-4-17　槽式台座

2. 预应力筋的张拉

预应力筋可采用钢绞线、高强度钢丝、精轧螺纹钢筋等，下料长度应根据预应力筋种类的不同通过计算确定。

(1)张拉前的准备工作。安装预应力筋的定位钢板；安装预应力筋；确定预应力筋的张拉力；将张拉力换算成液压张拉千斤顶上油压表的读数。

(2)张拉工艺。为了减少预应力筋的应力松弛损失，通常采用超张拉的方法；张拉时，台座两端不得站人，操作人员要站在台座侧面的油泵外侧进行工作，以策安全。

(3)预应力筋的放松。混凝土经养护达到设计规定的强度，设计未明确规定时，应达到设计强度等级值的75％以上，方可放松预应力筋。

预应力筋的张拉控制应力应符合设计要求。张拉控制应力的数值直接影响预应力的效果，控制应力越高，建立的预应力则越大。但控制应力过高，预应力筋处于高应力状态，使构件出现裂缝的荷载与破坏荷载接近，破坏前无明显的预兆，这是不允许的，因此，预应力筋的张拉控制应力(σ_{con})应符合设计规定，施工中预应力筋需要超张拉时，可比设计要求提高 5%，张拉程序见表 4-4-4。

表 4-4-4 先张法预应力筋张拉程序

预应力筋种类	张拉程序
钢筋	$0 \rightarrow$ 初应力 $\rightarrow 1.05\sigma_{con}$（持荷 2 min）$\rightarrow 0.9\sigma_{con} \rightarrow \sigma_{con}$（锚固）
钢丝、钢绞线	$0 \rightarrow$ 初应力 $\rightarrow 1.05\sigma_{con}$（持荷 2 min）$\rightarrow 0 \rightarrow \sigma_{con}$（锚固）
	对于夹片式等具有自锚性能的锚具： 普通松弛筋 $0 \rightarrow$ 初应力 $\rightarrow 1.03\sigma_{con}$（锚固） 低松弛力筋 $0 \rightarrow$ 初应力 $\rightarrow \sigma_{con}$（持荷 2 min，锚固）

(二)后张法预制工艺

后张法是先制作构件（或块体），并在预应力筋的位置预留出相应的孔道，待混凝土强度达到设计规定的数值后，穿入预应力筋并施加预应力，最后进行孔道灌浆，张拉力由锚具传给混凝土构件而使之产生预压力。后张法不需要台座设备，大型构件可分块制作，运到现场拼装，利用预应力筋连成整体。后张法的特点是直接在构件上张拉预应力筋，构件在张拉预应力筋过程中，施工工艺如图 4-4-18 所示。

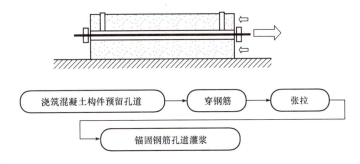

图 4-4-18 后张法预应力施工工艺流程

后张法的特点是直接在构件上张拉预应力筋，构件在张拉预应力筋过程中，完成混凝土的弹性压缩。因此，混凝土的弹性压缩不直接影响预应力筋有效预应力值的建立。后张法适宜于在施工现场制作大型构件（如屋架等），以避免大型构件长途运输的麻烦。后张法除作为一种预加应力的工艺方法外，还可作为一种预制构件的拼装手段。在后张法中，锚具是建立预应力值和保证结构安全的关键，要求锚具的尺寸形状准确，有足够的强度和刚度，受力后变形小，锚固可靠，不致产生预应力筋的滑移和断裂现象。另外，还应力求取材容易，加工简单，成本低，使用方便。

后张法工序要比先张法复杂，需预留孔道、穿钢筋、灌浆等工序，增加了投资成本和用钢量。

1. 预应力孔道的成型

孔道的留设是预应力后张法构件制作中的关键工序之一。所留孔道的尺寸与位置应正确，孔道要平顺，端部的预埋钢板应垂直于孔道中心线。孔道的直径一般应比预应力筋的外径（包括钢筋对焊接头的外径或需穿入孔道的锚具外径）大 10~15 mm，以利于预应力筋穿入。安放制孔器有埋置式和抽拔式两种。埋置式制孔器可采用镀锌薄钢管、铝合金波纹管等；抽拔式制孔器常用的有橡胶抽拔管、金属伸缩抽拔管和钢管等，目前已较少采用。常用的抽拔式制孔器(俗称抽拔管)有橡胶管制孔器、金属伸缩管制孔器和钢管制孔器三种。

2. 预应力筋的穿束

预应力筋可在浇筑混凝土之前或之后穿入管道，称为"穿束"。穿束前，可用空压机吹风等方法清理孔道内的污物和积水，以确保孔道畅通。孔道端部的预埋钢板应垂直于孔道轴线，孔道接头处不得漏浆，灌浆孔和排气孔应符合设计要求的位置。孔道不符合要求时，要清理或做好处理。

3. 预应力筋的张拉

后张法预应力筋张拉程序见表 4-4-5。

表 4-4-5　后张法预应力筋张拉程序

预应力筋种类		张拉程序
钢筋、钢筋束		$0 \rightarrow$ 初应力 $\rightarrow 1.05\sigma_{con}$(持荷 2 min)$\rightarrow \sigma_{con}$(锚固)
钢铰线束	对于夹片式等具有自锚性能的锚具	普通松弛力筋 $0 \rightarrow$ 初应力 $\rightarrow 1.03\sigma_{con}$(锚固) 低松弛力筋 $0 \rightarrow$ 初应力 $\rightarrow \sigma_{con}$(持荷 2 min 锚固)
	其他锚具	$0 \rightarrow$ 初应力 $\rightarrow 1.05\sigma_{con}$(持荷 2 min)$\rightarrow \sigma_{con}$(锚固)
钢丝束	对于夹片式等具有自锚性能的锚具	普通松弛力筋 $0 \rightarrow$ 初应力 $\rightarrow 1.03\sigma_{con}$(锚固) 低松弛力筋 $0 \rightarrow$ 初应力 $\rightarrow \sigma_{con}$(持荷 2 min 锚固)
	其他锚具	$0 \rightarrow$ 初应力 $\rightarrow 1.05\sigma_{con}$(持荷 2 min)$\rightarrow 0 \rightarrow \sigma_{con}$(锚固)
精轧螺纹钢筋	直线配筋时	$0 \rightarrow$ 初应力 $\rightarrow \sigma_{con}$(持续 2 min 锚固)
	其他锚具	$0 \rightarrow \sigma_{con}$(持荷 2 min 锚固)$\rightarrow 0$(上述程序可反复几次)$\rightarrow$ 初应力 $\rightarrow \sigma_{con}$(持荷 2 min)

穿筋前，应检查钢筋(或束)的规格、总长是否符合要求。穿筋时，带有端杆螺纹的预应力筋，应将丝扣保护好，以免损坏。钢筋束或钢丝束应将钢筋或钢丝顺序编号，并套上穿束器。先把钢筋或穿束器的引线由一端穿入孔道，在另一端穿出，然后逐渐将钢筋或钢丝束拉出到另一端。钢筋穿好后将束号的在构件上注明，以便核对。张拉应按顺序对称地进行，以防过大偏心压力导致梁体出现较大的侧弯现象。安装锚具及张拉设备时，对直线预应力筋，应使张拉力的作用线与孔道中心线在张拉过程中相互重合；对曲线预应力筋，应使张拉力的作用线与孔道末端中心点的切线相互重合。控制应力直接影响预应力的效果。当控制应力越高，建立的预应力值就越大，构件的抗裂性也越好。但控制应力和构件抗裂度如过高，则预应力筋在使用过程中经常处于过高应力状态，构件出现裂缝的荷载与破坏荷载很接近，往往在破坏前没有明显的警告，这是不允许的。

表 4-4-5 中涉及两种张拉程序。第一种张拉程序中，超张拉的目的主要是减少钢筋松弛、混凝土弹性压缩、锚具变形和孔道摩擦等所引起的应力损失。持荷 2 min 的目的主要是加速钢筋松弛的早期发展。重复张拉的目的除可减少应力损失外，尤其是在成束张拉时还可使钢筋的应力随着松弛的发展而得到调整，使每根钢筋受力均匀。第二种张拉程序中，超张

拉 3%后即锚固，其目的是弥补设计和施工中预见不到的或考虑不够的某些因素所造成的应力损失。为了施工方便，一般多采用第二种张拉程序，即进行一次超张拉。

锚具采用设计规定的 OVM 锚具，夹片必须附有产品合格证，校对实物检验型号、规格、硬度、质量、外观要求等。

固定端锚具是埋入混凝土中不用于张拉的锚具，有 P 型和 H 型。固定端 P 型锚具包括一块中间钻有孔的平板，钢绞线穿过板孔，在钢绞线末端挤压。挤压套、限位约束圈和螺旋箍筋，构成 P 型锚具，它适用于需要将预应力传递至梁端的结构。

锚板和夹片是 OVM 锚具的主要部件，OVM 张拉端锚具的锚固原理就是利用夹片(楔形)把绞线锚固于锚板锥形孔内，即当张拉千斤顶对钢绞线束进行张拉达到设计应力值以后，千斤顶放张，张拉端锚具的夹片即被匀速回缩运动的钢绞线束带进锚板的锥孔，形成一个锚固单元，钢绞线束的应力通过锚板及锚垫板传递到建筑结构上，形成永久性预应力。

4. 孔道压浆

预应力筋张拉锚固后，应进行孔道灌浆。其作用主要是保护预应力筋，防止其锈蚀和使预应力筋与结构混凝土形成整体。因此，孔道灌浆宜在预应力筋张拉锚固后尽早进行。孔道灌浆用灰浆除应满足强度和黏结力要求外，应具有较大的流动性和较小的干缩性、泌水性。因此，孔道灌浆应采用强度等级不低于 42.5 级普通硅酸盐水泥配制的水泥浆。水泥浆强度应不低于 20 N/mm^2，水胶比宜控制为 0.4～0.45，搅拌后 3 h 泌水率宜控制在 2%，最大不得超过 3%。对于空隙较大的孔道，水泥浆中可以掺入适量的细砂。为了增加孔道灌浆的密实性，在水泥浆中可掺入水泥用量万分之 0.5～1 的铝粉或 0.25% 的木质素磺酸钙或其他减水剂，但不得掺入氯化物或其他对预应力筋有腐蚀作用的外加剂。具体流程如下：

(1)准备工作。灌浆前，混凝土孔道应用压力水冲刷干净并润湿孔壁。孔道灌浆可用电动灰浆泵。水泥浆倒入灰浆泵时，必须过筛，以免水泥块或其他杂物进入泵体或孔道，影响灰浆泵正常工作或堵塞孔道。在孔道灌浆过程中，灰浆泵内应始终保持有一定的灰浆量，以免空气进入孔道而形成空腔。

(2)水泥浆的制备。灌浆时，水泥浆应缓慢均匀地泵入，不得中断，灌满孔道并封闭排气孔后，宜再继续加压至 0.5～0.6 MPa，并稳压一定时间，以确保孔道灌浆的密实性。用压力水冲洗孔道后，灌浆时应待排气孔中流出足量的浓浆后才能封闭灌浆孔。对于用不加外加剂的水泥浆灌浆，必要时，可掌握时机，进行二次灌浆，以提高孔道灌浆的密实性。灌浆顺序应先下后上，以避免上层孔道漏浆，而把下层孔道堵塞。曲线孔道灌浆宜由最低点压入水泥浆，至最高点排气孔排出空气及溢出浓浆为止。为确保曲线孔道最高处或锚具端部灌浆密实，宜在曲线孔道的最高处设立泌水竖管，使水泥浆下沉，泌水上升到泌水管内排除，并利用压入竖管内水泥浆的回流，以保证曲线孔道最高处或锚固处的灌浆密实。

(3)压浆程序和操作方法。压浆工艺有"一次压注法"和"二次压注法"两种。前者用于长度不大的直线形孔道；后者用于较长的孔道或曲线形孔道。

压浆顺序应先下孔道后上孔道，以免上孔道漏浆把下孔道堵塞。直线孔道压浆时，应从构件的一端压到另一端；曲线孔道压浆时，应从孔道最低处开始向两端进行。

二次压浆时，第一次从甲端压入直至乙端流出浓浆时将乙端的阀门关闭，待灰浆压力达到要求且各部再无漏水现象时再将甲端的阀门关闭。待第一次压浆后 30 min，打开甲、乙端的阀门，自乙端再进行第二次压浆，重复上述步骤，待第二次压浆完成经 30 min 后，卸除压浆管，压浆工作便告完成。

5. 封锚

为了避免锚头锈蚀，并防止其在运营过程中松动，应将锚固端用混凝土封固(图 4-4-19)。

孔道压浆后应立即将梁端水泥浆冲洗干净，并将端面混凝土凿毛。在绑扎端部钢筋网和安装封端模板时，要妥善固定，以免在浇筑混凝土时因模板变位而影响梁长。封端混凝土的强度应不低于梁体的强度。混凝土浇筑完成后，应进行养护。

图 4-4-19　箱梁锚固端封固

三、装配式梁桥的安装

(一)预制梁的出坑和运输

预制构件从预制场的底座上移出来，称为"出坑"。混凝土强度需达到设计强度的 75% 以上，预应力混凝土构件在预应力张拉以后才可以出坑。运梁车又称为炮车，运梁车是为公路桥梁架设专门设计的预制梁运输机械，由两个分别独立的运行机构（主动车、被动车）组成。运梁车兼有运梁和给架桥机喂梁的功能，主要适用于架桥工地、预制梁场等(图 4-4-20)。

装配式桥梁施工

图 4-4-20　运梁车

(二)预制梁的安装

1. 自行式起重机安装

陆地桥梁、城市高架桥预制梁安装常采用自行起重机安装(图 4-4-21)。一般先将梁运到桥位处，采用一台或两台自行式汽车起重机或履带起重机直接将梁片吊起就位，方法便捷，履带起重机的最大起吊能力达 150~1 000 kN。

2. 跨墩门式起重机安装

跨墩门式起重机安装适用于岸上和浅水滩及不通航浅水区域安装预制梁。两台跨墩龙门起重机分别设于待安装孔的前、后墩位置，预制梁由平车顺桥向运至安装孔的一侧，移动跨墩龙门起重机上的吊梁平车，对准梁的吊点放下吊架，将梁吊起。当梁底超过桥墩顶面后，停止提升，用卷扬机牵引吊梁平车慢慢横移，使梁对准桥墩上的支座，然后落梁就位，接着准备架设下一根梁（图4-4-22）。

图 4-4-21　自行式起重机

图 4-4-22　跨墩门式起重机

3. 浮式起重机安装

预制梁由码头或预制厂直接由运梁驳船运到桥位，浮吊船宜逆流而上，先远后近安装。浮吊船吊装前应下锚定位，航道要临时封锁。施工速度快，高空作业少，是航运河道上架梁常用的办法（图4-4-23）。

4. 穿巷起重机安装

穿巷起重机可支承在桥墩和已架设的桥面上，不需要在岸滩或水中另搭脚手架与铺设轨道（图4-4-24），因此，它适合在水深流急的大河上架设水上桥孔。

图 4-4-23　浮式起重机

图 4-4-24　穿巷起重机

宽穿巷式架桥机架梁步骤如下：一孔架完后，前后横梁移至尾部做平衡重→架桥机前移一孔，前支腿支撑在墩顶上→前横梁吊起T形梁，继续前移→后横梁吊起T形梁前移，对准梁位，固定前后横梁，再用吊梁小车横移梁就位。

准备工作完成后，先安装横梁，前置支架，后置支架，安装天车，运梁车进行喂梁，吊起水泥桥梁，完成架桥机的安装，之后便进行架桥机进行预制梁的安装过程。

四、就地浇筑施工法

就地浇筑施工法是一种古老的施工方法，是在桥孔位置搭设支架，并在支架上安装模板，绑扎及安装钢筋骨架，预留孔道，并在现场浇筑混凝土与施加预应力的施工方法。随着科技的不断进步，许多施工技术不断推陈出新。但对于采用其他施工方法都比较困难，或者施工不便、费用较高时，越来越多的中、大桥梁仍采用就地浇筑的施工方法。如高速公路上的各种互通立交桥，城市中的互通立交桥、高架道路等，其中的简支箱梁、连续箱梁，大多采用现浇施工，这样就使支架现浇技术得到了广泛的应用。现场浇筑混凝土梁桥的上部结

就地浇筑施工

构，首先应在桥孔位置搭设支架，以支承模板、浇筑的钢筋混凝土，以及其他施工荷载的重力，待施工完成后须拆除支架。支架虽为临时结构，但它要承受桥梁的大部分恒载，因此必须要有足够的强度和刚度，同时支架的基础应可靠，构件结合要紧密，并要有足够的纵、横、斜向的连接杆件，使支架成为整体。

(一)按构造分

支架按构造不同可分为立柱式支架、梁式支架和梁柱式支架三种(图 4-4-25)。

(1)图 4-4-25(a)所示的立柱式支架主要由竖直立杆作为主要承重杆件，由斜向支承保证其整体性，具有构造简单、搭设方便等特点，主要用于陆地或不通航河道及桥墩不高的小跨径桥梁施工。

(2)图 4-4-25(b)所示的梁式支架，是在两端设立立柱，上方设承重梁，模板直接支撑在承重梁上，梁可支撑在墩旁支柱上也可支撑在桥墩上预留的托架或桥墩处临时设置的横梁上，由此形成的支架形式。对于不同跨径梁式支架的承重梁形式也不同：当 $L < 10$ m，采用工字钢梁做承重梁；当 $L > 20$ m，采用钢桁架做承重梁。

(3)图 4-4-25(c)所示的梁柱式支架，是在梁式支架跨度比较大时，在跨的中间再设置几个立柱，梁支撑在多个立柱或临时墩上形成多跨梁柱式支架的形式。因此，梁柱式支架主要适用于桥梁较高、跨径较大或必须在支架下设孔通航或排洪的情况。

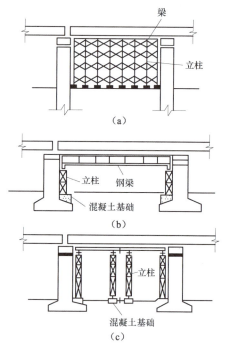

图 4-4-25 支架的构造分类
(a)立柱式；(b)梁式；(c)梁柱式

(二)按材料分

支架按材料不同可分为木支架(已很少采用)、钢管支架、贝雷架和万能杆件拼装支架等。

1. 钢管支架

钢管支架主要介绍钢管扣件式支架和碗扣式钢管支架两种。

(1)钢管扣件式支架。钢管扣件式支架由钢管、扣件、脚手板和底座等组成，钢管一般用外径 48 mm、厚 3.5 mm 的焊接钢管。用于立柱、纵向水平杆和支撑杆(包括剪刀撑、横向斜撑、水平斜撑等)的钢管长宜为 4~6.5 m；用于横向水平杆的钢管长以 2.2 m 为宜。扣件用于钢管之间的连接，其基本形式有三种，即直角扣件、旋转扣件和对接扣件

（图 4-4-26）。

1）图 4-4-26（a）所示为直角扣件。直角扣件是用于垂直交叉杆件间连接的扣件，它依靠扣件与钢管之间的摩擦力来传递荷载的。

2）图 4-4-26（b）所示为旋转扣件。旋转扣件是用于平行或斜交杆件间连接的扣件。

3）图 4-4-26（c）所示为对接扣件。对接扣件是用于杆件对接连接的扣件。

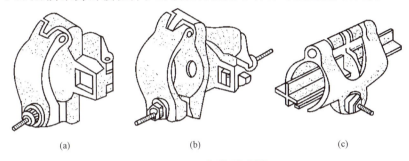

图 4-4-26　扣件形式图
（a）直角扣件；（b）旋转扣件；（c）对接扣件

钢管扣件式支架的基本形式有双排和单排两种。单排、双排与满堂支架立杆接长除顶层顶步外，其余各层各步接头必须采用对接扣件连接。高度在 24 m 及以上的双排脚手架应在外侧全立面连续设置剪刀撑；高度在 24 m 以下的单排、双排脚手架，均必须在外侧两端、转角及中间间隔不超过 15 m 的立面上，各设置一道剪刀撑，并应由底至顶连续设置（图 4-4-27）。

扣件进入施工现场应检查产品合格证，并应进行抽样复试，技术性能应符合《钢管脚手架扣件》（GB/T 15831—2023）的规定。

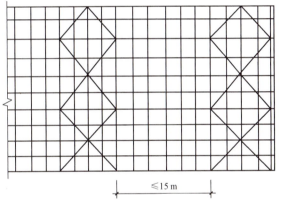

图 4-4-27　高度 24 m 以下剪刀撑布置

扣件在使用前应逐个挑选，有裂缝、变形、螺栓出现滑丝的严禁使用。作业层上的施工荷载应符合设计要求，不得超载。不得将模板支架、缆风绳、泵送混凝土和砂浆的输送管等固定在架体上；严禁悬挂起重设备，严禁拆除或移动架体上安全防护设施。

扣件在搭接时需要注意的问题：当立杆采用对接接长时，立杆的对接扣件应交错布置，两根相邻立杆的接头不应设置在同步内，同步内隔一根立杆的两个相隔接头在高度方向错开的距离不宜小于 500 mm；各接头中心至主节点的距离不宜大于步距的 1/3；当立杆采用搭接接长时，搭接长度不应小于 1 m，并应采用不少于 2 个旋转扣件固定。端部扣件盖板的边缘至杆端距离不应小于 100 mm。

（2）碗扣式钢管支架。碗扣式钢管支架是在吸取国外同类型支架的先进接头和配件工艺的基础上，结合我国实际情况而研制的一种新型支架。碗扣式支架接头构造合理，制作工艺简单，作业容易，使用范围广，能充分满足房屋、桥涵、隧道、烟囱、水塔等多种建筑物的施工要求。与其他类型脚手架相比，碗扣式支架是一种有广泛发展前景的新型支架。

碗扣式钢管支架由钢管立杆、顶杆、横杆、碗扣接头等组成。各组成部分的构造要求如下：

1）立杆由一定长度直径48 mm×3.5 mm钢管上每隔0.6 m安装碗扣接头，并在其顶端焊接立杆焊接管制成，用作支架的垂直承力杆。

2）顶杆即顶部立杆，在顶端设有立杆的连接管，以便在顶端插入托撑。用作支撑架（柱）、物料提升架等顶端的垂直承力杆。

3）横杆由一定长度的直径48 mm×3.5 mm钢管两端焊接横杆接头制成，用于立杆横向连接管，或框架水平承力杆。单横杆仅在直径48 mm×3.5 mm钢管一端焊接横杆接头；用作单排脚手架横向水平杆。

4）斜杆在直径48 mm×3.5 mm钢管两端铆接斜杆接头制成，用于增强支架的稳定强度，提高支架的承载力。斜杆应尽量布置在框架节点上。

5）底座由150 mm×150 mm×8mm的钢板在中心焊接连接杆制成，安装在立杆的根部，用作防止立杆下沉并将上部荷载分散传递给地基的构件。

碗扣式钢管支架的基本构造和搭设要求与钢管扣件式支架类似，不同之处主要在于碗扣接头。碗扣接头是由上碗扣、下碗扣、横杆接头和上碗扣的限位销等组成的。在立杆上焊接下碗扣和上碗扣的限位销，将上碗扣套入立杆内。在横杆和斜杆上焊接插头。组装时，将横杆和斜杆插入下碗扣内，压紧和旋转上碗扣，利用限位销固定上碗扣（图4-4-28）。碗扣式钢管支架立柱横距为1.2 m，纵距根据支架荷载可为1.2 m、1.5 m、1.8 m、2.4 m，步距为1.8 m、2.4 m。搭设时立杆的接长缝应错开，第一层立杆应用长1.8 m和3.0 m的立杆错开布置，往上均用3.0 m长杆，至顶层再用1.8 m和3.0 m两种长度找平。高30 m以下支架垂直度偏差应控制在1/200以内，高30 m以上支架应控制在1/400～1/600，总高垂直度偏差应不大于100 mm。

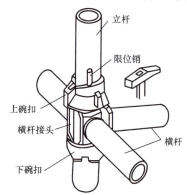

图4-4-28 碗扣接头的连接

碗扣型多功能支架接头结构合理，制作工艺简单，作业容易，使用范围广，与传统支架相比，碗扣型多功能支架具有以下显著特点：

1）碗扣节点结构合理。力杆轴向传力，使支架整体在三维空间、结构强度高、整体稳定好，能满足施工安全的需要。

2）支架组架形势灵活，根据施工需要，能组成模数为0.6 m的多种组架尺寸和荷载的单排、双排支架、支撑架、物料提升支架等多功能的施工装备，并能做曲线布置，又可在任意高差地面上使用，根据不同的负载要求，可灵活调整支架间距。

3）碗扣支架各构件尺寸统一、搭设的支架具有规范化、标准化的特点。

4）装拆功效高，减轻劳动强度，装拆速度比扣件式支架快3～5倍。

5）完全避免了螺栓作业，不易丢失散件，构件轻便、牢固，使用安全、可靠，一般锈蚀不影响装拆作业，维护简单，运输方便。

6）可利用现在扣件式钢管支架进行装备改造，大大降低更新成本。

（3）支架搭设的基本构造要求。

1）立杆的构造要求。

①双排支架立杆的纵距（立距）宜控制为 1.05～2 m。

②单排支架立杆的纵距（立距）宜控制为 1.2～1.8 m。

③每根立杆底部应设置底座或垫板（底座、垫板均应准确地放在定位线上；垫板宜采用长度不少于 2 跨、厚度不小于 50 mm 的木垫板，也可采用槽钢）。

④支架地基与基础的施工，必须根据支架搭设高度、搭设场地土质情况与《建筑地基基础工程施工质量验收标准》（GB 50202—2018）的有关规定进行。

⑤支架底座底面标高宜于自然地坪 50 mm。

⑥支架基础经验收合格后，应按施工组织设计的要求放线定位。

2）纵、横向扫地杆构造要求。支架必须设置纵、横向扫地杆。纵向扫地杆应采用直角扣件固定在距底座上皮不大于 200 mm 处的立杆上；横向扫地杆也应采用直角扣件固定在紧靠纵向扫地杆下方的立杆上。当立杆基础不在同一高度上时，必须将高处的纵向扫地杆向低处延长两跨与立杆固定，高低差不应大于 1 m。靠边坡上方的立杆轴线到边坡的距离不应小于 500 mm（图 4-4-29）。

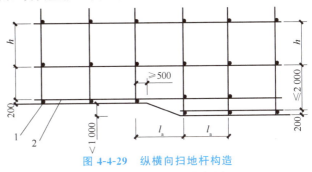

图 4-4-29 纵横向扫地杆构造

1—横向扫地杆；2—纵向发地杆

l_a—纵距；h—步距

3）横向水平杆的构造要求。双排支架的横向水平杆两端均应采用直角扣件固定在纵向水平杆上；单排支架的横向水平杆的一端，应用直角扣件固定在纵向水平杆上，另一端应插入墙内，插入长度不应小于 180 mm。主节点处必须设置一根横向水平杆，用直角扣件扣接且严禁拆除。主节点处两个直角扣件的中心距不应大于 150 mm。在双排支架中，靠墙一端的外伸长度 a 不应大于 $0.4L_a$，且不应大于 500 mm（图 4-4-30）。

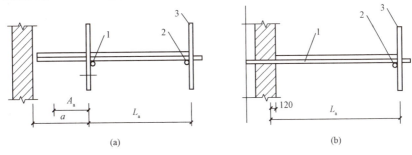

图 4-4-30 横向水平杆构造要求

（a）双排支架；（b）单排支架

1—横向水平杆；2—纵向水平杆；3—立杆

2. 贝雷架

贝雷架又称贝雷片、贝雷梁或桁架，可用于公路桥梁、拼装龙门起重机、导梁、架桥机、吊篮等。

贝雷架按用途不同可分为主体结构、桥面系、支撑连接结构和桥端结构四大部分。贝雷架主要由桁架片、销子、横梁、纵梁等通过铰接和螺栓拼装而成(图 4-4-31)。

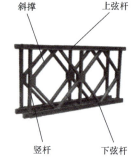

桁架片是组成贝雷架的基本单元。桁架片由上下弦杆、竖杆和斜撑组成。销子是用于连接桁架，其端部有一小圆孔，用来安装保险插销，防止销子脱落。加强弦杆是为提高贝雷架的抗弯能力，发挥桁架腹杆抗剪作用而设置的杆件。

图 4-4-31　贝雷架的组成部件

贝雷架的用途主要包含以下四个方面：

(1)桥梁施工中用的脚手架、塔架等临时设备；

(2)架桥机、起重机等架桥设备；

(3)装配式钢桥的梁体及各种钢桥的承重结构；

(4)其他临时承重设备。

贝雷架除可以作为支架的应用和架桥机的应用外，还可以作为梁桥。在 2010 年"6.18"和"7.7"两次特大洪灾中，泰宁城区两座主桥梁——水南桥和东洲桥相继被冲毁，给泰宁城区数万人民群众的出行造成了严重影响。在东洲应用贝雷架作为临时便桥，地址位于原东洲桥上游约 80 m 位置，按双车道设计，两侧设置人行通道，该桥全长为 170 m，其中钢架桥梁长为 123 m，宽为 8 m，桥墩跨度为 12 m，桥梁上部结构采用贝雷架和预制混凝土板，下部结构采用打入式钢管桩基础，便桥两岸设置混凝土桥台与既有道路连接，设计使用年限近 1 年，能通行非机动车、行人及小型汽车。

3. 万能杆件拼装支架

万能杆件拼装支架和贝雷架有相似之处，但万能杆件拼装支架组件无标准尺寸，而贝雷架组件有标准尺寸，万能杆件拼装支架的组装能满足更多的搭设要求，但相对来说，搭设速度较慢。万能杆件拼装支架是由角钢和连接板组成的，用螺栓连接的桁架杆件(图 4-4-32)。

万能杆件拼装支架的构件一般分为以下三大类：

(1)杆件：拼装时组成桁架的弦杆、腹杆、斜撑；

(2)连接板：有各种规格，可将弦杆、腹杆、斜撑等连接成需要的各种形状；

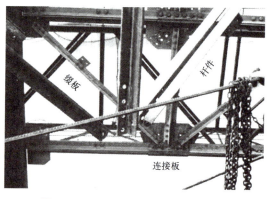

(3)缀板：可在各种弦杆、腹杆等节间中点做一个加强连接点，使组合断面的整体性更好。

万能杆件拼装支架的优点包含以下几个方面：

(1)通用性强，各杆件均为标准件；

图 4-4-32　万能杆件拼装支架的组成

(2)装拆、运输方便；

(3)利用率高；

(4)可拼装成多种形式；

(5)可作为墩台、索塔施工脚手架。

4. 军用梁

我国主要应用的军用梁是六四式铁路军用梁。六四式铁路军用梁是我国自行研制的、中等跨度适用的、标准轨距和1m轨距通用的一种铁路桥梁抢修制式器材，1964年6月经国务院军工产品定型委员会批准设计定型。六四式铁路军用梁是一种全焊构架、销接组装、单层或双层的多片式、明桥面体系的拆装式上承钢桁梁。

军用梁主要用于战时标准轨距铁路桥梁的梁部结构的应急抢修，也适用于1m轨距的铁路桥梁；必要时，也可用作铁路浮桥的梁部结构。在新建铁路工程中，也可作临时桥梁和平时铁路桥梁防洪抢险器材使用；在桥梁建设工程中，作为工程辅助器材，可广泛用作施工便桥、脚手架或拼组简易架桥机、龙门式起重机等。增配公路桥面后，也可以用于公路桥梁抢修和临时公路便桥的快速修建，以及公路工程的施工辅助器材。

5. 装配式公路钢桥桁节拼装支架

用装配式公路钢桥桁架节可拼装成桁架和支架。为加大桁架梁孔径和利用墩台做支承，也可拼成八字斜撑桁架梁。桁架梁与桁架梁之间，应用抗风拉杆和斜撑等进行横向连接，以保证桁架梁的稳定。

6. 轻型钢支架

桥下地面较平坦，地基有一定承载力的梁桥，为节省木料，宜采用轻型钢支架。轻型钢支架的梁和柱，以工字钢、槽钢或钢管为主要材料，斜撑、连接件等可采用角钢。构件应制成统一规格和标准；排架应预先拼装成片或组，并以混凝土、钢筋混凝土枕木或木板作为支承基底。为了防止冲刷，支承基底需埋入地面以下适当的深度。为适应桥下高度，排架下应垫以一定厚度的枕木或木楔等。

(三)特点

(1)桥梁的整体性好，施工平稳、可靠，不需大型起重设备；

(2)施工中无体系转换；

(3)预应力混凝土连续梁桥可以采用强大预应力体系，使结构构造简化，方便施工；

(4)需要使用大量施工支架，跨河桥梁搭设支架影响通航和排洪，施工期间支架能受到洪水和漂浮物的威胁；

(5)施工工期长、费用高，需要有较大的施工场地，施工管理复杂。

五、悬臂施工法

悬臂施工法是20世纪50年代发展起来的一项建桥技术，在大跨度桥梁中，80%左右的桥梁都用此方法建造。悬臂施工技术是桥梁技术的一次革命，大大推动了桥梁建设。

悬臂浇筑施工

悬臂施工法是在桥墩两侧对称逐段就地(原位)浇筑混凝土，待混凝土强度达到一定强度后，张拉预应力筋，移动机具、模板继续施工，使悬臂不断接长，直至合龙。主要应用在预应力混凝土悬臂梁桥、连续梁、连续刚构、斜腿刚构、桁架桥、拱桥、斜拉桥和钢桥等结构中。

悬臂施工法具有以下特点：

(1)跨间无支架、便桥，由已建墩、梁承重，对桥下航行无影响；

(2)能减少施工设备，简化施工工序；

(3)可多孔同时施工，有利于缩短工期；

(4)施工费用少，造价低；

(5)施工内力与成桥内力相协调、结构经济，跨越能力大；

(6)适用性广；

(7)在超静定结构中使用，存在体系转换问题，注意施工阶段验算。

悬臂施工法按节段成型方式，可分为悬臂拼装法和悬臂浇筑法。

(一)悬臂拼装法

将梁部结构化整为块，分块预制，利用移动式起重机起吊节段，从墩顶开始，对称的逐段拼装，利用环氧树脂和预应力钢筋连接成整体，直到合龙成桥。

对悬臂拼装和悬臂浇筑两种方法的节段形成和施工方法等方面进行了对比，具体见表4-4-6。

平衡悬臂拼装法

表4-4-6 悬臂拼装法和悬臂浇筑法的比较

项目	悬臂拼装法	悬臂浇筑法
节段形成	预制	现浇
主要施工平台和机具	预制平台、移动式起重机	挂篮
起重能力	起吊节段，起吊能力大	起吊钢筋和混凝土，起吊能力小
施工进度	因节段预制，上下部同时施工，且拼装工期短1~2 d	混凝土现浇，节段施工周期5~7 d
结构整体性	拼装接缝一般为胶接缝，整体性差	存在节段施工缝，整体性好
施工变形控制	控制难度大，靠接缝调整	易控制，挂篮标高调整
适用性	逐渐得到人们认可	主要采用，但受温度控制

从表4-4-6中比较可以看出，现比较常用的还是悬臂浇筑法，所以重点介绍悬臂浇筑法。

(二)悬臂浇筑法

悬臂浇筑法又称为无支架平衡伸臂法或挂(吊)篮法。它是以已经完成的墩顶节段(0号块)为起点，通过挂篮的前移对称地向两侧跨中逐段浇筑混凝土，并施加预应力悬出循环作业方法。悬臂浇筑法每节段长一般为2~5 m(在斜拉桥施工中现已达到8~10 m)。

悬臂浇筑法形象地说就是串糖葫芦或者是堆码积木的过程。从其定义来看，悬臂浇筑法中一个比较重要的内容就是0号块的施工。

悬臂浇筑法的施工顺序：0号块施工→拼装挂篮(预压试验)→施工下一节块→合龙→解

除临时固结→完成体系转换，具体如图 4-4-33 所示。

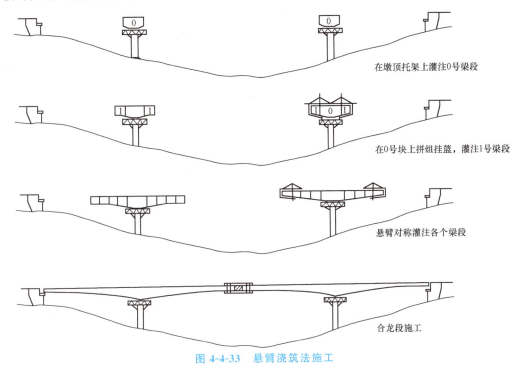

在墩顶托架上灌注0号梁段

在0号块上拼组挂篮，灌注1号梁段

悬臂对称灌注各个梁段

合龙段施工

图 4-4-33　悬臂浇筑法施工

由图 4-4-33 中可以看出，悬臂浇筑施工的重点就是四个过程，即 0 号块施工、挂篮施工、边跨现浇段、合龙段施工。所以，对于悬臂浇筑施工法主要从这四个方面进行介绍。

悬臂浇筑施工法的特点如下：

(1)施工期间可不影响桥梁通航；

(2)逐段施工不需要大型起重设备，仅用几个挂篮即可完成梁部施工；

(3)每墩有两个工作面平行作业，几个墩可同时施工，有利于缩短工期；

(4)梁段施工都在挂篮上完成，能保证施工的连续性和施工质量；

(5)节段施工都是重复作业，所需人员少，能较快地熟练掌握施工技术，提高工效。

1. 悬臂施工 0 号块施工

(1)0 号块施工支架。在悬臂施工中，先在桥墩在浇筑 0 号块，一般采用满堂支架法，强度达到规定值后，就可以 0 号块为操作平台，在其上安装施工机械、挂篮等进行对称浇筑或装配1号块、2号块等。一般来说，0 号块质量很大，混凝土厚度很厚，可以承受大的弯矩，长度较长以保证足够的空间放置施工机械，对称的 1、2 号块根据跨度一般为 3.5～4 m。

0 号块一般需在桥墩两侧设托架或支架现浇，如图 4-4-34 所示。

(2)临时固结。悬臂法施工时，主墩临时固结

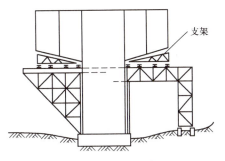

支架

图 4-4-34　0 号块

（临时支座）是上部构造施工安全和质量的关键工序，施工临时支座时，应确保其施工质量。连续梁在采用分段悬臂浇筑过程中，永久支座不能承受施工中产生的不平衡力矩，施工中需采取临时锚固措施，以提供竖向支撑、抵抗施工中产生的各种不平衡力矩，保证 T 构平衡。

悬浇连续梁墩梁临时固结形式常见的有六种。分别介绍如下：

第一种：墩顶预埋钢筋和硫黄砂浆临时固结垫块组成的墩梁固结。其优点是结构简单，施工较为方便，梁体施工过程中比较稳固、安全；缺点是电解电阻等容易出现故障，往往不能完全熔化临时支座。

第二种：墩顶预埋钢筋与砂筒组成的墩梁固结。其优点是墩梁固结较为稳定，拆除方便；缺点是砂筒在承受梁体重量和施工荷载时有较小沉降，选成砂筒受力不均，砂筒制作比较复杂，浪费材料。

第三种：钢管混凝土柱与混凝土柱内预埋钢筋组成的墩梁固结，墩身中心线两侧各设两根直径为 1.2 m 的钢管，每根钢管下口与承台预埋钢筋焊接，管内浇筑混凝土，钢管上口预埋钢筋与梁体连接。其优点是可适于较长的 0 号块，可简化 0 号块支架搭设。可承受不平衡荷载，拆除方便；缺点是钢管混凝土柱上口与梁体接触面呈倾斜状，两者之间在荷载作用时有微小滑移。

第四种：竖向预应力钢筋与钢管组合成墩梁固结。采用直径为 80 cm 的钢管设置在承台边缘 20 cm 处。墩身两侧各 4 根，钢管倾斜，钢管内各设 2 束竖向临时锚固预应力钢筋，墩身两侧相应 2 根钢管在纵向支撑处用 2 股穿过墩身预应力钢绞线对拉。其优点是钢管作为 0 号块支撑，简化了支架，拆除方便；缺点是钢管倾斜，同一排钢管顶面很难控制在一条直线上，导致钢管受力不均，稳定性稍差。

第五种：墩梁间四周采用混凝土支墩连接。混凝土支墩内设置钢筋，另外，在混凝土支墩与桥墩顶面及连续梁底面间各设置一块 5 mm 厚层板，将支墩混凝土与桥墩混凝土脱离，以便支墩拆除时墩顶混凝土面平整。因此，混凝土支墩起到支撑的作用，而钢筋或精轧螺纹钢筋主要起到拉接的作用。通过墩顶四周的支墩将连续梁与桥墩连接成一个整体，即固结为一个整体，使连续梁在悬浇过程中稳定。待连续梁合龙后，即可拆除临时支墩。临时固结支墩的混凝土采用爆破或凿除方式拆除，而支墩内的钢筋采用切割机切断拆除。六武高速公路路基工程第 12 标段李集大桥、合武高速铁路斑竹园大桥采用该固结形式。该固结形式是目前较为常用的临时固结形式（图 4-4-35）。

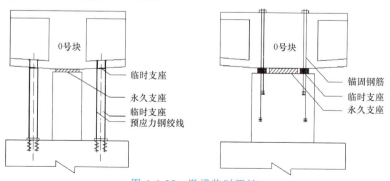

图 4-4-35 墩梁临时固结

第六种：在主墩外设置临时支墩(临时桥墩)支撑并固结与桥墩连成一个整体。这种方式在墩高较低时可以采用。使用例子较少。

并不是所有的预应力悬浇连续梁都需要做临时固结。若采用连续刚构桥，墩梁本来就固结，所以不需要临时固结。

(3)0号块模板。模板的设计和施工的主要技术要求如下：

1)足够的强度和刚度；

2)准确计算在浇筑过程中结构的弹性变形和非弹性变形；

3)施工偏差和定位要求应符合有关规范的规定；

4)便于操作，确保施工质量。

(4)0号块钢筋绑扎和预应力管道安装。

1)0号块钢筋绑扎。钢筋绑扎前由测量人员复测模板的平面位置及高程，其中高程包括按支架计算挠度所设的预拱度，无误后方可进行钢筋绑扎。

钢筋安装程序：放置底板及腹板钢筋→安装纵向、竖向管道→安装内模、端模板→放置顶板底钢筋→安装横向、纵向预应力管道→放置顶板上层钢筋。

检查综合接地钢筋及连接钢筋、防撞墙、声屏障，接触网支柱即拉线预埋质量，检查挂篮施工预埋件等情况。

2)预应力管道安装。

①检查纵向波纹管布置情况，三向预应力管道调整原则是先钢筋，后竖向、再横向保持纵向预应力管道位置不动。

②钢束管道位置用定位钢筋固定，定位钢筋网片牢固焊接在钢筋骨架上，如管道位置与骨架相碰时，应保证管道位置不变。

③波纹管的接头长度不小于30 cm。

④检查三通设置情况，以利于排气，保证压浆质量。

0号块施工完成后，应进行挂篮拼装施工，此部分在任务一中已经进行了介绍，这里不再赘述。直接进入下一部分的内容。

2. 边跨现浇段施工

边跨现浇段是边跨合龙口靠过渡墩方向一段直线现浇梁段，节段长度通常比标准节长，可近似认为是主墩单T的配重块。

边跨现浇段施工一般安排在标准节段完成前完成，若边跨预应力采用单端张拉设计，为保证预应力管道穿束，则安排在标准节完成后施工。

标准节段与边跨现浇梁段相接合龙后，完成边跨的合龙、体系转换。

施工方案设计通常采用落地支架法。若施工节段短，可考虑在墩顶预埋反托支架施工，支架的要求与其他支架基本相同。

3. 合龙段及体系转换

(1)合龙段。对于悬臂浇筑施工的连续梁(刚构)等桥梁结构，连接各悬臂施工结构之间或与边跨现浇段之间的节段。合龙段的长度一般为1.5~2.0 m。

(2)体系转换。对于悬臂浇筑的桥梁结构，按照一定的顺序施工合龙和解除支座、0号块临时固结措施，将悬臂施工的静定结构转换为成桥状态的连续梁（刚构）。

（3）合龙段和体系转换对桥梁结构的影响。

1）结构体系变化：桥梁由施工过程的悬臂静定结构转换成连续的超静定结构。

2）结构内力变化：桥梁转换成超静定结构后，除因合龙的顺序不同而产生不同的施工内力外，还产生结构内力的重分布和相关的次内力；这些次内力主要是结构合龙后预应力束张拉施工、混凝土收缩和徐变、温度变化及支座沉降的影响产生。

（4）合龙段和体系转换的作用。

1）实现成桥线形：通过配、换重和临时预应力束、劲性骨架等措施，实现施工线形向成桥线形的转换。

2）优化结构内力：通过合龙顺序优化、合龙段长度调整（顶推）和支座标高调整等措施，实现连续梁（刚构）恒载内力分布合理且尽可能缩小各项次内力的不利影响。

4. 合龙段施工

合龙段施工为梁体施工最后一个节段，是连续梁施工的关键，包含线形控制、应力控制、体系转换、合龙精度一系列重点和难点。

连续桥的合龙分中跨合龙、边跨合龙。中跨合龙为两个悬臂的合龙；边跨合龙为一个悬臂梁和一个满堂支架现浇段的合龙。一般情况下，设计上的中跨、中边跨合龙段和边跨合龙段构造基本相同，施工工艺也大致相同。

合龙方式一般先边跨、后中跨的方式进行。

合龙段施工流程：①合龙准备：桥面清理，测量观测，安装支架、内外模板，设置压重，钢筋绑扎及预应力穿束；②合龙前：合龙时机选定，合龙口锁定，测量检查复核；③合龙中：浇筑混凝土，等荷卸载，过程测量观测；④合龙后：拆除锁定体系转换，预应力施加，完成合龙、卸架。

（1）边跨合龙。边跨合龙段在悬臂端和支架现浇段之间。

支架现浇段经预压后是相对稳定的，而悬臂端在温度变化、日照、风力等影响下，会发生轴向伸缩、竖向挠曲及水平向偏移变形。

在预应力钢筋张拉之前，尤其是混凝土浇筑早期，这些变形可能导致合龙段混凝土开裂，施工工艺应保证合龙段适应这些变形，避免裂缝出现。

合龙段位置和施工方案视设计及施工状况的要求与条件可有多种选择，具体如下：

1）合龙段位置设于现浇支架上。合龙段位置设于支架现浇段和悬臂端之间的吊架上。利用拖拉或顶推施工合龙。

2）一般采取既撑又拉的办法，将合龙锁定装置两端连成整体。

3）埋入梁体内连接构造（又称内刚性支撑）。

4）梁体外连接构造（又称外刚性支撑）。

（2）中跨合龙。次中跨和中跨合龙在两个悬臂之间合龙，一般采用悬臂浇筑的挂篮浇筑合龙段或另设计一套吊架浇筑合龙段。合龙段施工时，不宜引起该施工的附加应力，因此，在浇筑过程中需要调整两悬臂端合龙施工荷载（设置配重），使其竖向变形相等，避免合龙段产生竖向相对位移。

调整悬臂端合龙施工荷载，可设置水箱，注水调整，或采用沙袋配重。

（3）压重的作用。合龙段施工程序中还提到了压重，所以需要介绍压重的作用。

质量按其作用可分为基本配重和附加配重。基本配重是指等量代换合龙段混凝土重量的配重（换重）；基本配重之外的压重即附加配重（调节标高）。

施工加方式通常采用水箱或预压块之类的堆压材料，推荐考虑采用箱梁内腔作为水箱。

（4）劲性骨架的作用。劲性骨架的作用是防止合龙段浇筑过程中产生变形，防止合龙段在施加预应力前开裂，以及在合龙段混凝土养护期间帮助或替代混凝土承受桥梁结构在此处可能产生的拉力、压力、弯矩、剪力和扭矩。

增强两个悬臂端连接的可靠性，确保连接过程中两悬臂端不产生明显的变形差异。

劲性骨架的设置：通常采用两"["槽钢对拼成闭合"□"形或"I"形钢，支撑方式可分为三种：内刚性支撑法；外刚性支撑法；刚性支撑和张拉临时预应力（合龙束）钢束共同锁定法（推荐）。

（5）合龙段施工技术要求。混凝土采用微膨早强，比标准节提高一个等级的强度要求。浇筑过程，随着混凝土的灌注等荷卸载，使合龙口两侧处于相对静状，避免出现额外的外加应力。

合龙时机一般选定全天最低温时间进行，合龙块混凝土初凝处在升温阶段，保证合龙块处于轻微受压状态，不至出现梁体拉应力拉裂接茬处。

劲性骨架锁定要快速、牢固。合龙设备结构在拆除时要对称逐步释放应力。必要时，需要设置防崩及安全隔离设施。

5. 体系转换

体系转换是指桥梁结构的受力体系发生变化。主要是由于桥梁合龙，临时支架、约束拆除或增加等原因，桥梁结构的受力体系由简支梁变成了连续梁，或由静定结构变成超静定结构的形式转换。

大跨度悬臂连续箱梁在挂篮悬灌施工阶段，由墩梁临时刚结单 T 构悬臂状态，到浇筑边跨合龙段后，通过解除墩梁临时固结，变为带悬臂的简支梁结构。在拆除边跨挂篮和边跨现浇段支架后，安装中跨合龙段临时刚性连接构造，浇筑中跨合龙段混凝土。中跨的合龙是梁体从单悬臂向连续梁的转换，同时，也是梁体从静定结构向超静定结构的转换。中跨合龙后整联箱梁形成一个连续梁结构，则完成一个由临时刚结单 T 构悬臂梁到连续梁结构的体系转换。

因此，体系转换还与合龙的程序有关，这里以预应力混凝土连续梁悬灌施工的合龙为例，包括以下两种合龙程序：

（1）从一岸顺序悬灌、合龙（图 4-4-36）。这种方法可使施工机具、设备及材料从一岸通过已成结构直接运输到作用面或附近；另外，在施工期间，单 T 构悬灌完成后很快合龙，形成整体，故未成桥前结构的稳定性和刚度较强。当作业面较少，对工期较紧者不适用。

图 4-4-36　从一岸顺序合龙示意

（2）按 T 构—连续梁顺序合龙（图 4-4-37）。此法的具体程序是将所有悬臂施工部分由简单到复杂地连接起来，最后在边跨或次中跨合龙。其优点是对于大跨和多跨连续梁施工，能尽可能多地布置工作面，也可对称地悬灌和合龙，故对工期较紧和长联连续梁施工较为适用，另外，由于可以对称地悬灌和合龙，故对结构受力及内力分析较为有利，对收缩徐变的控制尤其如此。

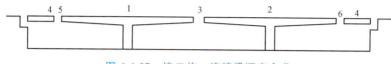

图 4-4-37　按 T 构—连续梁顺序合龙

需要注意的是，不同的悬灌和合龙程序，其引起的结构恒载内力不同，体系转换时有徐变引起的内力重分布也不同，故采用不同的悬灌和合龙程序将在结构中产生不同的最终恒载内力，对此应在设计和施工中予以充分考虑。

体系转换时需要注意的问题如下：

1)连续预应力筋的张拉顺序应按照设计规定，一般先顶板后底板再肋板，先短后长，对称张拉。

2)正弯矩束张拉过程应观察锚垫板后的混凝土有无裂纹出现。

3)解除临时支座时，观察永久支座的下沉量并记录，以校核转换效果。

4)对称合龙的两个 T 构的施工进度应保持基本一致。

6. 悬臂浇筑的施工控制

施工控制的主要目的是根据施工监测所得的结构参数真实值进行施工阶段计算，确定出每个悬浇节段的立模标高，并在施工过程中根据施工监测的成果对误差进行分析、预测和对下一立模标高进行调整，以此来保证成桥后桥面线形、合龙段两悬臂端标高的相对偏差不大于规定值及结构内力状态符合设计要求。

因此，悬臂浇筑的施工控制内容应包括变形、应力温度应力和裂缝观测，并在施工过程中采用以变形为主、应力为辅的控制方式。

(1)变形控制：严格控制每一节段箱梁的竖向挠度及其横向偏移，若有偏差并且偏差较大时，就必须立即进行误差分析并确定调整方法，为下一节段更为精确的施工做好准备工作。关于控制方法，针对不同情况也必然有所差异。

(2)应力监测：控制主梁在施工过程中及成桥后的应力，尤其是合龙时间的控制，使其不致过大而偏于不安全，甚至在施工过程中造成主梁破坏。

施工控制的流程：一个施工阶段→跟踪测量→参数识别→误差修正→预告参数。

施工控制的方法是根据大桥的设计图纸和施工组织设计，应用桥梁设计计算软件进行结构分析计算。通过计算来确定桥梁结构施工过程中每个阶段受力和变形的理想状态，控制施工过程中每个阶段的结构行为，使其最终成桥线形和受力状态满足设计要求。

施工过程中标高的确定主要有以下两种方式：

(1)在主梁的悬臂浇筑过程中，梁段立模标高的合理确定，是关系到主梁的线形是否平顺、是否符合设计的一个重要问题。

(2)如果在确定立模标高时考虑的因素比较符合实际，而且加以正确的控制，则最终桥面线型较为良好；如果考虑的因素与实际情况不符合，控制不力，则最终桥面线型会与设计线型有较大的偏差。

立模标高并不等于设计中桥梁建成后的标高，总要设一定的预拱度，以抵消施工中产生的各种变性（挠度）。其计算公式为

$$H_i = H_0 + f_i + f_m + f_x$$

式中　H_i——待浇段箱梁模板标高（梁段最前端某确定位置）；

　　　H_0——该梁段设计标高；

　　　f_i——待浇段箱梁模板标高（梁段最前端某确定位置）；

　　　f_m——由徐变、收缩、温度、结构体系转换、二期恒载、活载等影响产生的挠度计算值；

　　　f_x——挂篮弹性变形对施工段的影响值。

以某一工程项目为例对标高进行计算，相关数据见表4-4-7。根据表4-4-7数据，代入上式可得，待浇段箱梁模板标高＝设计标高12.945 m＋待浇段箱梁模板标高0＋挠度计算值0.03 m＋预拱度0.009 m＝12.984 m；同理可得边跨侧的底模立模标高。

表 4-4-7　某工程项目监控通知单

102 号墩	2 号梁段箱梁底板中心线悬臂端	
项目	中跨侧（北京侧）	边跨侧（上海侧）
底模设计标高/m	12.945	12.907
理论预拱度/mm	9	−4
预压变形值/mm	30	30
调整值/mm	0	0
底模立模标高/m	12.984	12.933
翼板边缘底立模标高/m	16.958	16.907
梁顶中心线找平标高/m	17.199	17.148

说明：(1)挂篮预压变形值，预估2号梁段混凝土自重产生的底模变形值为30 mm，翼板变形值为15 mm，梁面找平层标高为设计高程与预拱度之和，未考虑挂篮变形。

　　　(2)要求立模标高和施工指令立模标高误差必须控制在±3 mm以内。

　　　(3)施工单位应对其进行必要的复核。

六、转体施工法

（一）桥梁转体施工的定义及特点

桥梁转体施工是指将桥梁结构在非设计轴线位置制作浇筑成型后，通过转体就位的一种施工方法。它可以将在障碍上空的作业转化为岸上或近地面的作业。根据桥梁结构的转动方向，它可分为竖向转体施工法、水平转体施工法（简称竖转法和平转法）及平转与竖转相结合的方法。其中以平转法应用最多。

桥梁转体法施工与传统施工方法相比，具有以下优点：

(1)施工所需的机具设备少、工艺简单、操作安全。

(2)具有结构合理,受力明确,力学性能好。

(3)转体法能较好地克服在高山峡谷、水深流急或经常通航的河道上架设大跨度构造物的困难,尤其是对修建处于交通运输繁忙的城市立交桥和铁路跨线桥,其优势更加明显。

(4)施工速度快、造价低、节约投资。在相同条件下,拱桥采用转体法与传统的悬吊拼装法、桁架伸臂法、搭架法相比,经济效益和社会效益十分显著。如用转体法修建的湖南资兴市游垅桥,与用悬吊拼装法和搭架法相比,造价降低了 11.5%～17.4%。与挂篮施工相比,由于挂篮施工分段较小而且主要是高空作业危险性较大;而转体施工箱梁采用满堂支架施工分段可以增长,可以节省大量锚具,加快施工进度,施工简单容易控制。相对挂篮施工来说,转体施工对桥梁所跨河道、公路、铁路的影响也较小。

(5)高空作业项目减少,施工安全性更高。

(二)转体施工法的关键技术及类型

转体施工法的关键技术问题是转动设备与转动能力,施工过程中的结构稳定和强度保证,结构的合龙与体系的转换。

1.竖转法

竖转法主要用于肋拱桥,拱肋通常在低位浇筑或拼装,然后向上拉升达到设计位置,再合龙(图 4-4-38)。

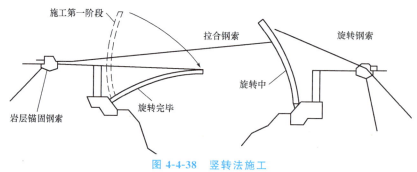

图 4-4-38 竖转法施工

竖转体系一般由牵引系统、索塔、拉索组成。竖转的拉索索力在脱架时最大,因为此时拉索的水平角最小,产生的竖向分力也最小,而且拱肋要实现从多跨支承到铰支承和扣点处索支承的过渡,脱架时要完成结构自身的变形与受力的转化。为使竖转脱架顺利,有时需要在提升索点安置助升千斤顶。

竖转施工方案设计时,要合理安排竖转体系。索塔高、支架高(拼装位置高),则水平交角也大,脱架提升力也相对小,但索塔、拼装支架受力(特别是受压稳定问题)也大,材料用量也多;反之亦然。在竖转过程中,主要考虑索塔的受力和拱肋的受力,尤其是风力的作用。

在施工工艺上,竖转铰的构造与安装精度,索鞍与牵转动力装置,索塔和锚固系统是保证竖转质量、转动顺利和安全的关键所在。国内的拱桥基本上为无铰拱,竖转铰是施工临时构造,所以,竖转铰的结构与精度应综合考虑满足施工要求和降低造价。跨径较小时,可采用插销式,跨径较大时可采用滚轴。拉索的牵引系统当跨径较小时,可采用卷扬机牵引;跨径较大,要求牵引力较大,牵引索也较多时,则应采用千斤顶液压同步系统。

2. 平转法

平转法的转动体系主要有转动支承系统、转动牵引系统和平衡系统。

转动支承系统是平转法施工的关键设备，其由上转盘和下转盘构成。上转盘支承转动结构，下转盘与基础相连。通过上转盘相对于下转盘转动，达到转体目的。转动支承系统必须兼顾转体、承重及平衡等多种功能。按转动支承时的平衡条件，转动支承可分为磨心支承、撑脚支承和磨心与撑脚共同支承三种类型。

(1)磨心支承。磨心支承由中心撑压面承受全部转动重量，通常在磨心插有定位转轴(图 4-4-39)。为了保证安全，通常在支承转盘周围设有支重轮或支撑脚。正常转动时，支重轮或支撑脚不与滑道面接触，一旦有倾覆倾向则起支承作用。在已转体施工的桥梁中，一般要求此间隙为 2～20 mm，间隙越小对滑道面的高差要求越高。磨心支承有钢结构和钢筋混凝土结构。在我国以采用钢筋混凝土结构为主。上下转盘弧形接触面的混凝土均应打

图 4-4-39　磨心的形式

磨光滑，再涂以二硫化铜或黄油四氟粉等润滑剂，以减小摩擦系数(一般为 0.03～0.06)。

(2)撑脚支撑。撑脚支撑形式下转盘为一环道，上转盘的撑脚有 4 个或 4 个以上，以保持平转时的稳定。转动过程支撑范围大，抗倾稳定性能好，但阻力力矩也随之增大，而且环道与撑脚的施工精度要求较高，撑脚形式有采用滚轮，也有采用柱脚的。滚轮平转时为滚动摩擦，摩阻力小，但加工困难，而且常因加工精度不够或变形使滚轮不滚。采用柱脚平转时为滑动摩擦，通常用不锈钢板加四氟板再涂黄油等润滑剂，其加工精度比滚轮容易保证，通过精心施工，已有较多成功的例子。当转体结构悬臂较大，抗倾覆稳定要求突出时，往往采用此种结构，广州丫髻沙大桥平转就采用了此体系。

(3)磨心与撑脚共同支承。大里营立交桥采用一个撑脚与磨心共同作用的转动体系，在撑脚与磨心连线的垂直方向设有保护撑脚。如果撑脚多于 1 个，则支承点多于 2 个，上转盘类似超静定结构，在施工工艺上保证各支撑点受力基本符合设计要求比较困难。广州丫髻沙大桥原采用多撑脚与磨心共同受力体系，后考虑到这种困难，减小了磨心受压的比例，使其蜕化为撑脚体系。

在水平转体施工中，能否转动是一个很关键的技术问题。一般情况下可把启动摩擦系数设为 0.06～0.08，有时为保证有足够的启动力，按 0.1 配置启动力。因此减小摩阻力，提高转动力矩是保证平转顺利实施的两个关键。转动力通常安排在上转盘的外侧，以获得较大的力臂。转动力可以是推力，也可以是拉力。推力由千斤顶施加，但千斤顶行程短，转动过程中千斤顶安装的工作量又很大，为保证平转过程的连续性，所以，单独采用千斤顶顶推平转的较少。转动力通常为拉力，转动质量小时，采用卷扬机，转体质量大时采用牵引千斤顶，有时还辅以助推千斤顶，用于克服启动时静摩阻力与动摩阻力之间的增量。

平转过程中的平衡问题也是一个关键问题。对于斜拉桥、T 构桥及带悬臂的中承式拱桥等上部恒载在墩轴线方向基本对称的结构，一般以桥墩轴心为转动中心，为使重心降低，通常将转盘设于墩底。对于单跨拱桥、斜腿刚构等，平转施工分为有平衡重转体与无平衡重转

体两种。无平衡重转体只转动上部结构部分，利用背索平衡，使结构转体过程中被转体部分始终为索和转铰处两点支承的简支结构。其具体形式如图 4-4-40 所示；有平衡重时，上部结构与桥台一起作为转体结构，上部结构悬臂长，质量轻，桥台则相反，在设置转轴中心时，尽可能远离上部结构方向，以求得平衡，如果还不平衡，则需在台后加平衡重。其具体形式如图 4-4-41 所示。

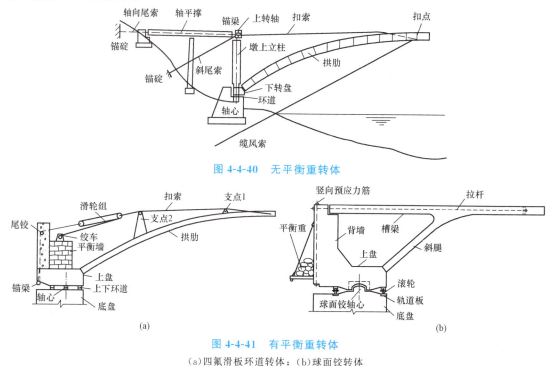

图 4-4-40　无平衡重转体

图 4-4-41　有平衡重转体
(a)四氟滑板环道转体；(b)球面铰转体

转体施工的受力分析目的是保证结构的平衡，以防倾覆；保证受力在容许值内，以防结构破坏；保证锚固体系的可靠性。转体过程历时较短，少则几十分钟，最多不超过一天，所以主要考虑施工荷载。在大风地区按常见的风力考虑，通常不考虑地震荷载和台风影响，这主要从工期选择来保证。另外，转体结构的变形控制、合龙构造与体系转换也是转体施工应考虑的重要问题。

（三）桥梁转体施工的应用

转体施工法最早出现于 20 世纪 40 年代，1947 年，法国采用竖向转动法完成了一座拱桥的施工，拱桥主跨长度为 110 m，这是竖转法的首次出现。之后，南非在 20 世纪 50 年代也修建了 stormo 桥，80 年代德国用竖转法修建的阿根贝尔桥，径跨达到 150 m。水平转体法最早于 20 世纪 70 年代应用于奥地利维也纳机场的多瑙运河桥，以及之后 80 年代的法国 meylan 桥和日本的大阪茨木市的东海道新干线桥也都使用水平转体法进行施工。

相对于西方国家，我国晚了二三十年才开展转体施工相关技术的研究。在竖转方面，我国在 20 世纪 80 年代初期应用该法进行了钢筋混凝土桁架拱桥的施工，但是应用没有得到推广。但随后 1996 年的三峡莲沱钢管混凝土拱桥和 1999 年的广西鸳江钢管混凝土拱桥让竖转法这一工艺成功地展示在世人面前，竖转法得到极大的发展和应用推广。在平转法方面，我国第一座平转法施工的桥梁是位于四川遂宁的跨度为 70 m 的箱肋拱桥。随后在其他省内，如贵州省、湖南省、湖北省等地区，平转施工法得到迅速发展，各种创新工艺层出不穷，能巧妙顺利地适应平地，山川、跨河流等各种不同复杂地形。而平转法和竖转法相结合的混合转体技术则是工艺技术的极大结合，能很好地适应桥型结构、地理环境和地形，代表着桥梁建设工艺又向前迈进了一大步。国内平竖转法相结合的典型案例就是广州的丫髻沙大桥，它是三跨连续自锚中承式钢管混凝土拱桥，平转结构质量在建成时是国内第一、世界第二。迄今为止，我国累计使用转体法修建的桥梁已达 100 余座，数量和规模都位居世界第一。转体施工技术灵活多变，能适应各种不同桥型的施工建设，如拱桥、斜拉桥、连续梁桥等。我国国土辽阔，地大物博，地理环境和气候条件因地制宜千变万化，虽然国内桥梁转体法起步晚，但是工艺越来越成熟、科技日益进步、机械和设备也更新换代，转体法施工发展迅猛快速，如今能够克服越来越复杂的地形的阻碍，能应用在跨公路铁路、大海、江流和山区等地方，适用范围越来越广泛，建设的桥梁的跨度和体量也越来越大，我国桥梁转体施工的技术慢慢迈入世界先进水平。

七、劲性骨架施工

(一)概述

1. 劲性骨架施工的概念及特点

劲性骨架施工法主要用于混凝土拱桥的施工。简单来讲就是钢筋混凝土构件(拱肋)在施工过程中，其不能承担自身的质量，需要借助其他构件来承担。劲性骨架就是在钢筋混凝土截面中加入钢管、工字钢或其他钢材，达到可以满足施工条件的方法。

劲性骨架施工拱桥是指在事先形成的桁式拱骨架上分环分段浇筑混凝土，最终形成钢筋混凝土箱板拱或箱肋拱。桁式拱骨架在施工过程中起支架作用，在拱圈形成后被埋于混凝土中并成为截面的一部分，所以，劲性骨架法又称埋置式拱架法，国外也称米兰法。

劲性骨架施工特点包含以下几个方面：

(1)采用强度高、承载力大、延伸量小、变形稳定的钢绞线做斜拉索，减少了架设过程中骨架的不稳定非弹性变形。

(2)采用千斤顶张拉系统对斜拉索加卸拉力，收放索长，具有张拉能力大、行程控制精度高、索力调整和控制灵活、锚固可靠等优点。

(3)斜拉扣挂体系自成系统，不受缆索吊装系统干扰。

(4)可准确地根据施工控制计算值对结构变形和内力进行调整，同时，又可为控制分析提供准确的数据。

(5)存在空中浇筑拱圈混凝土工序多、时间长、混凝土质量控制较难等不足，在今后还有待对其做进一步改进。

2. 劲性骨架施工方法的发展

拱桥结构形式优美，自古以来就作为一种良好的桥梁结构形式而备受人们的青睐，钢筋混凝土拱桥由于混凝土材料良好的受压能力与拱受压为主的受力特点相吻合，同时，具有造价低的特点而得到了大量的应用。随着钢筋混凝土拱桥的发展，支架搭设及由此产生的费用变成了制约拱桥发展的一个关键问题，为了解决这个难题，澳大利亚工程师 Josef Melan 于 1998 年发明了将骨架置入成桥结构的施工方法，即劲性骨架拱桥，在日本称为米兰拱。利用该方法修建的最著名的拱桥是 1929 年建成的奥地利 Echelsbach 桥。西班牙的艾斯拉桥（Esla）是混凝土拱桥建设史的里程碑。它建于 1942 年，跨径达到 210 m，是当时世界跨径最大的拱桥。该桥为劲性骨架混凝土拱桥，其钢制的劲性桁架利用木支架进行架设，采用节段浇筑法进行混凝土施工，由钢骨架设施工法开始，塔架钢骨架设施工法及合成拱衬砌架设施工法作为混凝土拱桥的架设施工法得到了较大的发展。随着我国经济建设的飞速发展，特别是交通基础设施的大规模投入，各种新的结构形式不断涌现，其中钢－混凝土组合结构正逐渐形成一个独立的结构体系而得到各方面的重视及研究，其应用与研究范围可与传统的钢结构、木结构、钢筋或预应力混凝土结构、砌体结构并列为第五大结构。钢－混凝土组合结构的一个分支——劲性骨架混凝土，因其具有许多突出的优点而越来越广泛地应用于各种桥梁工程结构体系。表 4-4-8 列出了近年来国内建成或在建的劲性骨架钢筋混凝土拱桥，这些跨度记录和取得的设计施工经验及科研成果说明，目前我国拱桥已跃居世界拱桥先进行列。

表 4-4-8　国内有代表性的大跨径劲性骨架混凝土拱桥一览表

序号	桥梁名称	跨径/m	年份	桥梁结构形式
1	万州长江大桥	420	1997	劲性骨架钢筋混凝土上承式拱桥
2	邕宁邕江大桥	312	1996	中承式钢管混凝土拱桥
3	奉节梅溪河大桥	310	2001	上承式钢管拱桥
4	宜宾南门大桥	240	1990	钢筋混凝土中承式拱桥
5	三山西大桥	200	1995	中承式钢管拱桥
6	千岛湖威坪大桥	198	2001	中承式钢骨架拱桥
7	黄柏河大桥	160	1997	上承式钢管混凝土拱桥

四川万州 420 m 跨径的钢筋混凝土拱桥、浙江温州三跨连续钢骨混凝土梁拱组合桥（179 m）、杭州钱江四桥中的钢－混凝土多种组合结构梁拱组合桥（190 m、85 m）及上海莘奉金高速公路的钢骨混凝土预弯预应力混凝土梁桥（40 m）建成后均创下当时的同类型桥梁之最。

在桥梁方面，各种拱桥已发展出桁架梁等结构形式。拱桥上部结构轻型化是拱桥发展的关键，而钢管混凝土结构解决了拱桥材料高强化和拱圈施工轻型化两大难题。钢管混凝土结构能通过互补使钢管和混凝土单独受力的弱点得以削弱甚至消除，管内混凝土可增强管壁的稳定性，钢管对混凝土的套箍作用，使混凝土处于三向受力状态，既提高了混凝土的承载力，又增大了其极限压缩应变，所以自钢管混凝土结构问世以来，作为桥梁建筑业发展的一项新技术，其具有自重轻、强度大、抗变形能力强的优点，因而得到突飞猛进的发展。

随着经济建设的迅速发展，我国城市交通的桥梁建设也进入迅速发展时期。为改善城市交通，加强与周围地区的联系，人们日益要求跨越江河、海湾和山谷，建造安全、经济和轻盈美观的大跨桥梁。为此，除需要改进桥梁设计计算的理论和方法外，还需要改进架桥的施工技术和发展高强轻质的新结构材料。

拱桥的施工大致可以归纳为有支架施工和无支架施工两大类。有支架施工主要用于中小跨径的石拱桥和钢筋混凝土拱桥(现浇混凝土拱桥及混凝土预制块砌筑的拱桥);无支架施工主要用于大跨度拱桥。常用的无支架施工方法有悬臂施工法、缆索吊装施工法和转体施工法等。

钢管混凝土是高强、轻质且便于施工的高效结构材料,其单位质量的承载力与钢材接近,甚至可能比钢材还要高;其钢管兼具安装架设阶段的劲性骨架、灌注混凝土阶段的模板和钢筋,以及运营阶段对核心混凝土的套箍约束等多种功能,较全面地解决了桥梁结构所要求的用料省、安装质量轻、施工简便、承载能力大等诸多矛盾。所以,钢管混凝土被公认为是建造大跨度拱桥的一种比较理想的结构材料。

3. 钢管混凝土拱桥

钢管混凝土作为劲性骨架施工的发展形式,已经得到了迅速的应用和推广。因此,这里重点对钢管混凝土拱桥的相关知识进行介绍。

钢管混凝土用在拱桥上有两种形式:一种是直接用作主拱结构,即钢管混凝土拱桥;另一种是利用钢管混凝土作为劲性骨架,然后围绕骨架浇筑混凝土,将骨架作为混凝土的钢筋骨架,不再拆除。后者严格来讲应该称为钢筋混凝土劲性骨架拱桥。

(1)组成。钢管混凝土拱桥由钢管混凝土拱肋、立柱或吊杆、横撑、行车道系、下部构造等组成(图 4-4-42)。钢管混凝土拱肋是主要的承重结构,它承受桥上的全部荷载,并将荷载传递给墩台和基础。

图 4-4-42　钢管混凝土拱桥的组成

钢管混凝土拱桥结构轻盈,恒载集度比较均衡,因此拱轴系数比较小,一般为 1.167~2.24,跨径小者取大值,跨径大者取小值,矢跨比为 1/4~1/8 比较合理。拱轴线采用悬链线或二次抛物线形式。

(2)特点。

1)构件承载力大大提高。

①由于钢管内混凝土处于三向受压状态,因此不但提高了承载力,而且还增加了极限压缩应变,这是钢管混凝土结构承载力提高的根本原因。

②薄壁钢管在轴心压力作用下,管壁上存在凹凸缺陷,因而有稳定控制的承载力较低。对于钢管混凝土构件,钢管保护了混凝土,使其三向受压,而混凝土又保证了薄壁钢管的局部稳定,相互弥补了彼此的缺点,充分发挥了彼此的优点,因而承载力提高。

2)具有良好的塑性和韧性。试验表明,当含钢率大于 4% 时,钢管混凝土柱在破坏阶段，柱长可以压缩到原长的 2/3，完全无脆性破坏的性质。由于钢管中混凝土已由脆性破坏转为塑性破坏，因而整个构件呈现弹性工作、塑性破坏的特征。

3）结构自重和造价均较低。与钢结构相比，钢管混凝土柱可节约钢材 50％ 左右，造价也可降低；与钢筋混凝土柱相比，节约混凝土约 80％，减轻自重约 70％，而耗钢量和造价基本相等。

4）施工简单，缩短工期。

①与钢结构柱相比，零部件少，焊缝短，构造简单。

②与钢筋混凝土柱不同，钢管混凝土柱的钢管即模板，免除了支模、绑扎钢筋和拆模等工序。节约材料并可有效缩短工期。

5）防腐、防火性能好。

①由于管内有混凝土存在，钢管的可锈蚀面积减少 50％，仅需做外部防锈。可采用刷漆、镀锌或镀铝等方法进行防锈处理，防腐工艺简单。

②由于管内混凝土能吸收大量热能，钢管混凝土的耐火能力远高于钢结构。

6）结构造型美观。

（3）构造要求。

1）拱圈（肋）。钢管混凝土拱桥多为无铰拱，主拱圈采用钢管混凝土结构或劲性骨架。拱圈的线形常用圆弧线、抛物线、悬链线，后两者应用得多一些。本书研究的拱圈的线形为悬链线。

一般认为，悬链线是实腹式拱桥的合理拱轴线。而钢管混凝土拱桥常是空腹式拱桥，一般采用悬链线使拱轴线与恒载压力线在拱顶、四分点及拱脚五个截面重合。计算也表明采用悬链线拱轴对空腹拱拱圈的受力是有利的。因此，悬链线是钢管混凝土拱桥采用最普遍的拱轴线形。

2）横撑。横撑主要设置在拱顶、拱脚、拱肋与桥面系交接处，横撑的主要作用是将各片钢管混凝土拱肋连接成整体，以确保结构稳定。

钢管混凝土拱肋的横撑多采用钢管桁架，钢管可以是空心的，也可以内填混凝土而做成钢管混凝土横撑。横撑在拱脚段多做成桁式 K 撑或 X 撑，以获得更好的稳定性，在桥面系以上则多采用直撑、K 撑或 H 形撑。

3）吊杆。中、下承式钢管混凝土拱桥的吊杆一般采用柔性吊杆。锚固在拱肋上的吊杆锚具，为避免直接暴露在大气中，常设置在拱肋弦杆或缀板处。

吊杆可采用平行钢绞线或平行钢丝束，外套无缝钢管或热挤聚乙烯防护层。上下锚头可采用 OVM 锚、冷铸墩头锚等，然后用高强度混凝土封锚。

通常将张拉端设置在缀板处或钢管弦杆内，下端为固定锚，以方便拆卸更换。锚头要求防护严密，不能暴露在空气中以防止锈蚀。为便于以后更换吊杆，可以做成双吊杆。

（二）施工过程

对于劲性骨架施工的步骤，概括起来有以下几个方面：

（1）在现场按设计进行骨架 1∶1 放样、下料、加工及分段拼装成型。

（2）采用缆索吊装法进行骨架的安装、成拱。对钢管混凝土骨架，在吊装形成钢管骨架后还需采用泵送法浇筑管内混凝土，形成最终的骨架结构。

(3)在骨架上悬挂模板浇筑混凝土拱圈(分环、分段、多工作面进行)。

结合上述施工步骤，以重庆万州长江大桥为例，通过对其施工过程的描述，能够对劲性骨架施工的过程有一个更加深入的理解和认识。

重庆万州长江大桥的基本情况描述如下：

结构形式：钢管混凝土劲性骨架钢筋混凝土拱桥；跨径组合：$5 \times 30.668 + 420 + 8 \times 30.668 (\text{m})$；荷载等级：汽—超 20 级，挂—120 级，人群 3.5 kN/m²；桥宽：净 $2 \times 7.5 + 2 \times 3 (\text{m})$，桥面总宽为 24 m；主拱圈矢跨比为 1/5，单箱三室的箱形截面，拱圈高为 7 m，宽为 16 m，顶、底板厚为 40 cm，顶、底、腹板在拱脚附近区域变厚，钢管劲性骨架成拱；拱上结构为 14 孔 30 m 预应力简支 T 形梁；主拱台由拱座、水平撑和立柱构成组合结构。其总体布置图如图 4-4-43 所示。

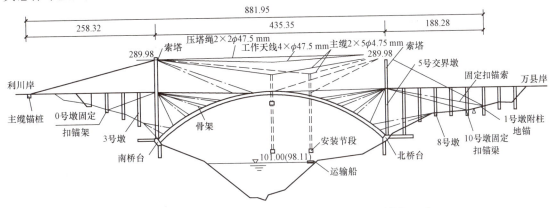

图 4-4-43　万州长江大桥劲性骨架安装总体布置(单位：m)

重庆万州长江大桥劲性骨架组成如图 4-4-44 所示。劲性骨架分为 36 个节段，由 5 个桁片组成，每节段长为 13.0 m，宽为 15.6 m，高为 6.45 m，质量为 61 t。劲性骨架桁段齿合加工顺序：精确放样，绘制加工大样图；组焊桁片，检查验收；以 5 个桁段为一组，布置两个 65 m 长的半长线台座，由拱脚至拱顶分别齿和制作两端劲性骨架；在台座上按顺序将各桁片法兰盘用螺栓连接，加横向连系杆件定位，依次组焊桁段；劲性骨架安装的实质是用缆索吊机悬拼一座由 36 个桁段组成的拱形斜拉桥。缆索吊机采用万能杆件拼装的单向铰支座双柱式门型索塔；劲性骨架的扣索、锚索统一采用 36φ5 mm 碳素钢丝辅以镦头锚，36 个桁段以每悬拼 3 段为一单元，安装一组扣索。

劲性骨架的安装可分为拱脚定位段、中间段和拱顶段。其安装程序如下：

按工厂加工好的第一段劲性骨架的各弦管几何尺寸精确测量放样，在主拱座预留孔内埋设起始段定位钢管座；起吊第一段骨架，将各弦管嵌入拱座定位钢管座，安装临时扣索；起吊第 2 段骨架，与第 1 段骨架精确对中，钢销定位，法兰盘螺栓连接，安装临时扣索，初调高程；第 3 段骨架吊装就位，安装第 1 组扣、锚索，拆除临时扣索，调整高程；悬臂安装第 4 段骨架，第 5 段骨架就位后安装临时扣索；吊装第 6 段骨架，安装第 2 组扣索，拆除临时扣索，调整高程和轴线，观测索力和骨架应力；同法安装每岸第 7~18 段骨架及第 3~6 组扣索；精确丈量拱顶合龙间隙，据以加工合龙段嵌填钢板，安装拱顶合龙"抱箍"，实现劲性骨架合龙；拆除扣、锚索，劲性骨架安装完成。

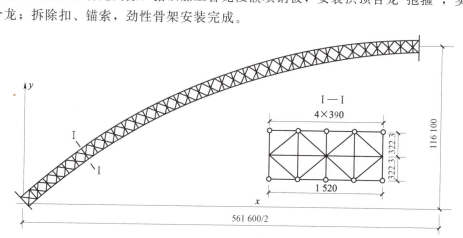

图 4-4-44　重庆万州长江大桥劲性骨架

主拱圈混凝土浇筑施工：主拱圈混凝土浇筑施工过程，对劲性骨架而言，实际是在钢管桁架拱上进行加载的过程。对于大跨度拱桥的就地浇筑施工方案，一般都遵循分环、分段、均衡对称加载的总原则进行纵向加载设计。

主拱圈混凝土浇筑程序：压注钢管混凝土；浇筑中箱底板混凝土；浇筑中箱下 1/2 腹板混凝土；浇筑中箱上 1/2 腹板混凝土；浇筑中箱顶板混凝土；浇筑两侧边箱底板混凝土；浇筑边箱下 3/4 腹板混凝土；浇筑边箱上 1/4 腹板及顶板混凝土。具体过程描述如图 4-4-45 所示。

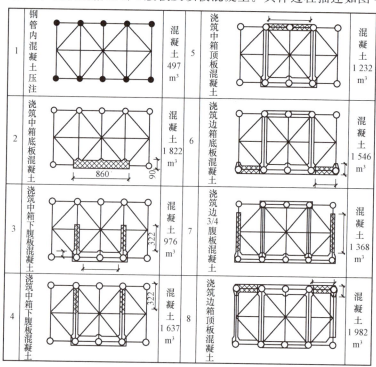

序号	工序	图示	混凝土方量	序号	工序	图示	混凝土方量
1	钢管内混凝土压注		混凝土 497 m³	5	浇筑中箱顶板混凝土		混凝土 1 232 m³
2	浇筑中箱底板混凝土		混凝土 1 822 m³	6	浇筑边箱底板混凝土		混凝土 1 546 m³
3	浇筑中箱下腹板混凝土		混凝土 976 m³	7	浇筑边3/4腹板混凝土		混凝土 1 368 m³
4	浇筑中箱下腹板混凝土		混凝土 1 637 m³	8	浇筑边箱顶板混凝土		混凝土 1 982 m³

图 4-4-45　主拱圈混凝土浇筑过程描述

混凝土的每次浇筑，沿全桥形成了一钢筋混凝土环，在一定龄期将参与骨架受力，承受下一环混凝土的质量和施工荷载。

课后思考题

1. 简述钢筋混凝土中钢筋加工工序和混凝土养护的关键。
2. 简述预应力加工中先张法和后张法的工艺流程。
3. 简述就地浇筑施工的特点。
4. 简述悬臂施工法的特点。

任务五　基础施工

任务描述

　　为某桥梁选择合适的基础施工方法，明确浅基础和桩基础施工方法的差别与流程。

知识链接

一、天然地基上的浅基础

浅基础构造

（一）概述

　　基础的作用主要是将上部结构传来的荷载传递到地基中，基础对地基产生基底压力，地基又可分为持力层和下卧层抵抗基底压力的作用，其作用范围是随深度增加而向两边扩散。

　　地基的强度条件使地基有足够的强度，在荷载作用下，地基土不发生剪切破坏或失稳。

　　地基的变形条件不使地基产生过大的沉降或不均匀沉降，保证建筑物正常使用。

　　基础结构本身应有足够的强度和刚度，在地基反力作用下不会产生过大强度破坏，并具有改善沉降与不均匀沉降的能力。

　　地基可分为以下几类：

　　（1）人工地基：经过处理而达到设计要求的地基。

　　（2）天然地基：不需处理而直接利用的地基。

　　基础根据埋置深度的不同可分为浅基础和深基础。

　　（1）浅基础（造价低、施工方便）：刚性扩大基础。

　　（2）深基础（埋深大于 5 m）：桩、沉井基础。

（二）浅基础的类型及构造

　　浅基础通常是指埋深小于 5 m 的基础，在所有基础形式中应用最广。其具有施工简单、设计计算明确、造价低等特点，一般情况下，在条件允许时优先选择浅基础形式。由于通常采用明挖法施工，也称明挖基础。

1. 分类

浅基础可按材料分类、按构造分类、按受力性能分类。

浅基础按材料可分为砖基础、片石基础、混凝土及片石混凝土基础、钢筋混凝土基础、灰土及三合土基础。其材料如下：

(1)混凝土：修筑基础最常用的材料，它的优点是强度高、耐久性好，可浇筑成任意形状的砌体，混凝土强度等级一般不宜低于 C15。

(2)片石混凝土：对于大体积混凝土基础，为了节约水泥用量，可掺入不多于砌体体积25%的片石(称片石混凝土)，但片石的强度等级不应低于 MU25，也不应低于混凝土的强度等级。

(3)粗料石：要求石料外形大致方整，厚度为 20～30 cm，宽度和长度分别为厚度的1.0～1.5 倍和 2.5～4.0 倍，石料强度等级低应小于 MU25，砌筑时应错缝，一般采用 M5水泥砂浆。

(4)片石：常用于小桥涵基础，石料厚度不小于 15 cm，强度等级不小于 MU25，一般采用 M5 砂浆砌筑。

2. 构造

浅基础按构造可分为刚性扩大基础、单独基础、联合基础、条形基础。

由于地基强度一般较墩台或墙柱砌体的强度低，因而需要将基础平面尺寸扩大以满足地基强度要求，这种刚性基础则称为刚性扩大基础。它是桥涵及其他建筑物常用的基础形式，其平面形状常为矩形。

单独基础是柱子基础的基本形式。如果柱子是钢柱或钢筋混凝土柱，基础材料一般采用混凝土或钢筋混凝土，强度等级不低于 C20。柱子荷载的偏心距不大时，基础底面为方形，偏心距大时为矩形。预制柱下的钢筋混凝土基础一般做成杯形基础。

当为了满足地基土的强度要求，必须扩大基础平面尺寸，与相邻的单个基础在平面上相接甚至重叠时，则可将它们连在一起成为联合基础。

条形基础可分为墙下条形基础和柱下条形基础。墙下条形基础是挡土墙下或涵洞下常用的基础形式。其横剖面可以是矩形或将一侧筑成台阶形。

有时为了增强柱下基础的承载能力，将同一排若干根柱子的基础联合起来，也就成为柱下条形基础。其构造与倒置的 T 形截面梁类似，在沿柱子的排列方向的剖面可以是等截面的，也可以在柱位处加腋的。一般做成刚性基础，个别的也可做成柔性基础。

浅基础根据受力条件及构造可分为刚性基础和柔性基础两大类。

(1)刚性基础。当基础在外力(包括基础自重)作用下，基底承受着强度为 σ 的反力，基础的悬出部分即 a—a 断面左端，相当于承受着强度为 σ 的均布作用的悬臂梁，在荷载作用下，a—a 断面将产生弯曲拉应力和剪应力。当基础砌体具有足够的截面使材料的容许应力大于由地基反力产生的弯曲拉应力和剪应力时，a—a 断面不会出现裂缝，这时，基础内不需配置受力钢筋，这种基础称为刚性基础，如图 4-5-1 所示。

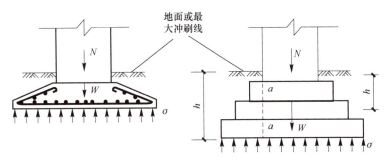

图 4-5-1 刚性基础

刚性基础的材料都具有较好的抗压性能，但抗拉、抗剪强度不高。设计时必须保证发生在基础内的拉应力和剪应力不超过相应材料的强度设计值。

设自柱身（或墩、台身）边缘处的垂线与基础边缘连线间的夹角为 α，既能保证基础安全，又能充分发挥材料强度的最大夹角 α_{max} 称为材料的刚性角。刚性基础只要满足刚性角的要求（$\alpha \leqslant \alpha_{max}$）就是安全的。材料刚性角的正切值称为容许宽高比。设计时，基础的悬出长度与高度之比及每个台阶的宽度与厚度之比，都要满足容许宽高比的要求。

满足刚性角要求及基础强度满足要求，相应基础即为刚性基础；悬臂长度超出刚性角时，需对基础进行配筋，相应基础即为柔性基础。

持力层和下卧层是主要受力层，对这两层土质要求较高。对于作用大、上部结构对差异变形量较为敏感的结构物，当持力层土质较差又较厚时，刚性基础作为浅基础是不适宜的。因此，刚性基础适用于地基条件较好的中小桥梁基础。

刚性基础具有稳定性好，施工简便，能承受较大的作用的特点，是桥涵、房屋、公共设施等结构物首先考虑的基础形式。其主要缺点是自重大，并且在持力层为软弱土时，由于基础底面面积受一定限制，需要对地基进行处理或加固后才能采用，否则会因所受的压力超过地基强度而影响结构物的正常使用。

（2）柔性基础。基础在基底反力作用下，在 a—a 断面产生弯曲拉应力和剪应力若超过了基础砌体的强度极限值，为了防止基础在 a—a 断面开裂甚至断裂，可重新设计刚性基础的尺寸，并在基础中配置足够数量的钢筋，这种基础称为柔性基础（图 4-5-2）。柔性基础也称为钢筋混凝土扩展基础。

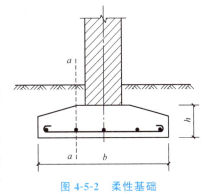

图 4-5-2 柔性基础

柔性基础形式有柱下扩展基础、条形和十字形基础、筏形及箱形基础。其整体性能较好，抗弯刚度较大。如筏形和箱形基础，在外力作用下只产生均匀沉降或整体倾斜，这样对上部结构产生的附加应力比较小，基本上消除了由于地基沉降不均匀引起的建筑物损坏。所以，在土质较差的地基上修建高层建筑物时，采用这种基础形式是适宜的。缺点是钢筋混凝土扩展基础，特别是箱形基础，钢筋和水泥的用量较大，施工技术的要求也较高，所以，采用这种基础形式应与其他基础方案（如采用桩基础等）比较后再确定。

(三)刚性扩大基础的初步设计

在基础埋置深度和构造尺寸确定后，应先根据最不利而且有可能的作用效应组合，计算出基底的应力，然后进行基础的合力偏心距、稳定性及地基的强度（包括持力层、软弱下卧层的强度）的验算，需要时还应进行地基变形的验算。

将基础设置在变形较小，而强度又比较大的持力层上，以保证地基强度满足要求，且不致产生过大的沉降或沉降差。还要使基础有足够的埋置深度，以保证基础的稳定性，确保基础的安全。必须综合考虑地基的地质和地形条件、河流的冲刷程度、当地的冻结深度、上部结构形式，以及保证持力层稳定所需的最小埋深和施工技术条件、造价等因素。

1. 地质和地形条件

（1）岩石地基：覆盖土层较薄时，一般应清除覆盖土和风化层后，将基础直接修建在新鲜岩面上；如岩石的风化层很厚，难以全部清除时，基础放在风化层中的埋置深度应根据其风化程度、冲刷深度及相应的容许承载力来确定。如岩层表面倾斜时，不得将基础的一部分置于岩层上，而另一部分置于土层上。在陡峭山坡上修建桥台时，还应注意岩体的稳定性。

（2）非岩石地基：如受压层范围内为均质土，基础埋置深度除满足冲刷、冻胀等要求外，可根据荷载大小，由地基土的承载能力和沉降特性来确定（同时考虑基础需要的最小埋深）。当地质条件较复杂如地层为多层土组成等或对大中型桥梁及其他建筑物基础持力层的选定，应通过较详细计算或方案比较后确定。

2. 河流的冲刷程度

冲刷的基本概念是洪水冲刷后，整个河床面要下降，这叫作一般冲刷，被冲下去的深度叫作一般冲刷深度。同时，由于桥墩的阻水作用，使洪水在桥墩四周冲出一个深坑，这叫作局部冲刷，如图 4-5-3 所示。

在有冲刷的河流中，为了防止桥梁墩、台基础四周和基底下土层被水流掏空冲走以致倒塌，基础必须埋置在设计洪水的最大冲刷线以下不小于 1 m。

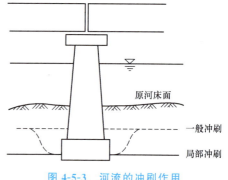

图 4-5-3　河流的冲刷作用

特别是在山区和丘陵地区的河流，更应注意考虑季节性洪水的冲刷作用。

对于大、中桥基础的基底在设计洪水冲刷总深度以下的最小埋置深度（最小埋深），建议根据桥梁大小、技术的复杂性和重要性，参照表 4-5-1 采用。

表 4-5-1　不同桥梁类别的总冲刷深度　　　　　　　　　　　　　　　　　　　　　m

桥梁最小埋置深度 ＼ 总冲刷深度	0	5	10	15	20
大桥、中桥、小桥（不铺砌）	1.5	2.0	2.5	3.0	3.5
特大桥	2.0	2.5	3.0	3.5	4.0

从表 4-5-1 中可以看出，桥梁越重要、修复越困难则最小埋深越大。

3. 当地的冻结深度

季节性冻土是 1 年冻融交替一次的土层，且冻层下土常年处于正温状态。基础埋深浅于冻深时，基础侧面作用切向冻胀力 T，基底作用法向冻胀力 P。如果基础上荷载 F 和自重 G 不足以平衡法向和切向冻胀力，基础就要被土抬起。融化时，冻胀力消失，土强度降低，基础就下沉。因此，必须保证基础具有足够的埋置深度，才能抵抗冻胀力，如图 4-5-4 所示。

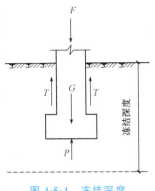

图 4-5-4　冻结深度

为保证建筑物免受冻害，在冻胀地基上设计时，注意以下几项：

(1)保证最小埋置深 d_{min}，以消除法向冻胀力；

(2)采取减少或消除切向冻胀力的措施，如基础侧面回填中、粗砂等不冻胀材料。

《公路钢筋混凝土及预应力混凝土桥涵设计规范》(JTG 3362—2018)(以下简称《公桥基规》)规定，当上部结构为超静定结构时，基底应埋置在最深冻结线以下不小于 0.25 m；对静定结构的基础，一般也按此要求，但在冻结较深地区，为了减少基础埋深，有些类别的冻土经计算后也可将基底置于最大冻结线以上。

4. 上部结构形式

对中、小跨度简支梁桥来说，这项因素对确定基础的埋置深度影响不大。但对超静定结构即使基础发生较小的不均匀沉降也会使内力产生一定变化。

5. 当地的地形条件

当墩台、挡土墙等结构位于较陡的土坡上，在确定基础埋深时，还应考虑土坡连同结构物基础一起滑动的稳定性。当地基为倾斜土坡时，应结合实际情况，对地基容许承载力适当折减。若基础位于较陡的岩体上，可将基础做成台阶形，但要注意岩体的稳定性。

6. 最小埋深确定

保证持力层稳定所需的最小埋置深度。地表土的性质是不稳定的。人类和动物的活动及植物的生长作用，也会影响其强度和稳定，所以一般地表土不宜作为持力层。为了保证地基和基础的稳定性，基础的埋置深度(除岩石地基外)应在天然地面或无冲刷河底以下不小于 1 m。在确定基础埋置深度时，还应考虑相邻建筑物的影响。

(四)刚性扩大基础的施工

浅基础施工

施工一般要求：刚性扩大基础的施工可采用明挖的方法进行基坑开挖，开挖工作应尽量在枯水或少雨季节进行，且不宜间断。

基坑开挖方式有机械开挖和人工开挖。基坑尺寸比基础底面尺寸每边大 0.5～1.0 m；基坑支护有围护和不围护两种。地下水水位较高时应采取基坑排水措施。

1. 旱地上基坑开挖及围护

(1)无围护基坑。当基坑较浅，地下水水位较低或渗水量较少，不影响坑壁稳定时，坑壁可不加围护，此时可将坑壁挖成竖直或斜坡形。竖直坑壁只有在岩石地基或基坑较浅又无地下水的硬黏土中采用。

开挖方式是在一般土质条件下开挖基坑时，应采用放坡开挖的方法，基坑深度在 5 m 以内，施工期较短。在硬黏土、岩石地基中可采用竖直开挖的方式。

（2）有围护基坑。适用于基坑较深、地下水水位高、土质较差。开挖方式为竖直开挖。围护方式有板桩墙支护、喷混凝土支护、混凝土围圈护壁等。

1）板桩墙支护。在基坑开挖前先垂直打入土中至坑底以下一定深度，然后边挖边设支撑，开挖基坑过程中始终是在板桩支护下进行。有木板桩、钢筋混凝土板桩和钢板桩三种。

断面形式有一字形、槽形和 Z 形三种。支撑方式为无支撑式、支撑式和锚撑式。支撑式板桩墙按设置支撑的层数可分为单支撑板桩墙和多支撑板桩墙，如图 4-5-5 所示。

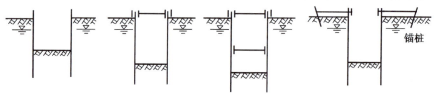

图 4-5-5　板桩墙支护

2）喷射混凝土支护。喷射混凝土支护适用于土质较稳定、渗水量不大、基坑深度小于 10 m、直径为 6～12 m 圆形基坑。支护原理是用高压空气为动力，将混凝土喷射到坑壁上形成环形混凝土护壁结构，承担土压力。

喷射混凝土厚度如下：

①对于土质较好（黏性土、砂土和碎石类土），无地下水时：3～8 cm；有少量渗水时：5～10 cm；

②对于土质较差（淤泥、粉砂土等）无渗水时，10～15 cm；有少量渗水时，15 cm；大量渗水时，15～20 cm。

3）混凝土围圈护壁。混凝土围圈护壁是用混凝土环形结构承受土压力，但其混凝土壁是现场浇筑的普通混凝土，壁厚较喷射混凝土大，一般为 15～30 cm，也可按土压力作用下环形结构计算。

对于混凝土围圈护壁则适应性较强，可以按一般混凝土施工，基坑深度可达 15～20 m，除流砂及呈流塑状态黏土外，可适用于其他各种土类。

围圈混凝土一般采用强度等级为 C15 的早强混凝土。为使基坑开挖和支护工作连续不间断地进行，一般在围圈混凝土抗压强度到达 2 500 kPa 强度时，即可拆除模板，承受土压力。

2. 基坑排水

基坑排水适用情况为基坑如在地下水水位以下，随着基坑的下挖，渗水将不断涌进基坑，因此，施工过程中必须不断地排水，以保持基坑的干燥，便于基坑挖土和基础的砌筑与养护。

浅基础表面排水

常用方法为表面排水法、井点法降低地下水水位。

（1）表面排水法（集水井降水）。在基坑开挖过程中，在基坑四周开挖集水沟汇集坑壁和坑底渗水，并引向一个或多个集水坑，然后用水泵抽水排出基坑的排水方法（图 4-5-6）。

优点是设备简单、费用低，适用于除饱和粉细砂土外的土层。

当地基土为饱和粉细砂土等黏聚力较小的细粒土层时，由于抽水会引起流砂现象，造成基坑的破坏和坍塌，因此当基坑为这类土时，应避免采用表面排水法。

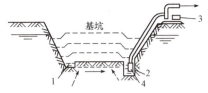

表面排水法是在基坑四周开挖集水沟汇集坑壁和坑底渗水，并引向一个或多个集水坑，然后用水泵抽水的排水方法。

图 4-5-6　表面排水法

1—集水沟；2—集水坑；3—水泵；4—吸水龙头

（2）井点降水法。井点降水法即在基坑开挖前预先在基坑四周打入（或沉入）若干根井管，井管下端 1.5 m 左右为滤管，上面钻有若干直径约为 2 mm 的滤孔，外面用过滤层包扎起来。各个井管用集水管连接并抽水。

井管范围内的地下水不从基坑的四周边缘和底面流出，而是以相反的方向流向井管，因而可以避免发生流砂和边坡坍塌现象，且由于流水压力对土层还有一定的压密作用。

轻型井点降水

井点降水法适用于渗透系数为 0.1～80 m/d 的砂土。对于渗透系数小于 0.1 m/d 的淤泥、软黏土等则效果较差，需要采用电渗井点排水或其他方法。

井点可分为轻型井点、喷射井点、电渗井点和深井泵井点等，可根据土的渗透系数，要求降低水位的深度及工程特点选用在基坑四周打入（或沉入）若干根井管，各个井管用集水管连接并抽水。

3. 水中开挖基坑时的围堰工程

水中开挖基坑时的围堰工程是一种临时挡水结构，在水中修筑桥梁基础时，开挖基坑前须在基坑周围先修筑一道防水围堰，将围堰内水排干后，再开挖基坑修筑基础。如排水较困难，也可在围堰内进行水下挖土，挖至预定标高后先灌注水下封底混凝土，然后抽干水继续修筑基础。在围堰内不但可以修筑浅基础，也可以修筑桩基础等。

围堰的种类有土围堰、草（麻）袋围堰、钢板桩围堰、双壁钢围堰和地下连续墙围堰等。

（1）土围堰和草（麻）袋围堰。在水深较浅（2 m 以内），流速缓慢，河床渗水较小的河流中修筑基础可采用土围堰或草袋围堰。

（2）钢板桩围堰。当水较深时，可采用钢板桩围堰。修建水中桥梁基础常使用单层钢板桩围堰，其支撑（一般为万能杆件构架，也采用浮箱拼装）和导向（由槽钢组成内外导环）系统的框架结构称为"围图"或"围笼"。

（3）双壁钢围堰。双壁钢围堰一般做成圆形结构，它本身实际上是个浮式钢沉井。井壁钢壳是由有加劲肋的内外壁板和若干层水平钢桁架组成的，中空的井壁提供的浮力可使围堰在水中自浮，使双壁钢围堰在漂浮状态下分层接高下沉。

（4）地下连续墙围堰。地下连续墙是近几十年来伴随着钻孔灌注桩施工技术在地下工程和基础工程施工中发展起来的一项新技术，它既可是结构物基础的一部分，也可在修筑施工中起围堰支护基坑的作用，目前已在修建桥梁基础上得到应用。

二、桩基础

（一）桩基础及其分类

1. 桩基础的定义

桩基础通过承台将若干根基桩的顶部连接成整体，共同承受动、

桩基础类型及构造设计

静荷载的深基础。

基桩是设置于土中的竖直或倾斜的基础构件，其作用在于穿越软弱的高压缩性土层或水，将桩所承受的荷载传递到更硬、更密或压缩性更小的地基持力层上。

2. 桩基础的作用及特点

（1）作用：将上部结构荷载通过承台传递给基桩，再由基桩传递到地基土体（持力层）。

（2）优点：将荷载传递到下部好土层，承载力高；沉降量小；抗震性能好；承受抗拔（抗滑桩）及横向力（如风荷载）；与其他深基础比较，施工造价低。

（3）缺点：比浅基础造价高；施工环境影响大；预制桩施工噪声大；钻孔灌注桩的泥浆不好处理。

3. 桩基础的适用情况

（1）水上建筑物：通过水层将桩基伸入较坚实的土层。

（2）深持力层：高地下水水位，深基础可减少施工困难。

（3）抗震地基：桩基可增加结构物的抗震能力，伸入下部密实稳定土层，消除地震危害。

（4）对沉降非常敏感的建筑：采用桩基穿过松软土层，将荷载传递到较坚实土层，减少沉降。

4. 桩基础的分类

（1）按受力条件分类。

1）端承桩：穿过软弱土层而达到坚硬土层或岩层上的桩，上部结构荷载主要由岩层阻力承受。主要由桩端承受极限荷载，桩不长，桩端土坚硬。

2）摩擦桩：设置在软弱土层中，上部结构的荷载由桩尖阻力和桩身侧面与地基土之间的摩擦阻力共同承受。主要由桩侧壁与土的摩擦力承受极限荷载，桩长。

（2）按桩轴方向分。按桩轴方向可分为竖直桩、单向斜桩和多向斜桩。

注意：先采用竖直桩，检算通不过时再改用倾斜桩。

1）竖直桩：水平外力或弯矩不大，桩不长或桩身直径较大时。

2）倾斜桩：水平外力较大且方向不变时，可采用单向斜桩，水平外力较大且作用在两个方向时，采用多向斜桩。

桩是垂直或微倾斜设置的，它的主要用途是用于传递垂直荷载及少量的水平荷载。如果倾斜太大，就可能转化为土层锚杆的性质，而不是常说的"桩"。

（3）按施工方法分。

1）预制桩，借助于专用机械设备将预先制作好的具有一定形状、刚度与构造的桩打入、压入或振入土中去的桩型，分为以下几种：

①锤击桩也称打入桩，是通过锤击将预制好的桩沉入地基。

②静压桩也称压入桩，是借助拉架自重及桩架上的压重，将预制桩压入土中的桩。其适用于不允许有强烈震动的条件。

③振入桩，将大功率的振动打桩机安装在桩顶，用向下的振动力使桩沉入土中，振动可减少土对桩的阻力。

④螺旋桩，在桩的端部连接一段螺旋钻头，借旋转机械将桩拧入土层至设计标高，现较

少使用。

2）灌注桩。在桩位处成孔，然后放入钢筋骨架，再浇筑混凝土而成的桩，包含以下几种：

①钻孔灌注桩：属于就地灌注桩的一种，使用机械形成桩孔，随即灌注混凝土成桩。钻孔机械有冲击钻、旋转钻、长螺旋和短螺旋等。

②挖孔灌注桩：用人力挖土形成桩孔，在向下挖进的同时，将孔壁衬砌以保证施工安全。这种方法可形成大尺寸桩，但仅用于地下水水位以上的地层，并应特别注意挖土时的安全。

③沉管灌注桩：属于就地灌注桩的一种，成孔方法是将钢管打入土层到设计标高，然后灌注混凝土，并将钢管拔出。

（4）按承台位置分。

1）高承台桩基础布置于承台底面位于地面或局部冲刷线以上，适用于桥梁、码头、海洋工程等，如图 4-5-7（a）所示。

2）低承台桩基础布置于承台底面位于地面或局部冲刷线以下，适用于房建工程等，如图 4-5-7（b）所示。

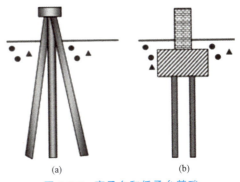

图 4-5-7　高承台和低承台基础
（a）高承台；（b）低承台

（5）按桩的设置效应分。按设置效应，桩可分为非挤土桩、部分挤土桩和挤土桩。

1）挤土桩：在成桩过程中，造成大量挤土，使桩周围土体受到严重扰动，土的工程性质有很大改变的桩。挤土过程引起的挤土效应主要是地面隆起和土体侧移，从而对周边环境影响较大。

2）部分挤土桩：在成桩过程中，只引起部分挤土效应、桩周围土体受到一定程度扰动的桩。部分挤土桩一般指冲孔灌注桩、钻孔（挤扩）灌注桩等。

3）非挤土桩：成桩过程中桩周土体基本不受挤压的桩，如钻孔灌注桩。

（6）按材料分。

1）混凝土桩：应用最广泛，制作方便，桩身强度高，耐腐蚀性好，价格低。

2）钢桩：材料强度高，贯透能力强，挤土影响小；价格高，耐腐蚀性差。

3）木桩：水位以上耐久性差，强度低，我国森林资源不足，很少用。

5. 桩的构造要求

（1）混凝土预制桩。

1）要求：截面边长为 300～500 mm，分节长度≤12 m。预应力管桩外径为 300～600 mm，每节长为 5～13 m。

2）优点：承载力高，耐久性好，质量较易保证。

3）缺点：自重大，打桩难，桩长难统一，工艺复杂。

（2）钢桩。

1）要求：直径为 250～1 200 mm，批量生产。

2）优点：穿透性强，承载能力高，应用方便。

3）缺点：成本高，易锈蚀。

（3）木桩。

1）要求：桩径为160～260 mm，桩长为4～6 m。

2）优点：制作运输方便，打桩设备简单。

3）缺点：承载力低，仅在一些加固工程与临时工程中采用。

（二）桩基础的施工

桩基础根据施工方法的不同可分为预制桩和灌注桩，因此，桩基础的施工按这两类桩进行介绍。

1. 预制桩的施工

钢筋混凝土预制桩是我国目前广泛采用的一种桩型。所以，重点介绍钢筋混凝土预制桩。钢筋混凝土预制桩是在预制构件厂或施工现场预制，用沉桩设备在设计位置上将其沉入土中。

（1）预制桩的特点。坚固耐久，不受地下水或潮湿环境影响，能承受较大荷载，施工机械化程度高，进度快，能适应不同土层施工。

（2）预制桩的分类。钢筋混凝土预制桩有方形实心断面桩和圆柱体空心断面桩。

（3）预制桩的制作。

1）场地应平整、坚实，不得产生不均匀沉降；

2）叠浇层数≤4层，上下层及邻桩之间应做好隔离层，混凝土的浇筑应待下层或邻桩设计强度达到30％以上方可进行；

3）桩所用混凝土强度等级不宜低于C30；预应力桩所用混凝土强度等级不宜低于C40；

4）桩的纵向钢筋配筋率：锤击沉桩不宜小于0.8％，静力压桩不宜小于0.6％；桩顶范围内的箍筋应加密，并设置钢筋网片；主筋位置必须正确，保护层不得过厚；

5）钢筋接长用对焊，接头错开；

6）混凝土由桩顶至桩尖连续浇筑，严禁中断；

7）桩顶应制作平整。

（4）预制桩的起吊。

1）起吊要求：混凝土强度≥75％成桩强度；

2）合理设置吊点：吊点间的跨中弯矩与吊点处负弯矩相等，如图4-5-8所示。

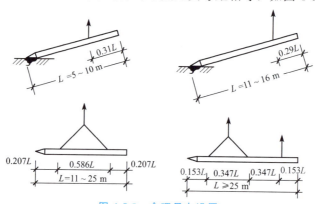

图4-5-8　合理吊点设置

（5）预制桩运输。吊、运平稳，避免损坏。当运距不大时，可采用滚筒、卷扬机等拖动桩身运输；当运距较大时可采用小平台车运输。运输过程中支点应与吊点位置一致。

锤击沉桩

（6）预制桩堆放。堆放地点应平整坚实，排水通畅；垫木间距应与吊点位置相同，各层垫木应位于同一垂直线上；堆放层数不宜过多，一般不宜超过 4 层；避免二次搬运。

（7）预制桩的沉桩工艺。预制桩的沉桩主要有锤击沉桩、静力压桩、振动沉桩、水冲沉桩四种。

1）锤击沉桩。

①打桩机械。锤击沉桩是利用打桩机具下落产生的冲击能量将桩沉入土中，如图 4-5-9 所示。打桩机械主要包括桩锤、桩架和动力装置三个部分。

a. 桩锤是对桩施加冲击力，将桩打入土中的机具；

b. 桩架的作用是将桩吊到打桩位置，并在打桩过程中引导桩的方向，保证桩锤能沿要求的方向冲击；

c. 动力装置包括驱动桩锤及卷扬机用的动力设备。

②打桩施工。

a. 准备工作。三通一平［三通一平是指基本建设项目开工的前提条件，具体指水通、电通、路通和场地平整。水通（专指给水）；电通（指施工用电接到施工现场具备施工条件）；路通

图 4-5-9　锤击沉桩

（指场外道路已铺到施工现场周围入口处，满足车辆出入条件）；场地平整（指拟建建筑物及条件现场基本平整，无须机械平整，人工简单平整即可进入施工的状态）］，简称三通一平。

b. 确定打桩顺序：根据桩的密集程度，打桩顺序一般可分为逐段打设、自中部向四周打设和由中间向两侧打设三种，如图 4-5-10 所示。

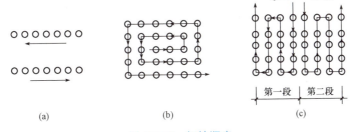

| (a) | (b) | (c) |

图 4-5-10　打桩顺序

（a）逐排打设；（b）自中部向四周打设；（c）由中间向两侧打设

打桩顺序要求：当桩中心距＜4 倍桩径时：自中间向四周打设，由中心向两侧对称打，分段对称打；当桩中心距≥4 倍桩径时，可按施工方便打；当桩的规格不同时，先大后小，先长后短；当桩尖设计标高不同时，先深后浅。

c. 打桩施工工艺：桩架就位→吊桩就位→检查桩垂直度→扣桩帽→打桩。

d. 打桩要点：采用重锤低击，开始要轻打；连续施打，减少回弹固结；注意贯入度变

化，做好打桩记录（编号、每米锤击数、桩顶标高、最后贯入度等）。

如遇异常情况（贯入度剧变；桩身突然倾斜、位移、回弹；桩身严重裂缝或桩顶破碎），暂停施打，与有关单位研究处理。

e.常见问题分析：打坏、打歪、打不下。

桩顶、桩身打坏的原因和处理如下：

a)打桩时，桩的顶部由于直接受到冲击而产生很高的局部应力——顶部的配筋应做特别的处理。

b)桩身的混凝土保护层太厚——主筋需摆正。

c)桩垫材料选用不合适或打坏——采用材质均匀、强度高、弹性好的桩垫。

d)桩的顶面与桩的轴线不垂直，局部受冲击——保证垂直度，及时纠正。

e)过打现象。由于桩尖通过硬层等原因，使桩下沉速度慢而施打时间长，锤击次数多或冲击能量过大——分析土质，改善操作方法。

f)桩身的混凝土强度不高，或未达到养护期，影响了桩的强度——加钢夹箍用螺栓拉紧焊牢。

打歪的原因和处理如下：

原因如下：

a)桩顶不平、等桩的质量问题。

b)与操作有关，如初入土时，桩身就歪斜，未及时纠正就施打。

处理方法如下：

a)保证打桩机的导架的垂直度。

b)桩尖要对准桩位，桩顶和桩帽要正确结合。

c)刚打时，要采用小落距，边打边检查，稳定后再按要求的落距打。

d)桩顶不平，产生桩尖偏心——保证桩的质量。

打不下的原因和处理方法如下：

a)桩顶或桩身已打坏，无法有效地传递荷载——拔出桩，与设计部门协商，再做处理。

b)土层中夹有较厚的砂层或其他硬土层，或者遇上钢渣、孤石等障碍物，仍进行盲目施打——同设计勘探部门共同研究解决。

c)由于土的固结作用，使桩身周围的土与桩牢固结合，钢筋混凝土桩变成了直径很大的土桩而承受荷载，很难继续将桩打下去——应在准备条件完善的前提下，保证连续施打。

d)一桩打下，邻桩上升（由于桩身土体受到挤密和扰动，容易造成近地面的地表面隆起和水平移动——改变打桩的顺序，由中间向两边对称施打或中间向四周施打）。

f.打桩的质量控制。

a)满足承载力要求：

端承桩——控制最后贯入度为主（参考标高）；

摩擦桩——控制沉桩标高为主（参考最后贯入度）。

b)偏差：

桩位偏差：排桩——偏轴≤100 mm，顺轴≤150 mm；

群桩——≤1/3桩径或边长；

垂直偏差≤1%。

c)桩不受损：桩顶、桩身不打坏，桩顶下 1/3 桩长内无水平裂缝。

2）静力压桩。静力压桩是在均匀软弱土中利用压桩架（型钢制作）的自重和配重，通过卷扬机的牵引传到桩顶，将桩逐节压入土中的一种沉桩方法。这种沉桩方法无振动、无噪声、对周围环境影响小，适合在城市中施工，如图 4-5-11 所示。

静力压桩

预应力管桩静压桩施工过程：吊桩→接桩（管口焊接）→连续压桩→压入一节，直到压桩过程完成。

注意：在压桩过程中，当桩尖碰到夹砂层时，压桩阻力可能突然增大，甚至超过压桩能力而使桩机上抬。这时可以最大的压桩力作用在桩顶，采取停车再开、忽停忽开的办法，使桩有可能缓慢下沉穿过砂层。如果工程中有少量桩确实不能压至设计标高而相差不多时，可以采取截去桩顶的办法。

压桩与打桩区别如下：

①由于避免了锤击应力，桩的混凝土强度及其配筋只要满足吊装弯矩和使用期受力要求就可以，因而桩的断面和配筋可以减小；

②压桩引起的挤土也小得多，因此压桩是软土地区一种较好的沉桩方法。

3）振动沉桩。

①工作原理：其主要装置为振动器，利用振动器所产生的激振力，使桩身产生高频振动。这时桩在其自重或很小的附加压力作用下沉入土中，或是在较小的提升力作用下而拔出土（图 4-5-12）。

振动沉桩

②优点：噪声小，不产生废气，沉桩速度快，施工简便，操作安全，结构简单、辅助设备少、质量轻、体积小、对桩头的作用力均匀而使桩头不易损坏等特点，还可以用来拔桩。

③适用范围：适于砂质黏土、沙土、软土地区施工，不宜用于砾石和密实的黏土层。如用于砂砾石和黏土层中，需配以水冲法辅助施工。

图 4-5-11　静力压桩

图 4-5-12　振动沉桩

4)水冲法沉桩。水冲法沉桩也称射水沉桩法，其往往与锤击(或振动)法同时使用，具体选择应视土质情况而定。

必须注意，无论采取任何射水施工方法，在沉入最后阶段 1～1.5 m 至设计标高时，应停止射水，用锤击或振动沉入至设计深度，以保证桩的承载力。

2. 灌注桩的施工

灌注桩按成孔方法可分为钻孔法(适于一般土层)、沉管法(适于土质差、水位高)、爆扩法(适于土质好、无地下水)、挖孔法(适于桩径大、土较好)。

钻孔灌注桩施工

(1)钻孔灌注桩。利用各种钻孔机具在设计桩位处就地钻成所需孔径和深度的钻孔，然后放入钢筋，灌入混凝土而成桩，成孔、下导管和钢筋笼、浇灌水下混凝土、成桩(图 4-5-13)。

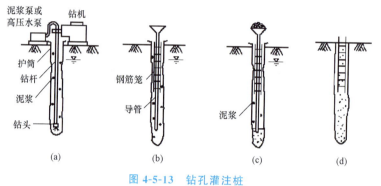

图 4-5-13　钻孔灌注桩

(a)成孔；(b)下导管和钢筋笼；(c)浇灌水下混凝土；(d)成桩

钻孔灌注桩的优点是入土深、能进入岩层、刚度大、承载力高、桩身变形小，并可方便地进行水下施工。

钻孔灌注桩的缺点是要求有专门的设备(钻机)，清孔较难彻底。

钻孔灌注桩施工工艺流程如图 4-5-14 所示。

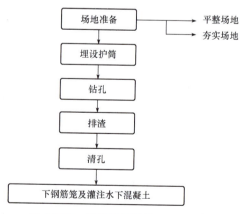

图 4-5-14　钻孔灌注桩施工工艺流程

在钻孔过程中，为防止孔壁坍塌，可以下套管或用泥浆护壁。

1)护筒作用：固定桩位，并做钻孔导向；保护孔口，防止孔内土层坍塌；隔水，稳固孔壁。

2)钻进机械：旋转钻进、冲击钻进、冲抓钻进。

3)钻进方法：正循环和反循环泥浆循环成孔工艺。

正、反循环钻机在钻进成孔的工艺上是差不多的，对地质要求差别也不是很大，主要的区别是看其泥浆循环的方式。

①正循环钻机的泥浆是从泥浆池里用泥浆泵通过钻杆打到钻井里的，再从井口自然地溢出来，同时把钻渣带出来，这种自然循环的排渣方式只能排出一部分钻渣，大颗粒石渣是不能循环上来排出去的[图 4-5-15(a)]。

②反循环钻机的泥浆是用泥浆泵从井的孔口向井里打的，再用泥浆泵，从导管或钻杆的中间抽出来，这种循环方式的排渣能力很好，可以把颗粒很大的石头都能冲出来，相对而言，正循环钻机的泥浆循环一台泥浆泵就够了，对于反循环钻一般要配一台空压机，或者两台大功率的泥浆泵[图 4-5-15(b)]。

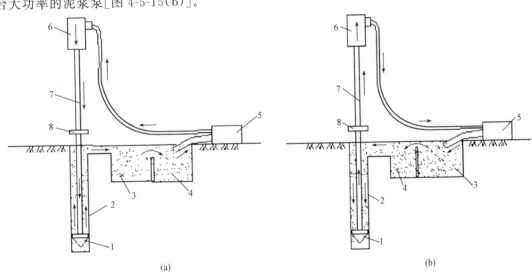

图 4-5-15　钻进方法

(a)正循环；(b)反循环

1—钻头；2—泥浆循环方向；3—沉淀池；4—泥浆池；5—泥浆泵；
6—砂石泵；7—水龙头；8—钻杆；9—钻机回转装置

4)清孔(放钢筋笼和灌混凝土前要进行清孔)。

①目的：除去孔底沉渣，保证孔底混凝土质量及桩的承载力。

②方法：

a. 抽浆清孔：用空气吸泥机吸出泥浆。

b. 换浆清孔：正、反循环钻孔完成后不停钻、不进尺。

c. 掏渣清孔：用掏渣筒掏清孔内粗粒石渣。

③要求：灌注混凝土前孔底 0.5 m 内泥浆相对密度 $\rho \leqslant 1.25$；含砂率 $\leqslant 8\%$；黏度 $\leqslant 28$ s。

5)水下混凝土灌注——直升导管法(图 4-5-16)

①将导管居中插入，上接漏斗，设隔水栓；

②放开隔水栓使混凝土向孔底猛落，将水挤出，并使导管始终埋在混凝土内，此后连续灌注混凝土；

③不断提升导管，直至灌注完毕。

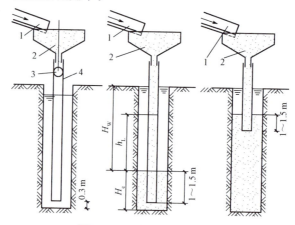

图 4-5-16　水下混凝土灌注

1—通混凝土储料槽；2—漏斗；3—隔水栓；4—导管

6)混凝土浇筑注意事项。

①混凝土搅拌必须均匀，防止卡管事故；

②必须连续作业，避免中断灌注，并防止混凝土上升顶起钢筋笼；

③随时记录孔内混凝土灌注标高和导管入孔长度，防止导管提升过猛，形成断桩；

④桩顶标高应比设计值增加一定高度，以确保混凝土质量，一般取 0.5 m。

(2)沉管灌注桩。利用锤击打桩机或振动打桩机将装有钢筋混凝土桩头或带有活瓣桩尖(沉桩时桩尖闭合，拔管时活瓣张开)的钢管打入土层中，在钢管内放入钢筋笼(如需要)，然后边灌注混凝土边振动拔管而成桩(图 4-5-17)。

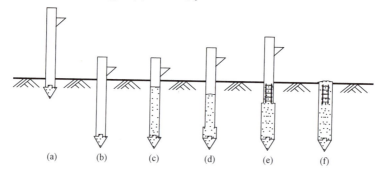

图 4-5-17　沉管灌注桩的施工程序

(a)打桩机就位；(b)沉管；(c)浇灌混凝土；(d)边拔管，边振动；

(e)安放钢筋笼，继续浇灌混凝土；(f)成型

1)特点及适用。

①优点：设备简单、打桩进度快、成本低。

②缺点：在土层软、硬交界处或软弱土层处易发生缩颈、断桩现象。

③适用：沉管灌注桩在黏性土或砂土中均可使用；由于采用了套管，避免钻孔灌注桩中可能出现的流砂、塌孔的危害及由泥浆护壁所带来的排渣困难。

2)"复打"法。沉管挤压时产生的孔隙水压力容易出现混凝土桩的"颈缩"现象。为了避免这种现象可采用扩大桩径的"复打法"。

"复打"法为在该装灌注混凝土并拔出钢管后，立即在原地重新沉管，浇筑第二次混凝土。复打桩的横截面面积增大，承载力提高，但其混凝土方量增多，造价也相应提高。

(3)爆扩灌注桩。爆扩灌注桩在一般黏性土中效果较好；在软土和碎石上中则难以成型。爆扩桩长一般为5~7 m，不宜超过9 m，否则难以保证质量。其施工程序是钻孔→装入炸药→浇筑第一次混凝土→爆炸形成扩大端→浇筑第二次混凝土。

(4)挖孔灌注桩。挖孔桩可采用人工或机械挖掘成孔，逐段边开挖边支护，达到所需深度后再进行扩孔、清底、安装钢筋笼及浇灌混凝土而成。

1)构造要求：挖孔桩一般内径应>800 mm，开挖直径>1 000 mm，护壁厚>100 mm，分节支护；每节高500~1 000 mm，可用浇筑或喷射混凝土护壁，桩身长度宜限制在25 m以内。

2)特点：挖孔桩可直接观察地层情况，孔底易清除干净，设备简单，噪声小，场区内各桩可同时施工，且桩径大、适应性强、经济。

3)缺点：人工挖孔存在塌方、缺氧、有害与体、触电等危险，以及对流砂难以克制的施工不利情况。

(5)质量检测。常见质量问题有缩颈、断桩、沉渣、夹泥、蜂窝。常用质量检测方法如下：

1)开挖检查：只限于对所暴露的桩身进行观察检查。

2)抽芯检查：在灌注桩桩身内钻孔，取混凝土芯样进行观察，看它的连续性。

3)反射波法：测混凝土的连续性，是否存在孔洞、断桩等。

4)动测法：高应变测桩承载力，低应变只能测混凝土质量。

(三)单桩竖向抗压承载力计算

1. 单桩承载力的构成

单桩承载力的构成包括桩侧阻力、桩端阻力。

承载机理：荷载→桩压缩→侧摩阻消耗荷载→桩底阻力。

土对桩的支撑力：桩侧摩阻力和桩端阻力以何种为主，与桩身压缩量有关。

桩的荷载传递过程实质上就是桩侧摩阻力与桩端阻力逐步发挥的过程。

随着桩顶荷载的逐级增加，桩截面的轴力、位移和桩侧摩阻力不断变化。

2. 单桩轴向荷载的特点

桩的侧阻和端阻都随深度呈线性增大，具有深度效应，因此，桩长对荷载的传递有重要的影响。

随着桩顶荷载的逐级增加，桩截面的轴力、位移和桩侧摩阻力不断变化。

桩端阻力的发挥不仅滞后于桩侧阻力，而且其充分发挥所需的桩底位移值比桩侧摩阻力到达极限所需的桩身截面位移值大得多。

3. 单桩的破坏模式

(1)压曲破坏：沉降量很小，桩端阻为主，桩材(桩身材料强度)控制承载力，穿越深厚淤泥质土层中的小直径端承桩或嵌岩桩，细长的木桩等多属于此种破坏。

荷载-沉降(Q-S)关系曲线特征：呈"急进破坏"的陡降型[图 4-5-18(a)]。

破坏模式特点：当桩底支承在坚硬的土层或岩层上，桩周土层极为软弱，桩身无约束或侧向抵抗力。桩在轴向荷载作用下，如同一细长压杆出现纵向挠曲破坏，其沉降量很小，具有明确的破坏荷载。

(2)整体剪切破坏：沉降量较大，桩端阻为主，受力主要取决于桩端土的支承力，打入式短桩、钻孔短桩属于此类。

荷载-沉降(Q-S)关系曲线的特征：呈"急进破坏"的陡降型[图 4-5-18(b)]。

破坏模式特点：当具有足够强度的桩穿过抗剪强度较低的土层，达到强度较高的土层，且桩的长度不大时，桩在轴向荷载作用下，由于桩底上部土层不能阻止滑动土楔的形成，桩底土体形成滑动面而出现整体剪切破坏。此时桩的沉降量较小，桩侧摩阻力难以充分发挥，主要荷载由桩端阻力承受，呈现明确的破坏荷载。

(3)刺入破坏：沉降量大，桩侧阻为主，桩顶容许沉降控制承载力，一般情况下的钻孔灌注桩属于此类。

一般当桩周土质较软弱时，荷载-沉降(Q-S)关系曲线为呈"渐进破坏"的缓变型曲线，无明显拐点，极限荷载难以判断[图 4-5-18(c)]。

桩的承载力主要由上部结构所能承受的极限沉降确定；

当桩周土的抗剪强度较高时，荷载-沉降(Q-S)关系曲线可能为陡降型，有明显拐点，桩的承载力主要取决于桩周土的强度。

破坏模式的特点是当桩的入土深度较大或桩周土层抗剪强度较均匀时，桩在轴向荷载作用下将出现刺入破坏。此时，桩顶荷载主要由桩侧摩阻力承受，桩端阻力极微，桩的沉降量较大。

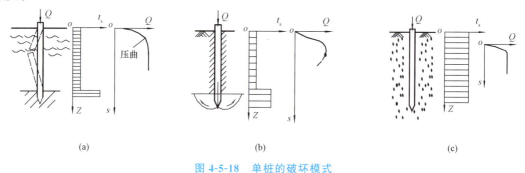

图 4-5-18　单桩的破坏模式

(a)压曲破坏；(b)整体剪切破坏；(c)刺入破坏

4. 单桩竖向承载力的确定

(1)承载力的概念。

1)单桩承载力：单桩在外荷载作用下，不丧失稳定性、不产生过大变形的承载能力。

2)单桩竖向极限承载力：单桩在竖向荷载作用下达到破坏状态前或不出现不适于维持承载能力的变形时所对应的最大荷载。

在设计时，不应使桩在极限荷载状态下工作，必须有一定的安全储备。

（2）桩丧失承载能力的表现。

1)桩周土岩的阻力不足，桩发生急剧且量大的竖向位移，或者虽然位移不急剧增加，但因位移量过大而不适于继续承载；

2)桩身材料的强度不够，桩身被压坏或拉坏。

因此，桩的竖向承载力应分别根据桩周土岩的阻力和桩身材料强度确定，采用其中的较小者。

（3）确定承载力的方法。

1)静荷载试验。

①概念：在桩顶逐级施加轴向荷载，直至桩达到破坏状态为止，并在试验过程中测量每级荷载下不同时间的桩顶沉降，根据沉降与荷载及时间的关系，分析确定单桩轴向容许承载力。

②特点：确定单桩容许承载力直观可靠，但费时、费力，通常只在大型、重要工程或地质较复杂的桩基工程中进行试验。配合其他测试设备，它还能较直接地了解桩的荷载传递特征，提供有关资料，因此也是桩基础研究分析常用的试验方法。

③试桩要求：试桩可以在已打好的工程桩中选定，也可以专门设置与工程桩相同的试验桩。试桩数目应不小于基桩总数的 2%，且不应少于 2 根；试桩的施工方法及试桩的材料和尺寸、入土深度均应与设计桩相同。

④加载系统：主要有堆载法与锚桩法两种。

a. 堆载法是在荷载平台上堆放重物，一般为钢锭或砂包，也有在荷载平台上置放水箱，向水箱中充水作为荷载。堆载法适用于极限承载力较小的桩。

b. 锚桩法是在试桩周围布置 4~6 根锚桩，常利用工程桩群。锚桩深度不宜小于试桩深度，且与试桩有一定距离，一般应大于 $3d$ 且不小于 1.5 m（d 为试桩直径或边长），以减少锚桩对试桩承载力的影响。

观测系统主要有桩顶位移和加载数值的观测。位移通过安装在基准梁上的位移计或百分表量测。加载数值通过油压表或压力传感器观测。每根基准梁固定在两个无位移影响的支点或基准点上，支点或基准桩与试桩中心距应大于 $4d$ 且不小于 2 m（d 为试桩直径或边长）。

测试方法如下：

a. 分级加荷：（每级荷载为预估破坏荷载的 1/10~1/15）；或开始荷载为 1/2.5~1/5，终了荷载为 1/10~1/15。

b. 测读时间：第 1 h 内 2、5、15、30、45、60(min)以后每间隔 30 min 读一次数。

c. 每级荷载沉降稳定标准（稳定后加下一级荷载）：砂性土：30 min 内沉降不超过 0.1 mm；黏性土：1 h 内不超过 0.1 mm。

d. 试验终止标准：桩沉降量突然增大（总沉降量大于 40 mm，本级沉降超过上级沉降的 5 倍）；本级荷载沉降大于上级 2 倍，且 24 h 不能稳定。

$P\text{-}S$ 曲线法确定极限荷载，如图 4-5-19 所示。

P-S 曲线明显转折点所对应的荷载为极限荷载，原因是桩底下土体破坏产生大量塑性变形。

S-lg$t$ 法（沉降速率法）确定极限荷载一般 S-lg$t$ 线为直线 $S = m\lg t$（图 4-5-20）。

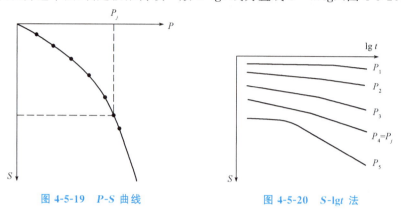

图 4-5-19 *P-S* 曲线　　　　　　图 4-5-20　*S*-lg*t* 法

m 越大沉降速率越大，S-lg$t$ 为折线的相应上一级荷载为极限荷载。

单桩竖向极限承载力：

a. P-S 曲线有明显陡降段时，取陡降点 P_j（图 4-5-21）；

b. P-S 曲线呈缓变形时，取 $S = 40$ mm 所对应的 P_j。

2）其他现场试验方法。

①大应变动测桩承载力方法：加拿大和荷兰采用的方法。

②深层平板荷载试验法：确定桩端承载力法如图 4-5-22 所示。

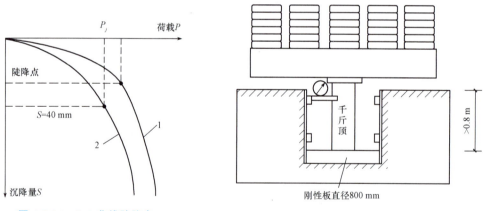

图 4-5-21　*P-S* 曲线陡降点 *P*$_j$　　　　图 4-5-22　深层平板荷载试验

3）静力触探法。静力触探的基本原理就是用准静力（相对动力触探而言，没有或很少冲击荷载）将一个内部装有传感器的触探头以匀速压入土中，由于地层中各种土的软硬不同，探头所受的阻力自然也不同，传感器将这种大小不同的贯入阻力通过电信号输入记录仪表中记录下来，再通过贯入阻力与土的工程地质特征之间的定性关系和统计相关关系，来实现单桩竖向承载力的确定（图 4-5-23）。

将触探杆尖对准孔位，用穿心锤套在钎杆上，扶正钎杆，拉起穿心锤，沿直线将触探杆垂直打入土层，动作一气呵成，并在每打入土层 30 cm 处，记录一次锤击数，每隔 1.5 m 测试一次，根据测试的情况在记录表上用不同符号将不同的钎孔分开。

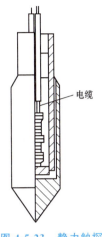

电缆

图 4-5-23 静力触探

(四)水平荷载下基桩的内力及位移计算

1. 基本概念

桥梁工程中的桩基除满足桩基的竖向承载力要求外，还必须对桩基的水平承载力进行验算。

桩的水平承载力是指与桩轴方向垂直的承载力。作用在桩基上的水平荷载有长期作用的水平荷载和反复作用的水平荷载（如风荷载）。以承受水平荷载为主的桩基，可考虑采用斜桩。即使采用斜桩更有利，但常受施工条件的限制而难以实现，不得不采用竖直桩。

一般来说，当水平荷载和竖向荷载合力与竖直线的夹角不超过 5°时，竖直桩的水平承载力不难满足设计要求，更应采用竖直桩。

实践表明：桩的水平承载力远比竖向承载力低。

2. 影响桩水平承载力的因素

(1)桩的截面尺寸和材料强度。桩的截面尺寸越大，材料强度越高，桩的抗弯刚度越大；反之，桩的抗弯刚度就小。对于抗弯刚度较大的桩，在水平位移较大时仍不折断，但已超过建筑物的允许位移值。所以，桩的水平承载力常常不是由桩的强度确定，而是由桩的允许水平位移值控制。

(2)地基土的强度。地基土的强度越高，抵抗水平位移的能力就越大，桩的水平承载力也就越大。所以，地基强度高的比地基强度低的桩的水平承载力大。

(3)桩头嵌固条件。桩头嵌固于承台中的桩，其抗弯刚度大于桩头自由的桩。所以，桩头嵌固提高了桩抵抗横向弯曲的能力，使桩的水平承载力增大。

(4)桩的入土深度。桩随着入土深度增加，水平承载力就逐渐提高，当达到某一深度后，继续增加入土深度，承载力将不起变化，桩抵抗水平荷载作用所需的入土深度，称为有效长度。在水平荷载作用下，有效长度以下部分，桩没有显著的水平变位。桩的入土深度小于有效长度时，则不能充分发挥地基的水平抗力，荷载达到一定值后，桩就会倾倒而被拔出；而当桩的入土深度大于有效长度时，桩嵌固在土中某一深度处，地基的水平抗力得不到充分发挥，桩不致倾倒或被拔出，而是产生弯曲变形。

(5)桩的间距。当桩距较小(小于 3d)时，桩前区土中应力将发生重叠，地基变形大，桩的水平承载力下降；当桩距较大时，应力重叠的影响小。但桩距大，承台尺寸也随之增大，因此，设计必须进行经济比较，全面加以考虑。

3. 确定水平承载力的方法

(1)水平静荷载试验法：桩的水平静荷载试验是在现场条件下进行的，影响桩的水平承载力的各种因素都得到比较真实的反映，因此，试验测得的承载力和地基水平抗力系数最符合实际情况。

（2）理论计算取值法：根据桩顶的水平位移容许值，用理论公式进行计算，从而确定单桩的水平承载力。

（3）经验取值法：根据当地桩基的使用经验取值，确定单桩的水平承载力设计值，如北京地区 400 mm 直径灌注桩，水平承载力取 40～60 kPa。

4. 单桩在水平荷载作用下的计算方法

单桩受水平荷载时，可土体视为直线变形体。

（1）常数法：假定沿深度为均匀分布即 $k_h = k$。这是我国学者张有龄在 20 世纪 30 年代提出的方法。

（2）k 值法：假定在桩身第一挠曲零点以上按直线分布即 $k_h = k_z$；以下段为常数，即 $k_h = k$。

（3）m 值法：假定 k_h 沿深度 z 成正比增加，即 $k_h = mz$。

（4）c 值法：假定 k_h 沿深度 z 按 $cz^{1/2}$ 的规律分布，即 $k_h = cz^{1/2}$。

实测资料表明：m 值法（当桩的水平位移较大时）和 c 值法（当桩的水平位移较小时）比较接近实际。

（五）群桩基础受力分析

1. 竖向荷载下的群桩效应

提出问题：群桩的承载力是否等于单桩承载力之和？

应力叠加：桩底应力增加，使承载力不足，总的沉降增加。

桩之间互相调节：个别桩承载力低总体上可互补；个别桩受荷，其他桩帮助传递荷载。

群桩效应用群桩效应系数来反映。需要介绍群桩效应系数等内容。

$$群桩效应系数 = 群桩的承载力 / 群桩各单桩的承载力之和$$

砂土为非饱和土和一般黏性土，填土有挤密作用，使承载能力增加，群桩效应系数大于等于 1。饱和黏土为超静孔压积累，地面上浮，先入桩上浮，土层扰动，使承载力降低，群桩效应系数小于等于 1。

2. 群桩的工作特点

群桩可分为端承型群桩基础和摩擦型群桩基础。

（1）端承型群桩基础。群桩效应系数等于 1。桩顶荷载基本上通过桩身直接传递到桩端处地基持力层，各桩在桩端处的压力分布无明显的应力叠加现象。

当各桩的荷载相同、沉降相等且桩距（s）大于 3～3.5 倍桩径（d）时，群桩的沉降量接近单桩的沉降量。

1）群桩基础中各基桩的工作性状与单桩基本一致；

2）群桩基础承载力等于各单桩承载力之和；

3）群桩的沉降量接近单桩的沉降量。

（2）摩擦型群桩基础。摩擦桩在竖向荷载作用下群桩的作用与孤立单桩是有显著差别的。作用在摩擦桩上的荷载是通过桩侧阻力传递的。

由于摩擦阻力的扩散作用，群桩中各桩传递的应力互相重叠，以致桩端平面处的附加应力大大超过孤立的单桩，且附加应力影响的深度和范围也比孤立的单桩大得多。群桩的桩数越多，这种影响越显著。

摩擦桩中各桩所受荷载与孤立单桩相同时，群桩的沉降量比单桩要大。如果不允许群桩的沉降量大于单桩的沉降量，则群桩中的每一根桩的平均承载力将小于单桩的承载力。

这种基桩的承载力和沉降性状与相同地质条件和设置方法的同样单桩有明显差别的现象称为群桩效应，即群桩效应主要针对摩擦桩而言。

当桩数少，桩中心距较大时 $S > 6d$，桩端平面处各桩传来的压力互不重叠，群桩中每个单桩的工作状态与单桩一致。

$$群桩的承载力 = 各单桩承载力之和$$

(六)桩基础设计简介

与浅基础一样，桩基设计也应符合安全、合理和经济的要求。

(1)基本原则：对桩和承台——有足够的强度、刚度和耐久性；对地基(主要是桩端持力层)——有足够的承载力和不产生过量的变形。

(2)验算内容：竖向承载力验算；软弱下卧层承载力验算；竖向抗拔承载力及负摩阻力验算；水平承载力验算；沉降验算。

(3)设计步骤：收集有关资料；确定桩基持力层；选择桩材，确定桩型、外形尺寸和构造；确定单桩承载力设计值；初拟桩的数量和平面布置；初拟承台的轮廓尺寸及承台底标高；验算作用于单桩上的竖向和横向荷载；验算承台尺寸及结构强度；必要时验算桩基整体承载力和沉降量，若桩端下有软弱下卧层，验算软弱下卧层地基承载力；单桩设计，绘制桩和承台的结构及施工详图。

课后思考题

1. 简述浅基础的类型和构造要求。
2. 简述深基础的施工方法。

参考文献

[1]孙媛媛．桥涵施工技术[M]．武汉：武汉大学出版社，2019．

[2]郭发忠．桥梁工程技术[M]．3版．北京：人民交通出版社，2020．

[3]中华人民共和国交通运输部．JTG D60—2015 公路桥涵设计通用规范[S]．北京：人民交通出版社，2015．

[4]中华人民共和国交通运输部．JTG B01—2014 公路工程技术标准[S]．北京：人民交通出版社，2015．

[5]中华人民共和国交通运输部．JTG F90—2015 公路工程施工安全技术规范[S]．北京：人民交通出版社，2015．

[6]中华人民共和国交通运输部．JTG 3362—2018 公路钢筋混凝土及预应力混凝土桥涵设计规范[S]．北京：人民交通出版社，2018．

[7]中华人民共和国交通运输部．JTG/T 3650—2020 公路桥涵施工技术规范[S]．北京：人民交通出版社，2020．

[8]中华人民共和国交通运输部．JTG 3363—2019 公路桥涵地基与基础设计规范[S]．北京：人民交通出版社，2020．